矿区低碳生态型路基修筑技术

丁 峰 郑清松 阙 云 著

中国建筑工业出版社

图书在版编目（CIP）数据

矿区低碳生态型路基修筑技术 / 丁峰，郑清松，阙
云著 . -- 北京：中国建筑工业出版社，2025.5.
ISBN 978-7-112-31150-7

Ⅰ . U416.1

中国国家版本馆 CIP 数据核字第 2025A26L19 号

本书依托龙岩东环高速公路建设项目，针对矿区高速公路路基修筑的三大难点：矿区废渣再利用问题、煤系土边坡稳定性问题和采空区路基稳定性问题，系统阐述了矿区典型劣质填料的工程性质、煤矸石路基修筑技术、煤系土边坡加固技术和采空区路基处治技术。全书共分为5章，主要内容包括：区域地理与地质背景、矿区典型劣质填料的工程性质、考虑颗粒破碎的煤矸石压缩特性与路基修筑技术、煤系土边坡浅层FRP筋锚固技术以及采空区路基处治技术。本书对矿区低碳生态型高速公路路基修筑和边坡治理具有指导意义。

本书可供道路工程、岩土工程等领域的科研与技术人员参考，也可作为高等院校相关专业教师、研究生与本科生的参考用书。

责任编辑：李玲洁
书籍设计：锋尚设计
责任校对：李美娜

矿区低碳生态型路基修筑技术
丁　峰　郑清松　阙　云　著
*
中国建筑工业出版社出版、发行（北京海淀三里河路9号）
各地新华书店、建筑书店经销
北京锋尚制版有限公司制版
建工社（河北）印刷有限公司印刷
*

开本：787毫米×1092毫米　1/16　印张：11½　字数：279千字
2025年5月第一版　　2025年5月第一次印刷
定价：**50.00**元
ISBN 978-7-112-31150-7
（44429）

前言

我国煤矿资源丰富，矿区分布十分广泛。当高速公路从矿区经过时，不仅会占据大量的煤炭资源，而且由于矿区的特殊性，对高速公路的修筑带来很大困难。

鉴于此，作者参考了大量国内外在矿区修筑公路的相关研究成果，结合龙岩地区区域地理与地质背景，重点解决了矿区修筑路基三大难点：矿区废渣再利用问题、煤系土边坡稳定性问题和采空区路基稳定性问题。

第1章简要介绍研究区地理、地质与研究背景，包括地理位置、地形地貌、气象水文、矿产资源、区域地质及矿区道路路基修筑难点。

第2章主要介绍研究区两种劣质填料（煤矸石和煤系土）的工程性质。

第3章从细观角度揭示双轴压缩与循环荷载下考虑颗粒破碎的煤矸石压缩特性；依托龙岩东环高速公路煤矸石路基进行现场试验，分析最佳松铺厚度与最优施工机械组合等。

第4章基于数值模拟手段分析多雨地区煤系土边坡失稳机制，通过室内外试验对比GFRP筋、BFRP筋及HRB400钢筋的基本力学性能、耐腐蚀性能及抗拉拔性能，并依托龙岩东环高速典型煤系土边坡现场监测，分析FRP筋锚杆加固效果。

第5章通过模型试验分析采空区路基地表及岩层的破坏模式，提出考虑路基与采空区相对位置变化的顶板临界深度公式；采用数值模拟对比钢筋混凝土板和充填治理的共性和个性因素对采空区路基力学性能的影响；依托龙岩东环高速公路采空区路基进行现场试验，分析采空区路基治理效果。

全书由丁峰、郑清松、阙云共同主笔，其中丁峰主要负责第1章和第2章撰写，阙云负责第3章和第5章撰写，郑清松负责第4章撰写。此外，龙岩东环高速公路有限责任公司吴永辉、陆泽标、邹新生、赖旺林、黄行煦，福建省交通规划设计院有限公司赖文涛、张琳、沈斌斌、陈航，福州大学翁斌、汤新星、洪启枫、马怀森、陈永继和熊艳等硕士研究生，也共同参与了部分内容撰写工作。

感谢课题组硕士研究生在本书的资料整理、研讨以及排版等过程中所做的工作。本书在研究与编写过程中参考了大量国内外书籍以及文献等，在此向文献和书籍作者表示崇高的敬意与衷心的感谢。

限于作者的知识结构与水平，书中难免有错漏之处，恳请读者批评指正，特此致谢！

目录

第3章　考虑颗粒破碎的煤矸石压缩特性与路基修筑技术

第4章　煤系土边坡浅层 FRP 筋锚固技术

第 **5** 章　采空区路基处治技术

第 **1** 章

区域地理与地质背景

1.1　地理位置

研究区位于闽西福建龙岩，东与泉州、漳州两市接壤，西与江西省赣州市交界，南邻广东省梅州市，北接三明市，处于沿海地区与内陆腹地的接合部，是闽南沿海连接内地的主要通道，在地理位置上具有较大优势。

本书的研究依托龙岩东环高速公路项目。该项目位于龙岩市新罗区境内，是龙岩绕城高速公路的最后衔接部分，与莆永高速、厦蓉高速相连成为龙岩主城区环状高速公路。龙岩东环高速路线起于新罗区曹溪镇崎濑，由既有漳龙高速公路设置崎濑枢纽互通接出，后设崎濑收费站，并设出入口衔接G319，路线跨过国道319，经王庄村至东山村，后过金鸡路口，沿龙厦铁路东侧穿过翠屏山隧道，经翠屏山煤矿、龙岩洞、牛坑、东宝至铁山镇，后于铁石洋设置铁山收费站，跨龙川溪，穿麻子山隧道到达终点富溪村，设置富溪枢纽互通与莆永高速公路衔接，总长20.767km。

1.2　地形地貌

龙岩市域地势由东北向西南倾斜，呈东高西低状，山体海拔一般在450～1000m之间，相对高差一般在300～800m之间。龙岩市总面积约19028km²，其中山地面积约14966km²，丘陵面积约3101km²，山地丘陵占全市总面积的94.95%。

路线穿越的地貌单元主要有低山、丘陵地貌夹山间河谷地貌，以及山间盆地等。其中起点至东山段为低山夹丘陵间河谷地貌，山坡多较陡峻，自然坡度约25°～40°，植被发育。线路多沿崎濑溪畔山坡展布，该溪水宽约2～6m，坡降约5%，凸岸多见狭窄一级堆积阶地发育，阶地地形平缓，多垦为农田。东山段线路位于龙岩盆地与东部低山交界处附近，多为山间盆地地貌，部分为低山斜坡地貌，斜坡坡度约20°～35°，盆地地貌平缓，多为居民区、厂矿区和农田。

1.3　气象水文

1.3.1　气象

龙岩市地属亚热带海洋性季风气候，年平均气温20.5℃，极端高温38.4℃，极端低温-2.8℃，年日照时数1442～2043h，无霜期291d。气候温和，雨量充沛，冬无严寒，夏无酷暑，四季常青，适宜亚热带作物和林木的生长。图1-1为1960～2020年龙岩市年降水量分布图。可见，该地区多年平均降水量达1565.2mm，最大年降水量为2123mm（1975年），最小年降水量为1174mm（2003年）。年降水量随时间呈波浪式变动，未出现明显增大或减小趋势。

图1-2为2019年1月～2021年12月龙岩市月降水量分布图。可见，三年中龙岩市降水主要集中在5～8月，且最大降水量出现在2021年6月，为636.7mm。同时，每年雨季均有100mm以上（日降水量）的大暴雨出现，并且常出现多日持续性降雨，因此，属于降雨丰沛的多雨地区。

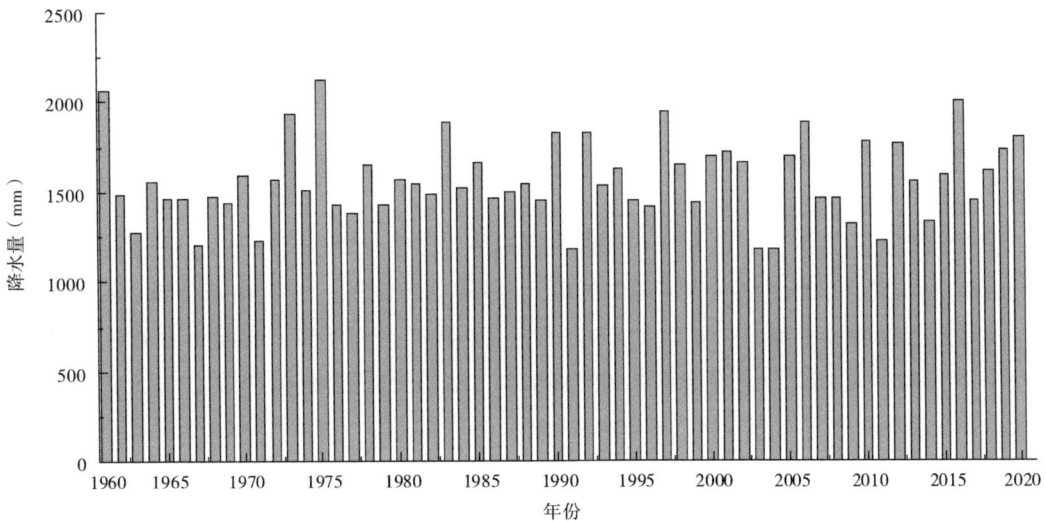

图1-1 1960～2020年龙岩市年降水量分布图

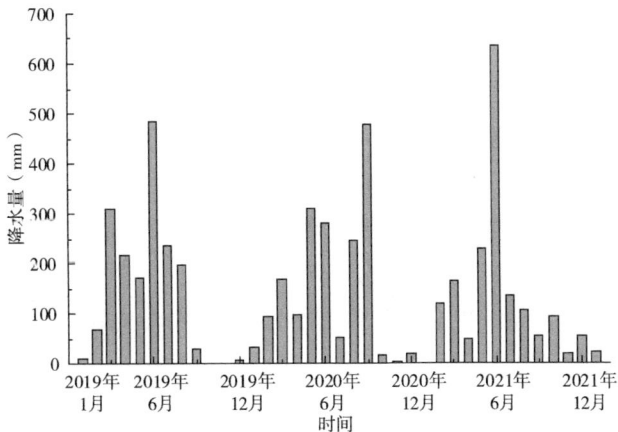

图1-2 2019年1月～2021年12月龙岩市月降水量分布图

1.3.2 水文

龙岩市域水资源较为丰富。全年水资源总量141.42亿m³。全市集水面积大于50km²的河流有129条，总长度为4231.7km，主要分属汀江和九龙江水系。东环高速沿线水系发育，河流呈树枝状。主要为雨源型山溪性河流。河水量受季节控制，水量变化大。水位受降水量控制，暴涨暴跌。在干旱季节，河流水位很低，甚至干涸，但雨季水位暴涨。

沿线水系发育，呈羽状、树枝状展布，属九龙江主要支流的龙川溪水系，主干河流的河流多曲折，河谷多呈"U"形谷，但坡降较大，水浅滩多，不能通航。在东山村之前主要为崎濑溪，该溪于东山村与一小溪汇合后流入东山河，东山河往北方向流经后盂与龙津溪交汇后注入龙川溪。沿线其他水流均为上述河流的小支流，大多为短促山溪，坡降大，河谷多呈"V"形谷，水位、流量受降雨影响明显。流域范围森林茂密，植被发育，地表径流长年不断，自然蓄水能力较强，水力、水电资源丰富。

1.4 矿产资源

龙岩市矿产资源丰富，已发现矿物种类有64种，已探明资源储量的有33种（马坑铁矿是华东第一大铁矿，东宫下高岭土矿是中国最大的高岭土矿之一，紫金山是全国著名的铜金矿区）。目前已探明资源储量的矿产地539多处，有14种矿产探明资源储量占全省第一位。其中，煤炭资源储量8.70亿t，占全省煤炭的57.92%；锰矿资源储量601.98万t，占全省的63.9%；铁矿资源储量4.98亿t，占全省的71.04%；铜矿（金属量）资源储量436.83万t，占全省的94.55%；金矿（金属量）资源储量324.67t，占全省的75.08%；高岭土原矿资源储量5999.86万t，占全省的30.01%；膨润土资源储量1696.51万t，为省内唯一产区。

1.5 区域地质

1.5.1 工程地质层组划分

1. 第四系地层及工程地质层组

研究区第四系覆盖地层较发育，主要为第四系全新统（Q_4^{al-pl}）、上更新统（Q_3^{al-pl}）冲洪积土层，以一般黏性土、砂及砾、卵石、含角砾粉质黏土为主，局部鱼塘、冲沟凹地表层有薄层（厚度小于2m）淤泥、淤泥质黏土，工程地质性质一般，主要分布于河流阶地、平原及山间盆地、沟谷、谷地等地；残坡积砂质黏性土层、残坡积黏性土（Q^{el-dl}）工程地质性质较好，广泛分布于沿线坡地表层或第四系沉积土层之下。沿线零星分布人工填土（Q_4^{me}）。

2. 沉积岩工程地质层组

主要年代为古生界二叠系至石炭系，岩性分别为：

（1）二叠系上统翠屏山组（P_2cp）：泥岩、粉砂岩、石英细砂岩等，主要分布于崎濑村、王庄村等地。

二叠系上统翠屏山组上段P_2cp^b：泥岩、粉砂岩夹细砂岩。

二叠系上统翠屏山组下段P_2cp^a：粉砂岩、石英砂岩夹泥岩。

（2）二叠系下统童子岩组（P_1t）：粉砂岩、泥岩、石英细砂岩及煤层（线），主要分布于崎濑村、王庄村、东山村等地。

二叠系下统童子岩组第一段P_1t^a：粉砂岩、泥岩、粉砂质泥岩及煤层。

二叠系下统童子岩组第三段P_1t^c：粉砂质泥岩、粉砂岩夹泥岩、石英砂岩及煤线。

（3）二叠系下统文笔山组（P_1w）：泥岩、泥质粉砂岩，石英砂岩，主要分布于东山村等地。

（4）二叠系下统栖霞组（P_1q）：硅质岩、灰岩，主要分布于东山村等地。

二叠系下统栖霞组上段P_1q^b：硅质岩、灰岩。

二叠系下统栖霞组下段P_1q^a：灰岩。

3．变质岩及工程地质层组

奥陶—寒武系第二段$Є-O^b$：变质粉砂岩，主要分布于王庄村等地。

4．火成岩及期次划分

燕山早期第二次侵入花岗岩（$\gamma_5^{2(3)c}$），主要分布于崎濑村等地。

此外局部还有酸性及中基性岩脉（β、δ、q等）。

1.5.2　地质构造

研究区地处我国东部著名的巨型新华夏系第二个隆起带与南岭纬向复杂构造带的复合部位，政和—大埔深大断裂的西北侧。褶皱、断裂、岩浆活动均较发育，地质构造条件较为复杂。依地质力学分析，测区主要有纬向、经向、华夏系、新华夏系、西北向及山字形构造等六种构造体系，这六种构造体系构成了测区的主要构造体系。

影响路线走廊带的区域断裂主要有加里东、华力西—印支、燕山三个构造层。走向以北东向、北西向断裂为主，偶见东西向断裂。本研究区主要断裂构造为西陂—象山纬向断裂带：本断裂带位于龙岩王庄—下隔以南，东西长45km，南北宽17km。该断裂带规模较大，由一系列东西向断续延伸的压性、压扭性断裂及横张和扭裂所组成，从其平面上展布特征可进一步划分为北、中、南三个亚带，其中北亚带对线位影响较大。

北亚带（龙岩王庄—中甲纬向断裂带）位于龙岩王庄、下隔、中甲一带，长16km，宽1~3km，由8条东西向断续分布的压、压扭性断裂、2条扭性断裂及1条横张断裂组成。横贯整个测区，航照上反映为陡崖、沟谷断续的东西向延伸。压性断裂发育在古生代地层中。单条断裂带长1~3km，挤压带宽一般为3~8m，走向为东西向，多为南倾，倾角为40°~60°，断裂带普遍发育断层角砾岩及构造透镜体，局部具片理化糜棱岩化、劈理化、硅化。裂面成群发育，呈舒缓波状，面上具有擦痕及阶步，个别有辉石闪长岩脉贯入，旁侧地层牵引及派生裂隙发育，两旁地层多沿走向中断。

1.5.3　水文地质

1．地下水类型

研究区内地貌主要为中低山丘陵间谷地（阶地），按地下水的赋存条件、水理性质及水力特征分为第四系冲洪积层孔隙水、基岩风化层孔隙—裂隙水、基岩构造裂隙水和岩溶水四种类型。

（1）第四系冲洪积层孔隙水

分布于现代河床的阶地、漫滩及山间谷地，含水层主要为第四系冲洪积砂及砂砾卵石层，富水性较好，水量中等至丰富。主要接受大气降水入渗补给及河水、周围孔隙裂隙水的侧向补给，水位埋深一般1~3m，地下水水位标高与地形形态大致相同，河漫滩区多属潜水，阶地区多为承压水。

（2）基岩风化层孔隙—裂隙水

主要分布于丘陵坡地第四系更新统残坡积层或强风化岩层内，赋存于残坡积砂质黏性土及强风化岩网状孔隙、裂隙中，接受大气降水和基岩裂隙水补给。富水性差，地下水位及涌水量受大气降水季节控制明显，变化大，一般单井涌水量小于10m³/d，在花岗斑岩强风化层厚度较大的地段，水位埋深一般为3.0～5.0m，多为潜水，局部为微承压水。

（3）基岩构造裂隙水

主要赋存于线路沿线基岩中，含水层为基岩中的各种构造裂隙，主要接受大气降水入渗补给，大多数路段构造裂隙水量一般较小，其泉流量一般小于0.1L/s，富水性差，水量贫乏。但在基岩构造带、破碎带，尤其是两组断裂构造交汇地段，地下水富集、富水性较好，水量中等，单孔涌水量可能大于200m³/d。

（4）岩溶水

发育于沿线碳酸岩系中，含水性不均，溶洞及地下河中水量丰富，主要接受地表水及大气降水入渗补给，对桥、隧施工影响较大。

2. 地下水的补给、运流及排泄

研究区地下水的补给、运流及排泄条件主要受地形、地貌、地层岩性制约。

低山丘陵区，植被发育，地形切割强烈、坡度较陡，降水顺坡流失快，地下水径流途径短，排泄条件好，多以侧向排泄补给沟谷、冲沟或以泉的形式排泄。因自然坡陡峻，沿线可见大量小型瀑布。降雨是本区地下水的主要补给来源，地下水动态受降水影响较为明显。

山间盆地，冲洪积阶地，地形较低洼、平坦、常呈条带状展布，地下水的主要补给来源于盆地外围基岩裂隙水侧向补给、河水侧向补给及降水的垂向补给。地下水径流途径较山区长，且缓慢，一般向河谷方向排泄。地下水动态受季节性影响明显，洪水期时，河水补给地下水，地下水位抬高；枯水期、平水期则地下水补给河水。

岩溶地下水主要赋存于灰岩岩溶中，多为承压水，受大气降雨影响较弱，主要接受地下含水层间侧向补给，其对路基基本无影响，对桥梁施工影响较大。

3. 水质的腐蚀性

研究区内除煤炭采空区K4+650～K5+460段矿洞地下水对混凝土结构具有强腐蚀性；崎濑分选场尾矿库地下水对混凝土结构具有弱腐蚀性外，其余地下水对混凝土及混凝土中的钢筋具有微腐蚀性。

1.6　矿区道路路基修筑难点

1.6.1　不良地质及特殊土体

龙岩东环高速沿线存在不良地质及特殊土体，主要为矿区废渣堆积体、煤系地层和采空区。

1. 矿区废渣

研究区内沿线填土类型多为废弃堆填和人工填土堆填（图1-3），主要为煤矸石夹渣粉，堆填量总计21.3万～28.4万m³，矿区煤矸石废渣分布情况如表1-1所示。

图1-3　煤矸石堆积现场

矿区煤矸石废渣分布情况   表 1-1

里程桩号或位置	体积（万 m³）
K4+640 ~ K4+740左侧20 ~ 100m	3 ~ 4
K4+800	4 ~ 5
K5+055	3 ~ 4
K5+100 ~ K5+225右侧0 ~ 80m	3 ~ 5
K5+270左侧60m	1.3 ~ 1.4
K5+300左侧85m	7 ~ 9
K9+750左侧25m ~ 右侧75m	5 ~ 6

2．煤系地层

研究区内 K2+554 ~ K5+835 段存在煤系地层，地质层组为二叠系下统童子岩组第一段（P_1t^a），主要为深灰色中薄层状粉砂岩，其次有炭质泥岩、粉砂质泥岩及煤层。全风化炭质泥岩呈褐黄色、芯呈砂土状、手捏易散、遇水软化；砂土状强风化炭质泥岩呈褐黄色、芯呈砂土状、手捏易散、遇水软化；碎块状强风化炭质泥岩呈灰、深灰色、芯呈砂土状夹碎块状、手捏易散。该路段地形起伏较大，存在多个高边坡，地下水主要为基岩风化层孔隙—裂隙水，主要赋存于坡、残积层及基岩风化层网状孔隙、裂隙中。透水性较好，富水性差，地下水位受大气降水季节控制明显，变化大。以下为两个边坡坡高超过40m的煤系土边坡概况：

（1）K3+011 ~ K3+260段左侧边坡

该边坡坡高约42.3m，根据勘探显示，该边坡上部为含碎石粉质黏土，厚度范围为0 ~ 6.2m；下部为砂土状强风化泥质粉砂岩，厚度范围为0 ~ 7.2m；碎块状强风化炭质、泥质粉砂岩，厚度约28m。坡体后部高陡，泥质、炭质粉砂岩岩土性状较差，存在不利的缓倾结构面，致使边坡稳定性不佳，需对边坡进行必要的支护以保证边坡的稳定，消除隐患。

（2）K5+225 ~ K5+418段右侧边坡

该边坡坡高约46.2m，根据勘探显示，该边坡上部为碎块状强风化泥质粉砂岩；下部为中风化泥质、炭质岩。边坡岩土体性状较为软弱且破碎，但岩层产状为反倾，边坡开挖后有一定安全风险，需对边坡进行必要的支护以保证边坡的稳定，消除隐患。

3．采空区

研究区内公路沿线途经4处煤矿采空区：

（1）大孟顶煤矿，位于K3+300 ~ K3+700右侧（图1-4），该煤矿隶属龙岩市新罗区曹溪街道办事处管辖，矿井生产能力15万t/a，矿区面积5.2km²。

（2）采空巷道，洞口高约3.5m，宽约4m，洞口设两条矿车轨道，洞口走向10°。

（3）K4+600 ~ K5+470段采空区，地表处有很多无规律开采洞口（图1-5），开采洞口高约2m，宽约1.5m，且很大部分都已塌陷，根据调查，地下煤层延伸情况复杂，有严重的倒转、褶曲现象，煤层厚0.8 ~ 3.0m，最大采空洞长、宽、高均约20m。目前2 ~ 3年均无开采，原预留煤柱已被逐渐开采，地表局部塌陷。

（4）K7+500～K11+000右侧100～2000m为翠屏山煤矿，线路在这段有绕避。但此处地表有很多无规律开采洞口，开采洞口高约10m，宽约15m，且部分地表发生变形，根据调查，地下煤层延伸情况复杂，空洞大小分布较散乱，其对公路建设存在一定安全隐患。

图1-4　大孟顶煤矿采煤洞口

图1-5　K5+460左15m采煤洞口

1.6.2　修筑难点

1.矿区废渣利用问题

煤矿在生产开发过程中常伴随着各种废料产生，如煤矸石、粉煤灰和矿渣等。而煤矸石等废料堆放需要占用大量土地，并且部分煤矸石具有自燃性，自燃时将排出大量有害气体对矿区环境造成严重污染。

修筑矿区高速公路时，通常由于矿区土质来源不够丰富，路基填料往往需要从其他地区运输，成本高昂。与此同时，矿区煤矸石来源广泛、产量巨大，利用煤矸石作为填料，价格便宜。因此，将矿区废料作为路基填料不仅能很好地消耗矿区废料，还能够降低运输土石的成本，是一种合适的再利用途径。

2.煤系土边坡失稳问题

煤系土为煤系岩层经由自然营力作用而风化、崩解、剥落形成，外观呈灰色、黑色，土层结构松散，层位与层位之间胶结性较差，且遇水易软化，稳定性较差，当有强雨水冲击时，会造成土体流失，容易造成边坡失稳。煤系土体含炭量较高，是一种工程性能较差的土体，在遇水条件下煤系土边坡极易失稳。

3.采空区路基稳定性问题

由于矿区煤炭的开采，形成煤矿采空区。在采空区上建设高速公路，容易造成道路的不均匀沉降，导致公路产生裂缝、变形，甚至可能出现公路部分塌陷等病害。影响车辆行驶安全性，存在很大安全隐患。

第 **2** 章

矿区典型劣质填料的
工程性质

本章以龙岩东环高速公路沿线广泛分布的典型煤矸石、煤系土为例,分析两种劣质填料物理特性与力学性能。

2.1 典型劣质填料的物理特性

2.1.1 颗粒级配

图2-1为筛分后的煤矸石和煤系土两种矿区劣质填料。依据《公路土工试验规程》JTG 3430—2020,矿区劣质填料的颗粒级配曲线如图2-2所示。

（a）煤矸石   （b）煤系土

图2-1 筛分后的矿区劣质填料

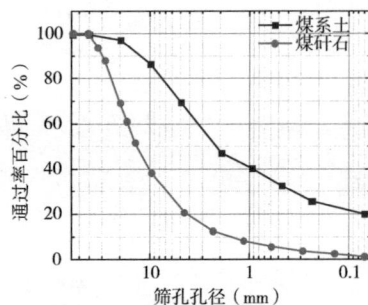

图2-2 矿区劣质填料的颗粒级配曲线

由上图可知,该煤矸石属于级配良好砾,代号为GW,其不均匀系数$C_u = 9.92$,曲率系数$C_c = 2.06$,颗粒级配良好。该煤系土属于粉土质砾,代号为GM,计算得到$C_u = 93.25$,$C_c = 1.13$,颗粒级配良好。

2.1.2 天然物理指标

依据《公路土工试验规程》JTG 3430—2020测定煤矸石和煤系土两种矿区劣质填料的基本工程特性,如表2-1所示。

矿区劣质填料的基本工程特性   表2-1

填料类型	含水率（%）	最大干密度（g·cm⁻³）	最佳含水率（%）	液限ω_L（%）	塑限ω_P（%）	塑性指数I_P	压碎值（%）	磨耗值（%）
煤矸石	1.26	2.25	6.7	26.6	19.5	6.8	29.6	26.9
煤系土	11.5	2.15	10.7	28.8	15.4	13.4	—	—

2.1.3 矿物成分

采用DY1602/Empyrean型多功能X射线多晶衍射仪,对煤矸石、煤系土进行矿物成分分析。矿区劣质填料的矿物成分及含量如表2-2所示。可见,两种矿区劣质填料主要由白云母、石英、高岭石组成，此类矿物亲水性强，因此，含水率对填料性能影响较大，遇水后易出现较大程度膨胀或崩解。

矿区劣质填料的矿物成分及含量　　　　　　　　　　　　　　表 2-2

填料类型	矿物含量（%）		
	白云母（Muscovite）	石英（Quartz）	高岭石（Kaolinite）
煤矸石	48.7	34.8	16.5
煤系土	49.4	34.6	16.0

2.2　煤矸石的力学性能

2.2.1　单轴侧限压缩指标

设置6种不同的加载速率和轴向应力实现荷载施加，单轴侧限压缩试验方案如表2-3所示，试验采用恒应变的加载方式。试验采用的主要器械和加压装置为：自制压实模具和WYW-600DS万能试验机，自制压实模具由底座、试筒和压柱三部分组成。试验中控制煤矸石的最大粒径为30mm，考虑到颗粒的尺寸效应，套筒内径应不小于颗粒最大粒径的5倍，设计钢筒内径为150mm，且防止压缩时颗粒挤压筒壁发生变形，钢筒壁厚不宜过小，参考压碎值试验中试筒壁厚，选用15mm的钢筒壁厚。

单轴侧限压缩试验方案　　　　　　　　　　　　　　表 2-3

试验方案编号	加载速率（mm·s⁻¹）	轴向应力（MPa）
1 ~ 5	5	
6 ~ 10	10	
11 ~ 15	15	5、10、15、20、25、30
16 ~ 20	20	
21 ~ 25	25	
26 ~ 30	30	

1. 颗粒破碎指标

许多学者针对颗粒材料在试验前后粒径或级配曲线的变化，提出一系列指标表征颗粒总体破碎程度。Marsal和Hardin分别定义破碎率B_g和相对破碎率B_r，计算公式如式（2-1）、式（2-2）所示：

$$B_g = 0.5 \Sigma \left| W_{ki} - W_{kf} \right| \tag{2-1}$$

$$B_r = \frac{B_t}{B_p} \qquad\qquad (2\text{-}2)$$

式中　W_{ki}——某粒组试验前的含量（%）；

　　　W_{kf}——对应粒组试验后的含量（%）；

　　　B_p——初始级配曲线与破碎指标边界围成的面积（m^2）；

　　　B_t——试验前后级配曲线围成的面积（m^2）。

2. 加载速率的影响

最大轴向应力分别为20MPa、30MPa和不同加载速率下煤矸石颗粒的应变—轴向应力曲线如图2-3所示。

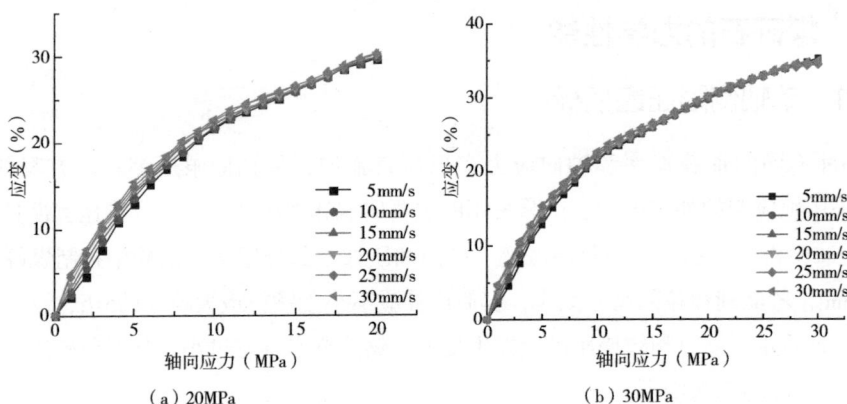

图2-3　不同加载速率下煤矸石颗粒的应变—轴向应力曲线

由上图可知，应变—轴向应力曲线可大致分为三阶段。第一阶段为压缩前期（0~5MPa），煤矸石颗粒处于初步压密状态，曲线斜率较大，内部空隙迅速充填，煤矸石颗粒产生较大应变；第二阶段为压缩中期（5~20MPa），曲线斜率减小，内部空隙较少，煤矸石颗粒相互挤压发生破碎，煤矸石颗粒进一步密实，应变增加变慢；第三阶段为压缩后期（20~30MPa），煤矸石颗粒基本处于稳定密实状态，可将其看成一个整体，曲线斜率更加平缓，煤矸石颗粒随轴向应力增加的应变量较小。

对比不同加载速率下的应变—轴向应力曲线，不同之处在于轴向应力为0~20MPa的应变值，相同轴向应力下，应变随加载速率增大而增大；轴向应力为20~30MPa时，不同加载速率下的应变基本相同。说明加载速率对煤矸石单轴压缩的影响在压缩前中期，增大加载速率缩短了颗粒充填空隙的时间，加快了煤矸石颗粒密实；当煤矸石颗粒在压缩后期密实成一个近似整体的结构时，加载速率对煤矸石颗粒的压密影响甚小。

3. 压缩过程中颗粒破碎情况

将压缩试验后的煤矸石颗粒筛分，得到不同轴向应力和加载速率下煤矸石颗粒的粒组含量情况（以轴向应力为10MPa和30MPa为例），结果如图2-4所示。由图可知，不同轴向应力、加载速率下煤矸石颗粒级配曲线重合度较高，说明加载速率对煤矸石颗粒破碎的影响较小。

（a）10MPa　　　　　　　　　（b）30MPa

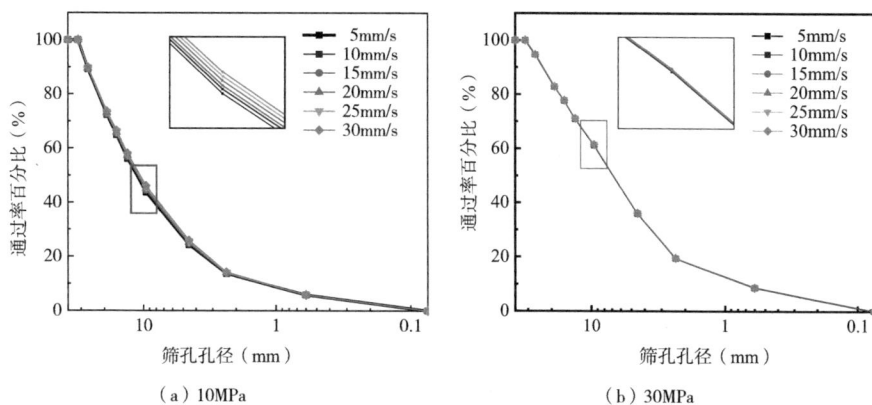

图 2-4　不同轴向应力和加载速率下煤矸石颗粒的粒组含量情况

以加载速率为30mm/s下的级配曲线为例，分析不同轴向应力对颗粒破碎的影响，如图2-5所示。由图可知，随着轴向应力增大，煤矸石颗粒级配曲线逐渐向上移动。在轴向应力为5MPa作用下，煤矸石粒组含量变化不明显，即煤矸石几乎未发生颗粒破碎；在轴向应力为10MPa、15MPa、20MPa作用下，煤矸石级配曲线变化明显，此时煤矸石发生颗粒破碎，导致粒组含量的变化。轴向应力增加到25MPa、30MPa时，较少颗粒发生破碎，粒组含量变化不明显，此时级配曲线几乎重合。

选用破碎率B_g为破碎指标，计算煤矸石在不同轴向应力和加载速率下的破碎率，结果如图2-6所示。由图可知，破碎率随加载速率增大而增大，但在不同轴向应力作用下，加载速率对破碎率的影响不同。轴向应力为5MPa时，破碎率接近0，说明煤矸石颗粒几乎不发生破碎；轴向应力为25MPa、30MPa时，随着加载速率增大，破碎率较为接近，并没有大幅度增大；轴向应力为10MPa、15MPa、20MPa时，加载速率对颗粒破碎程度影响较大。破碎率随着轴向应力增大而增大，在轴向应力为5～20MPa时，曲线斜率较大，煤矸石破碎率大幅度增大，说明此时较多煤矸石颗粒受压发生破碎，颗粒粒组含量发生变化，且可以较为明显地看到不同加载速率下颗粒破碎率的差异。在轴向应力为20～30MPa时，曲线斜率下降，煤矸石破碎率缓慢增大，不同加载速率的折线也逐渐重叠在一起。

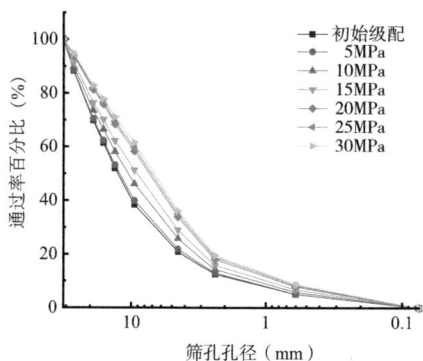

图 2-5　不同轴向应力下煤矸石颗粒级配曲线　　图 2-6　不同加载速率下煤矸石破碎率的变化情况

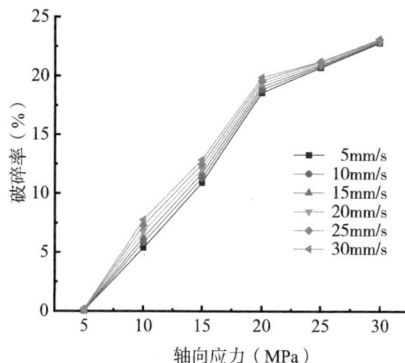

综上，加载速率对煤矸石颗粒破碎影响较小，主要在压缩中期稍微提高了颗粒破碎程度，而煤矸石发生颗粒破碎主要受到轴向应力的作用，轴向应力越大，煤矸石颗粒破碎程度越彻底，煤矸石颗粒主要在压缩中期发生破碎。压缩前期，煤矸石试样内部主要进行颗粒充填空隙，相互嵌挤，处于初步压实状态，基本不发生颗粒破碎；压缩后期，大部分颗粒在压缩中期已完成破碎，煤矸石试样内部颗粒密实成一个整体结构，试样内部受力较均匀，颗粒不易发生破碎。

2.2.2 单颗粒破碎强度

采用WYW-600DS万能试验机进行煤矸石破碎试验，为保证试验精度，采用1mm/min的加载速率。

分形维数D是研究材料分布状态、形状变化等特征的定量指标，可通过破碎试验获得。同种材料在不同破碎试验中分形维数不同，因此，基于破碎试验获得的分形维数只适用于同类型试验、同种材料的力学性能。分形维数计算公式如式（2-3）、式（2-4）所示：

$$F(d) = \left(\frac{d}{d_M}\right)^{3-D} \tag{2-3}$$

$$D = 3 - \alpha \tag{2-4}$$

式中　$F(d)$——粒径小于d的颗粒含量百分比（%）；

　　　d——粒径（mm）；

　　　d_M——颗粒最大粒径（mm）；

　　　α——双对数坐标中$F(d)$与d/d_M关系曲线斜率。

单颗粒破碎强度受颗粒尺寸效应表现出不同粒径的颗粒强度不同，基于分形理论，建立单颗粒破碎强度与颗粒粒径之间的理论关系，如式（2-5）、式（2-6）所示：

$$\sigma_f = \frac{F_f}{A_{app}} \tag{2-5}$$

$$\begin{cases} \sigma_f = \sigma_f^* d^{D-3} \\ \sigma_f^* = \dfrac{\sum\limits_1^n \sigma_{fi} d_i^{3-D}}{n} \end{cases} \tag{2-6}$$

式中　σ_f——单颗粒破碎强度（MPa）；

　　　F_f——破碎力（kN）；

　　　A_{app}——截面面积$A_{app}=d^2$（mm²）；

　　　σ_{fi}——粒径d_i的颗粒破碎强度（MPa）；

　　　n——所测的试验数据个数；

　　　σ_f^*——修正后颗粒破碎强度（MPa）。

通过单颗粒破碎试验测得每种粒径颗粒破碎的破碎力F_f，每种粒径进行6次平行试验后取平均值得到平均破碎力$\bar{F}_f$，根据式（2-5）计算单颗粒破碎强度，结果如表2-4所示。

由表2-4可知，相比于其他粒径的单颗粒破碎强度（4.43~40.13MPa），粒径为4.75mm的单颗粒破碎强度（363.21MPa），是粒径为9.5mm单颗粒破碎表观强度的9.1倍。随着颗粒粒径减小，单颗粒破碎表观强度逐渐增大，且增大幅度越来越大，粒径为31.5和26.5mm的破碎强度差值为0.20MPa，粒径为9.5和4.75mm的破碎强度差值为323.08MPa，说明煤矸石单颗粒的破碎强度表现出尺寸效应，其随着粒径变化而变化，可以推断出粒径小于4.75mm煤矸石颗粒的破碎强度将超过363.21MPa，因此，粒径小于或等于4.75mm的煤矸石颗粒视为在压缩试验中不发生颗粒破碎现象。

单颗粒破碎强度　　　　　　　　　　　　　　　　　　表2-4

粒径 d（mm）	31.5	26.5	19	16	13.2	9.5	4.75
破碎力 F_f（kN）	3.76	4.34	2.23	3.89	4.14	4.11	8.73
	4.56	2.00	2.88	2.03	3.84	3.82	7.08
	4.87	3.34	2.49	2.44	1.67	3.36	9.77
	3.75	3.42	2.42	3.52	2.50	3.39	8.30
	5.50	2.33	2.18	2.91	2.68	3.12	8.13
	3.92	4.06	2.06	3.96	2.54	3.93	7.16
平均破碎力 $\bar{F}_f$（kN）	4.39	3.25	2.38	3.13	2.90	3.62	8.20
破碎强度 σ_f（MPa）	4.43	4.63	6.58	12.21	16.62	40.13	363.21
破碎强度差值 $\Delta\sigma_f$（MPa）		0.20	1.96	5.62	4.41	23.51	323.08

考虑煤矸石分形模型和尺寸效应，修正单颗粒破碎强度，结果如表2-5所示，并绘制图2-7。由表2-5可知，修正后单颗粒破碎强度发生变化，其中粒径为16mm的颗粒破碎强度变化不大，而粒径大于16mm的颗粒破碎强度有所提高，粒径小于16mm的颗粒破碎强度有所减少，但依旧存在着颗粒破碎强度随着粒径减少而增大的现象，即强度尺寸效应，修正后颗粒增大幅值相比于未修正的更加均衡些，大粒径颗粒破碎强度随粒径变化基本没有发生较大变化，而小粒径颗粒破碎强度有较大提高。

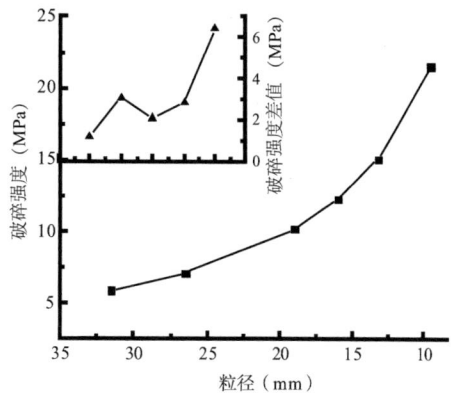

图 2-7　单颗粒破碎强度

修正后的单颗粒破碎强度　　　　　　　　　　　　　表2-5

d（mm）	31.5	26.5	19	16	13.2	9.5
σ_{fi}（MPa）	4.43	4.63	6.58	12.21	16.62	40.13
D	1.92					

σ_f^*（MPa）	245.22					
σ_f（MPa）	5.91	7.12	10.20	12.28	15.11	21.56

2.2.3　抗剪强度

影响材料抗剪强度的因素有很多，本书主要考虑含水率和垂直荷载两个因素对煤矸石抗剪强度的影响。大型直剪试验采用的煤矸石试样与其他力学试验相同，同样控制煤矸石颗粒最大粒径为30mm。由室内试验测得的煤矸石最佳含水率为6.7%，因此，试验中煤矸石的含水率控制在6.7%左右，同时对每种含水率下的煤矸石颗粒进行4种不同垂直应力下的直剪试验，具体试验方案如表2-6所示。

煤矸石大型直剪试验方案

表2-6

试验方案编号	含水率（%）	垂直荷载（kN）
1～4	4.0	
5～8	6.7	20、30、40、50
9～12	8.0	
13～16	10.0	

1．剪应力—剪位移关系曲线

图2-8为不同含水率下剪应力—剪位移关系曲线，其中垂直应力100kPa、150kPa、200kPa、250kPa对应试验方案中设计垂直荷载20kN、30kN、40kN、50kN。由图可知，煤矸石剪应力随垂直应力增大而增大，在不同垂压作用下剪应力—剪位移曲线的变化趋势大致相同。随着剪位移增大，对应剪应力也逐渐增大，当剪位移达到一定值后，曲线变缓，但剪应力值依旧在增大，没有存在稳定峰值点，故将剪位移达到直径1/10时视为试样已剪切破坏，将此时剪应力作为试样抗剪强度。

剪应力与剪位移关系曲线并不是一条光滑平顺曲线，在剪位移增大过程中，剪应力处于波动增大状态，主要原因是试样中煤矸石颗粒大小不一，剪切过程中颗粒嵌挤状态不断发生变化引起。剪应力与剪位移关系曲线呈现出非线性关系，可将其大致分为两阶段：①弹性阶段，在剪切前期，剪应力与剪应变关系曲线接近于直线，表现为线性关系，且随着垂压增大，剪应力增长越快；②初步屈服阶段，随着剪位移增大，曲线斜率明显变小，处于塑性变形阶段，剪应力随着剪位移增大而缓慢增大。剪切关系曲线还有一个应变硬化（软化）阶段，表现出剪应力随着剪位移增大而增大（减小），但此试验的剪切关系曲线在出现峰值点时试样已完成剪切破坏，因此，未表现出此阶段。

2．抗剪强度计算

取剪位移达到剪切盒直径1/10时的剪应力作为抗剪强度，水平位移最大值取为50.4mm。经过分析计算，获得不同垂直应力和含水率下抗剪强度，结果见图2-9。由图可知：

（1）煤矸石抗剪强度随着垂压增大而增大，垂直应力的增大使煤矸石颗粒嵌挤更加密实，颗粒嵌挤作用使整体结构更加稳定，从而能够抵抗更大剪切力；

（2）随着含水率增大，煤矸石抗剪强度有所提高，煤矸石中含有部分的煤炭颗粒和其他有

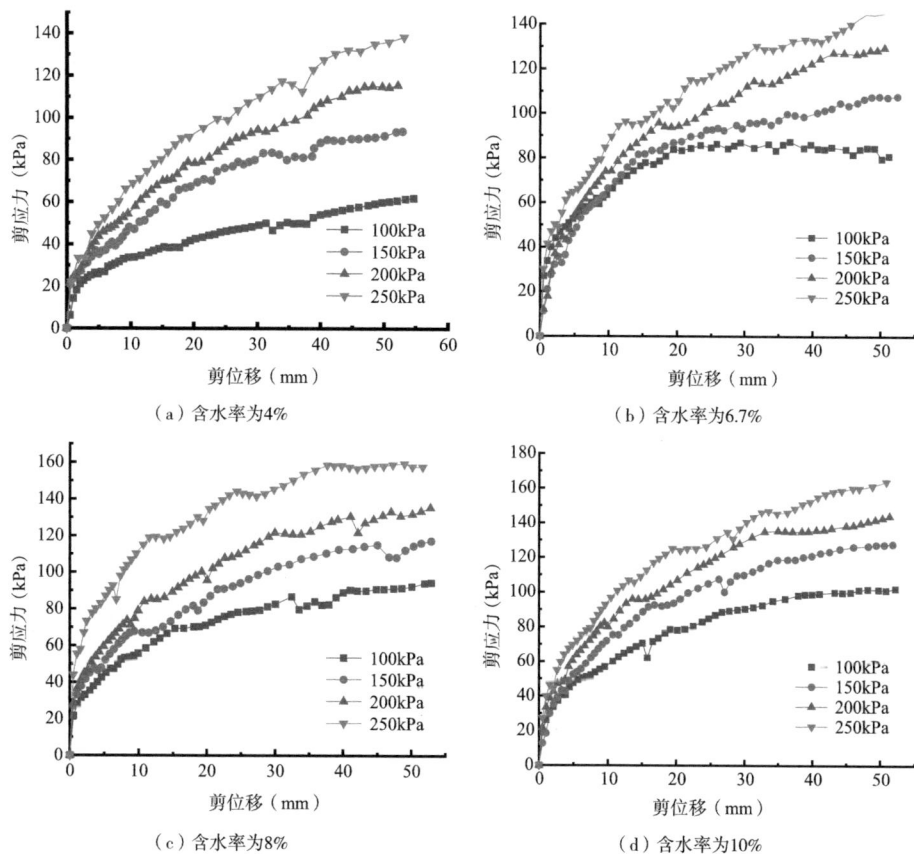

（a）含水率为4%　　　　　　　　　　（b）含水率为6.7%

（c）含水率为8%　　　　　　　　　　（d）含水率为10%

图2-8　不同含水率下剪应力—剪位移关系曲线

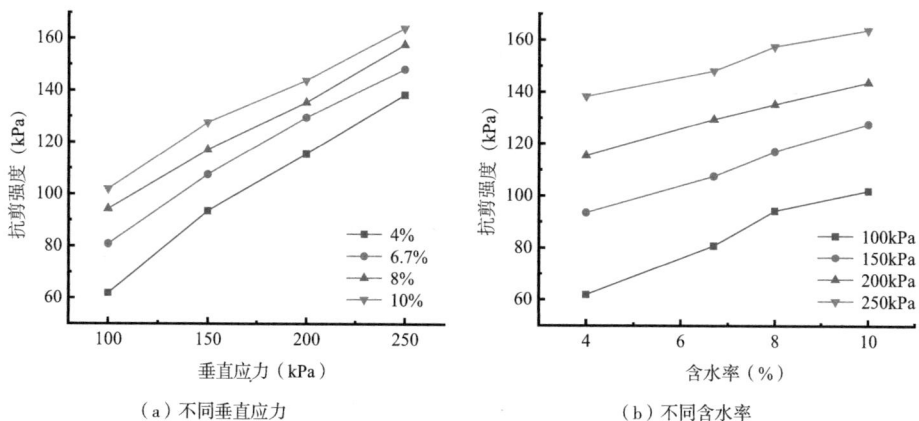

（a）不同垂直应力　　　　　　　　　　（b）不同含水率

图2-9　不同垂直应力和含水率下煤矸石的抗剪强度

机成分，遇水后发生物理化学反应后生成具有良好黏结作用的胶结成分，因此，提高含水率可增大煤矸石颗粒间黏结力，使煤矸石具有更高的抗剪强度。

（3）在最佳含水率为6.7%时，抗剪强度比含水率8%小，说明虽然最佳含水率时煤矸石颗粒更加密实，但含水率为8%的煤矸石中，煤炭颗粒和其他有机物质与水反应产生的黏结作用更大，即相比于嵌挤作用，煤矸石颗粒抗剪强度受颗粒黏结作用的影响更大。

3. 参数值计算

根据煤矸石在不同垂直应力下的抗剪强度值，进行最小二乘法计算，得到煤矸石抗剪强度参数值，结果如图2-10所示。由图可知：

（1）随着含水率增大，煤矸石黏聚力逐渐增大，而内摩擦角逐渐减小。原因在于煤矸石中包含较多亲水性的煤颗粒，故黏聚力受含水率影响较大。

（2）当含水率较低时，只有部分亲水性物质转化为胶结物，黏结作用较弱，细颗粒与粗颗粒嵌挤较好，表现为黏聚力小、内摩擦角大；当增大含水率，更多细颗粒表现出黏结性，提高了煤矸石黏结力。

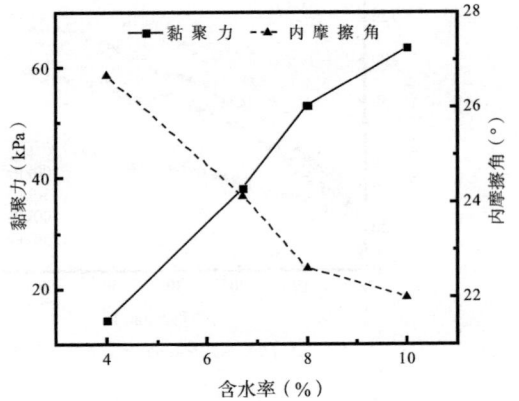

图2-10　煤矸石抗剪强度参数值

（3）骨架粗颗粒间细颗粒起润滑作用，且随含水率的提高，作用效果也提高，使煤矸石试样内摩擦角持续下降。当含水率低时，煤矸石抗剪强度主要由内摩擦角提供。当含水率高时，抗剪强度主要由黏聚力提供。

2.2.4　压缩指标

采用大型压缩仪进行煤矸石压缩试验，研究不同轴向荷载对煤矸石压缩特性和压缩过程中煤矸石颗粒破碎的影响。大型压缩试验采用的煤矸石试样与其他力学试验相同，同样控制煤矸石颗粒的最大粒径为30mm。根据试验规程规定，轴向应力应采用分级施加，因此，设计3种不同轴向应力的煤矸石大型压缩试验，具体试验方案如表2-7所示。

煤矸石大型压缩试验方案　　　　　　　　　　　　　　　　表2-7

试验方案编号	最大轴向应力（kPa）	分级施加的轴向应力（kPa）
1	800	50→100→200→400→800
2	1600	50→100→200→400→800→1600
3	3200	50→100→200→400→800→1600→3200

1. 压缩特性

以最大轴向应力为3200kPa的试验结果为分析对象，研究煤矸石颗粒在大型压缩试验中的

压缩特性，结果见图2-11。可知，煤矸石累计变
形量随时间发生变化，关系曲线呈现出"阶梯"
状。增大轴向应力，煤矸石试样持续发生变形，产
生较大的变形量主要发生在改变轴向应力较短的时
间内，之后就逐渐保持稳定的不变状态。当开始施
加分级轴向应力3200kPa时，煤矸石试样变形趋势
与其他分级轴向应力大致相同，唯一不同之处是未
出现较为稳定变形量阶段，原因是轴向应力未达到
3200kPa，约为2760kPa，此时煤矸石试样总变形量
超过装填容量的1/10，出于设备安全考虑，系统自
行停止施加轴向应力。

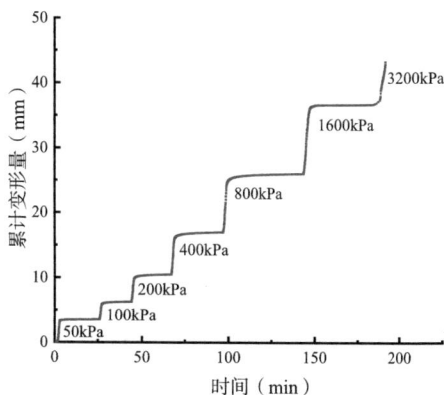

图 2-11　煤矸石压缩累计变形量—时间关系曲线

整理不同轴向应力下的变形量和变形变化量，并绘制分级轴向应力下煤矸石试样的变形
量—时间关系图和变形变化量—轴向应力关系图，如图2-12所示。可知，轴向应力增大引起
煤矸石试样变形增大，轴向应力与变形变化量两者不是线性关系。随轴向应力增大，变形变化
量增长越缓慢，到最后变形变化量会逐渐减少。原因是随轴向压力增大，容器内煤矸石颗粒相
互嵌挤，部分颗粒发生破碎现象充填空隙，空隙率变小，煤矸石颗粒逐渐被压实形成一个整体
结构，抵抗轴向应力的能力变强。

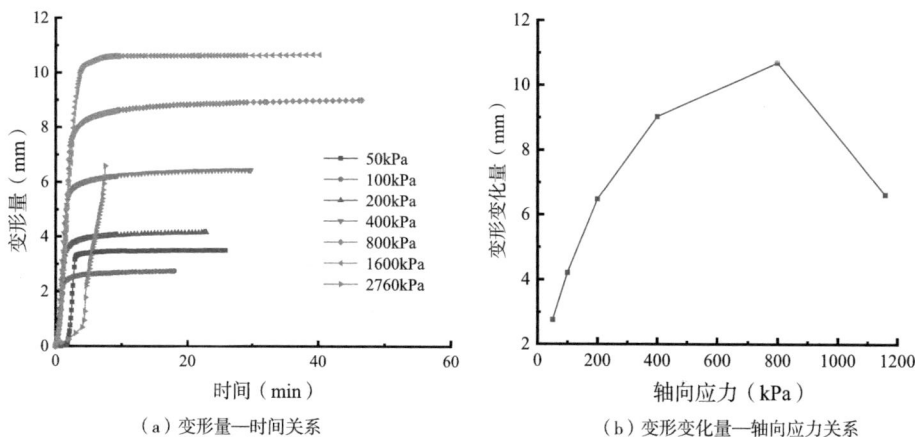

（a）变形量—时间关系　　　　　　　　　（b）变形变化量—轴向应力关系

图 2-12　分级轴向应力下煤矸石试样的变形变化

2.颗粒破碎情况

将压缩后的煤矸石颗粒进行筛分试验，粒组含量如表2-8所示，不同轴向应力下煤矸石颗
粒级配曲线如图2-13所示。由表可知：

（1）轴向应力作用下，煤矸石粒组含量发生变化，其中，粒径为31.5~9.5mm的颗粒含量
减少，粒径为4.75mm及以下颗粒含量增大，说明压缩过程中主要是粒径为31.5~9.5mm的颗粒
发生破碎，即骨架颗粒发生破碎，破碎后的颗粒粒径为2.36mm及以下。

（2）随轴向应力增大，粒径为31.5～9.5mm的颗粒含量降幅越多，颗粒破碎程度越高。轴向应力为0～800kPa下，粒径为31.5～9.5mm的颗粒含量变化最大，说明煤矸石颗粒主要在压缩中期发生破碎。压缩后期轴向应力更大，但煤矸石颗粒破碎程度不会很大。

（3）大部分颗粒在压缩中期发生破碎，后期能发生破碎的颗粒较少；煤矸石颗粒随着轴向应力增大变得更加密实，内部颗粒嵌挤更加紧密形成整体结构，颗粒间受力趋于均匀。

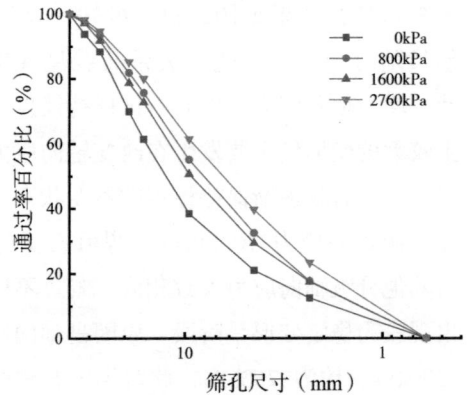

图2-13　不同轴向应力下的煤矸石颗粒级配曲线

压缩后煤矸石的粒组含量　　表2-8

筛孔尺寸（mm）		31.5	26.5	19	16	9.5	4.75	2.36	筛余
粒组含量（%）	0kPa	6.19	5.49	18.44	8.49	23.00	17.44	8.51	12.25
	800kPa	2.77	5.44	13.10	5.96	22.06	21.30	11.93	17.45
	1600kPa	2.50	3.97	11.72	6.15	20.55	22.62	14.85	17.64
	2760kPa	1.78	3.52	9.60	5.07	18.61	21.77	16.30	23.35
通过率（%）	0kPa	93.81	88.32	69.88	61.39	38.40	20.96	12.45	0.00
	800kPa	97.50	93.53	81.81	75.66	55.11	32.50	17.64	0.00
	1600kPa	97.23	91.80	78.69	72.74	50.68	29.37	17.45	0.00
	2760kPa	98.22	94.70	85.10	80.04	61.42	39.65	23.35	0.00

由图2-13可知，随着轴向应力增大，煤矸石颗粒级配曲线逐渐向上移动，说明颗粒粒径变得越来越小，即轴向应力作用下发生颗粒破碎。

选用破碎率B_g为破碎指标，结合表2-8的试验数据，通过式（2-1）计算不同轴向应力下煤矸石颗粒的破碎率，结果见表2-9。由表可知，随着最大轴向应力提高，煤矸石粒径含量变化越大，颗粒破碎率也随之增大，即轴向应力越大，煤矸石颗粒破碎程度越高。在同一轴向应力下，粒径为19mm的颗粒含量变化最大，其次是粒径为31.5mm的颗粒，原因是试样中粒径为19mm的颗粒含量最高，在试样中充当骨架颗粒，承受较多压应力，故破碎颗粒较多，而相比于其他粒径，粒径为31.5mm的颗粒本身颗粒破碎强度较小，因此，受轴向应力作用更易发生颗粒破碎。

不同轴向应力下煤矸石颗粒的破碎率　　表2-9

筛孔尺寸（mm）	试验前含量减去试验后含量的绝对值（%）								破碎率（%）
	31.5	26.5	19	16	9.5	4.75	2.36	筛余	
800kPa	3.42	0.05	5.34	2.53	0.94	3.86	3.42	5.19	12.38
1600kPa	3.69	1.51	6.72	2.34	2.45	5.18	6.34	5.39	16.81
2760kPa	4.41	1.97	8.85	3.42	4.38	4.34	7.79	11.10	23.12

2.2.5 承载比

依据《公路土工试验规程》JTG 3430—2020，试验击实次数分别为30次、50次、98次，煤矸石承载比试验结果如表2-10所示。

表 2-10

煤矸石承载比试验结果

击实次数（次）	压实度（%）	承载比（%）	膨胀量（%）
30	88	3.0	0.05
50	93	24.3	0.06
98	98	62.8	0.09

由上表可知，煤矸石承载比随锤击次数增加而增大，一方面，每层锤击次数越多，试件压实度越大，增大了煤矸石抵抗局部变形的能力；另一方面，在锤击煤矸石过程中，发生颗粒破碎，使得颗粒间相互嵌挤更紧密而产生较大内摩擦角，强度也随之增加。

2.3 煤系土的力学性能

2.3.1 抗剪强度

干湿循环与冻融循环是边坡劣化的原因之一，反复干湿循环与冻融循环将使煤系土强度降低、塑性变形增大，最终导致边坡稳定性下降。不同干湿/冻融循环下煤系土抗剪强度试验方案如表2-11所示。

表 2-11

抗剪强度试验方案

循环类型	循环次数（次）	压实度 k（%）	含水率 ω（%）
干湿循环（GS）	0/1/3/4/5/6	87/90/93	9/12/15
冻融循环（DR）		90/93	9/12/15

1. 煤系土抗剪强度

图2-14为含水率与黏聚力、内摩擦角关系曲线。可知，煤系土黏聚力和内摩擦角随干密度增大而增大，且黏聚力增幅比内摩擦角更大，原因是干密度增大，其孔隙比随之减小，颗粒间结合更加密切，使煤系土更加密实。当含水率为9%时，黏聚力上升幅度最大，达到42.8%，但内摩擦角增幅最小，只有3.8%，因为土体本身较为密实，内摩擦角变化较小，故内摩擦角增幅不大。

图2-15为压实度与黏聚力、内摩擦角关系曲线。可知，煤系土黏聚力和内摩擦角均随压实度增大而增大，随含水率增大而减小。因为黏聚力主要来自水膜联结和颗粒间黏结作用等，其中土粒间水膜联结力和胶结力对黏聚力形成起主要影响。随着含水率增大，土颗粒间水膜联

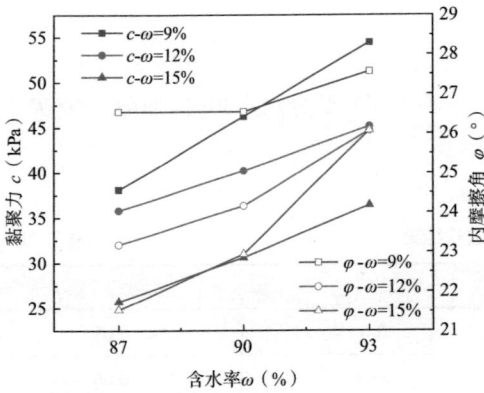

图 2-14　含水率与黏聚力、内摩擦角关系曲线

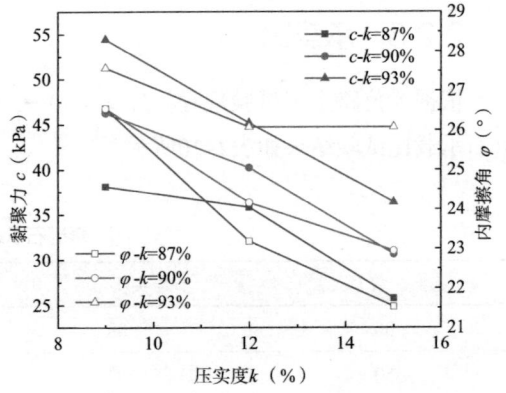

图 2-15　压实度与黏聚力、内摩擦角关系曲线

结逐渐减小，当土体达到饱和状态时，水膜联结力完全丧失，而颗粒间胶结作用主要来源于土料本身，胶结物在矿物融合重析出过程中生成。且煤系土含水率一旦达到某一界限值时，其胶结物逐渐溶解，胶结作用逐渐丧失，故随煤系土含水率增大，其黏聚力和内摩擦角逐渐减小。对比不同含水率情况下煤系土黏聚力和内摩擦角，可见，含水率对煤系土黏聚力影响相对较大，而对煤系土内摩擦角影响相对较小。

2．干湿/冻融循环下煤系土的抗剪强度

根据直剪试验获得的结果进行计算，得出不同干密度、含水率以及循环次数的煤系土黏聚力和内摩擦角。其黏聚力、内摩擦角的关系曲线如图2-16和图2-17所示。可知：

（1）对于初始煤系土，其黏聚力和内摩擦角均随压实度增大而增大，而随含水率增大而减小。压实度与含水率对煤系土黏聚力的影响大于内摩擦角。

（2）煤系土黏聚力随干湿循环次数增加而增大，而内摩擦角呈相反趋势，当干湿循环次数为4时达到最大值或最小值。其黏聚力增加了3.28~10.93kPa；内摩擦角下降了1.08°~2.98°。说明含水率不变，压实度越低，黏聚力增幅越小，内摩擦角降幅也越小；压实度不变，含水率

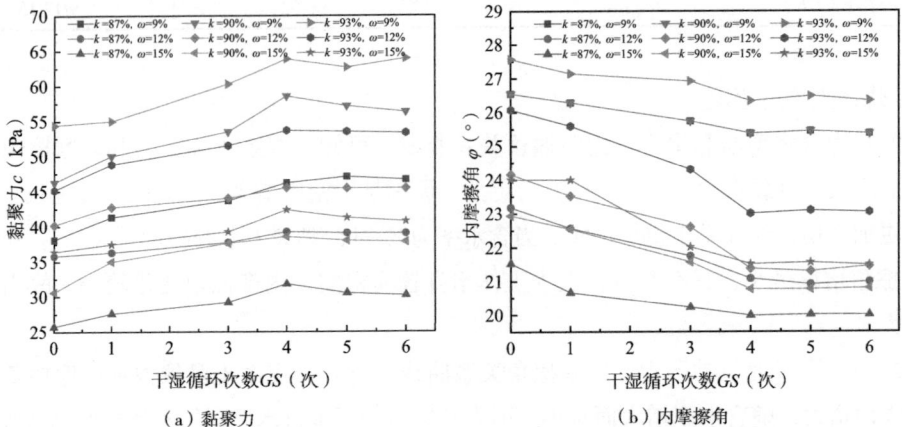

（a）黏聚力

（b）内摩擦角

图 2-16　干湿循环次数与黏聚力、内摩擦角关系曲线

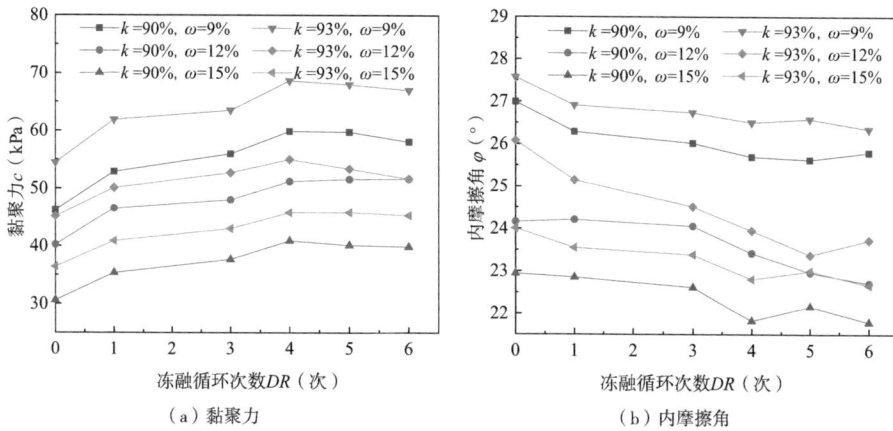

（a）黏聚力　　　　　　　　　　　（b）内摩擦角

图 2-17　冻融循环次数与黏聚力、内摩擦角关系曲线

越接近最优含水率，黏聚力增幅越小，内摩擦角降幅越大。干湿循环作用下煤系土的黏聚力随着含水率降低而增加，随着压实度增大而增大，故 k=93%、ω=9% 的试样黏聚力最大，当干湿循环次数为4时达到最大值63.84kPa。

（3）冻融循环下抗剪强度规律与干湿循环基本相同，在冻融循环次数为5时趋于稳定。其黏聚力增大了8.22～13.51kPa，内摩擦角减少了0.98°～2.70°。说明含水率越大、压实度越低，黏聚力增幅、内摩擦角降幅越小。黏聚力增大原因是过量土中水在冻融循环过程中被排出，颗粒重新分布排列，并且小粒径黏粒团向高粒径转变，粒径范围变大，黏聚力增加。

（4）干湿循环下煤系土黏聚力平均增加了19.17%，内摩擦角平均减小了8.07%；冻融循环下煤系土黏聚力平均增加了10.91%，内摩擦角平均减小了5.26%。说明同等循环次数下，冻融循环下煤系土黏聚力增幅更小，内摩擦角降幅更小。

2.3.2　压缩特性

同抗剪强度一致，煤系土的压缩特性同样进行干湿循环与冻融循环，试验方案如表2-11所示。

1. e-p曲线

e-p曲线（e为孔隙比，p为压力）斜率可反映煤系土试样的压缩性，斜率越小，试样压缩越容易；斜率越大，试样则变形越难。

试验开始时的孔隙比计算公式如下：

$$e_0 = \frac{\rho_s(1+0.01\omega_0)}{\rho_0} - 1 \tag{2-7}$$

各级荷载下压缩稳定后的试样孔隙比计算公式如下：

$$e_i = e_0 - (1+e_0) \times \frac{S_i}{1000} \tag{2-8}$$

式中　e_0——试验开始时试样的孔隙比；

　　　ρ_s——土粒密度（g/cm^3）；

　　　ω_0——试验开始时试样的含水率（%）；

　　　ρ_0——试验开始时试样的密度（g/cm^3）；

　　　e_i——某一荷载下压缩稳定后的试样孔隙比；

　　　S_i——某一级荷载下的试样沉降量（mm/m）。

不同循环次数与压实度下的 e-p 曲线如图2-18和图2-19所示。

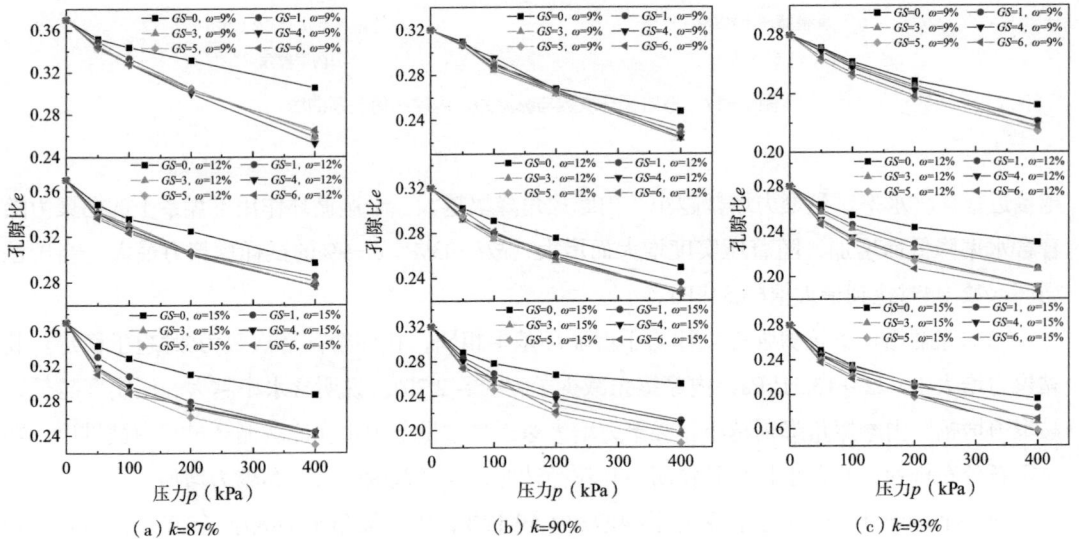

（a）k=87%　　　　　　　（b）k=90%　　　　　　　（c）k=93%

图2-18　不同干湿循环次数与压实度下的 e-p 曲线

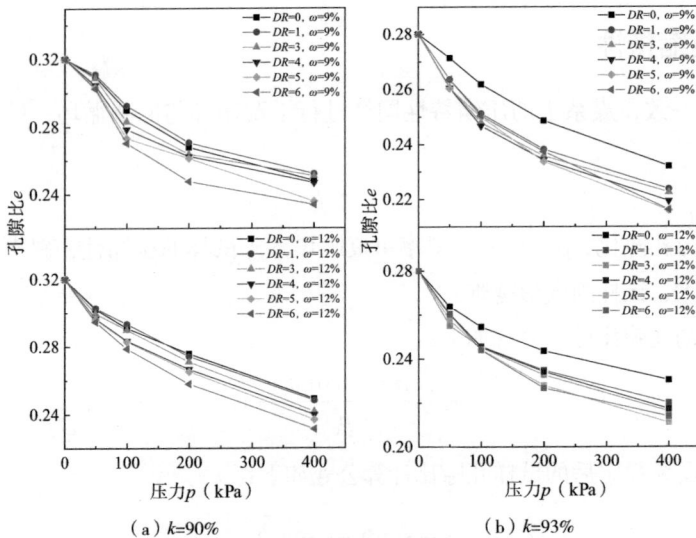

（a）k=90%　　　　　　　　　　（b）k=93%

图2-19　不同冻融循环次数与压实度下的 e-p 曲线

由上图可知：

（1）三种含水率下（ω=9%、12%、15%），当k=87%时煤系土孔隙比分别减少了0.065、0.073、0.084；当k=90%时孔隙比分别减少了0.072、0.071、0.066；当k=93%时孔隙比分别减少了0.048、0.050、0.085。说明相同压实度下，煤系土含水率越高越容易压缩，试验过程中ω=15%时煤系土更易溢水且溢水量最大，与上述规律吻合。相同含水率下，煤系土压实度越高越不容易被压缩。

（2）不同循环次数、压实度以及含水率下煤系土的孔隙比都随着荷载级别增加而减小，说明煤系土所受到荷载越大，土体变形也会加大，土体内孔隙也越小，致使孔隙比越小。

（3）干湿循环下，不同压实度与含水率的煤系土孔隙比下降率加大，其中多数孔隙比下降率在GS=4时达到最大，小部分在GS为5~6次时达到最大。说明煤系土基本在GS=4时土体性质趋于稳定状态。这是因为煤系土在经历干湿循环之后，粒径发生变化，大粒径崩解成小粒径，充填了孔隙，在经历4次干湿循环之后，较大粒径基本破碎完全，煤系土颗粒级配稳定，煤系土力学性质趋于稳定。

（4）冻融循环下，煤系土孔隙比规律与干湿循环基本相同，不同之处在于孔隙比下降率在DR=5时达到最大，说明煤系土在此时土体性质趋于稳定。原因在于，冻融循环条件下煤系土颗粒在反复冻融、自重的情况下颗粒重新排列，促使试样内多余水分被排出，使得土体更加密实，不易压缩。

（5）煤系土在干湿循环下与冻融循环下孔隙比分别平均下降31.38%、24.96%，说明煤系土在干湿循环下更易被压缩，更易劣化。

2. 压缩系数

e-p曲线在不同上覆压力处的斜率即为压缩系数，压缩系数的大小可以反映土体压缩性的大小。某一荷载范围的压缩系数计算公式如下：

$$\alpha_v = \frac{e_i - e_{i+1}}{p_{i+1} - p_i} = \frac{(S_{i+1} - S_i)(1 + e_0)/1000}{p_{i+1} - p_i} \tag{2-9}$$

式中　e_0——试验开始时试样的孔隙比；

S_i——第i级荷载下的沉降量（mm/m）；

S_{i+1}——第i+1级荷载下的沉降量（mm/m）；

e_i——第i级荷载下压缩稳定后的孔隙比；

e_{i+1}——第i+1级荷载下压缩稳定后的孔隙比；

p_i——第i级荷载值（kPa）；

p_{i+1}——第i+1级荷载值（kPa）。

由于压缩系数α不是一个定值，随荷载级别增加而减小，故以荷载级别为100~200kPa的曲线斜率α_{1-2}作为煤系土压缩性判断标准。根据压缩试验结果，不同压实度、含水率下煤系土的压缩系数α_{1-2}与循环次数关系曲线如图2-20所示。

由下图可知：

（1）不同压实度与含水率的煤系土均为属于中压缩性土。

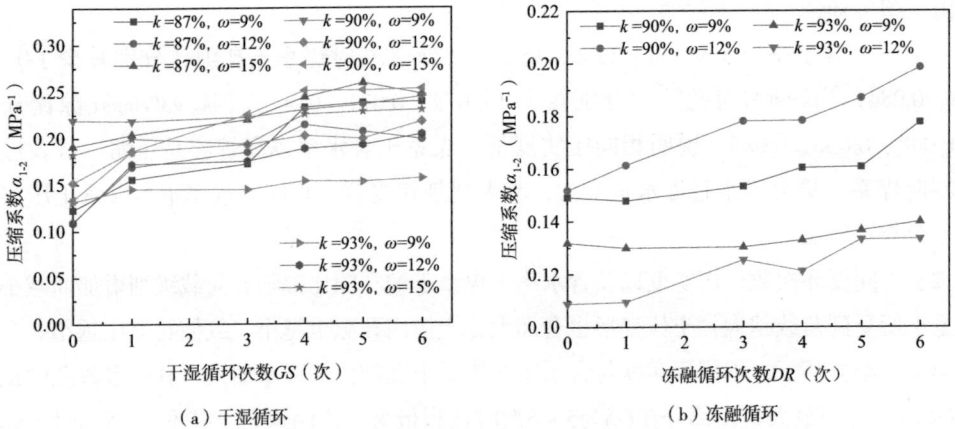

图 2-20　压缩系数 α_{1-2} 与循环次数关系曲线

（2）同等循环次数后的煤系土，含水率不变时，压缩系数随压实度增大而逐渐下降；压实度不变时，压缩系数随含水率增大而增大。煤系土基本在 GS=4 与 DR=5 后的压缩系数最大，而在循环6次后压缩系数有所降低。

（3）循环次数对煤系土压缩性作用明显，其中干湿循环、冻融循环下压缩系数最大分别增加了0.12、0.11。

3. 压缩模量

压缩模量 E_s 是衡量土的压缩性大小的另一个重要指标，计算公式如下：

$$E_s = \frac{p_{i+1} - p_i}{(S_{i+1} - S_i)/1000} \tag{2-10}$$

式中　S_i——第 i 级荷载下的沉降量（mm/m）；

　　　S_{i+1}——第 i+1 级荷载下的沉降量（mm/m）；

　　　p_i——第 i 级荷载值（kPa）；

　　　p_{i+1}——第 i+1 级荷载下的荷载值。

由于压缩模量 E_s 不是一个定值，其随荷载级别增加而减小，故以荷载级别为100～200kPa的压缩模量 E_s 进行分析。根据压缩试验结果，不同条件下煤系土的压缩模量 E_s 与循环次数关系曲线如图2-21所示。

由下图可知：

（1）随着干湿循环次数增加，土体压缩模量呈降低趋势，前期降幅较大，在 GS=4 时出现平缓甚至增大趋势，说明前期干湿循环对于煤系土的压缩模量作用较为明显，也说明煤系土的压缩性于 GS=4 趋于稳定。部分试样稳定后压缩模量比未干湿循环过的煤系土压缩模量大，可能是干湿循环后煤系土的颗粒级配不均匀导致。

（2）压缩模量与冻融循环次数的关系与干湿循环时基本一致，前期呈下降趋势，在 DR=5 时呈平缓或小幅度上升趋势。部分试样稳定后压缩模量比未冻融循环过的煤系土压缩模量大，

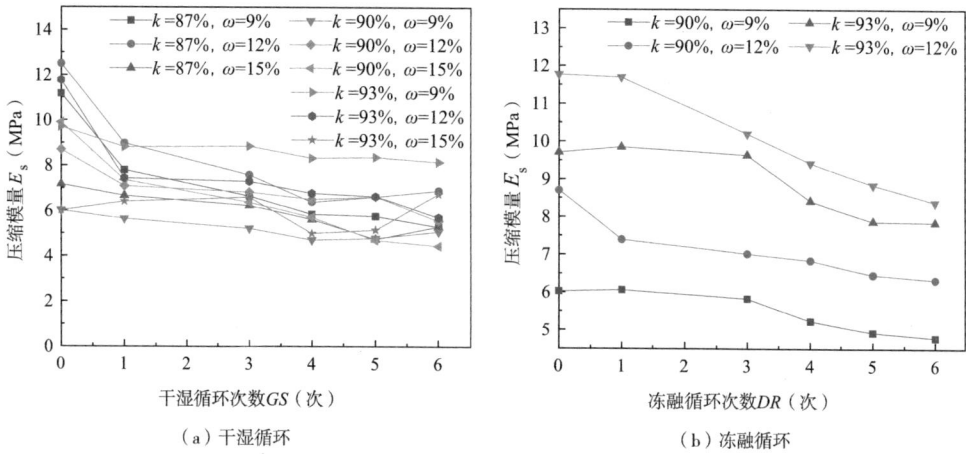

（a）干湿循环　　　　　　　　　　（b）冻融循环

图 2-21　压缩模量 E_s 与循环次数关系曲线

是由于冻融循环后煤系土颗粒级配不均匀以及水分流失所致。

2.3.3　承载比

依据《公路土工试验规程》JTG 3430—2020，试验击实次数分别为30次、50次、98次，煤系土承载比试验结果如表2-12所示。三种压实度状况下，承载比均满足高速公路下路堤填料要求。

煤系土承载比试验结果　　　　　　　　　　表 2-12

击实次数（次）	压实度（%）	承载比（%）	膨胀量（%）
30	93	5.7	0.25
50	95	12.2	0.18
98	97	18.3	0.11

考虑颗粒破碎的煤矸石压缩特性与路基修筑技术

如前所述，煤矸石在碾压过程中易破碎，因此，本章以龙岩东环高速公路沿线煤矸石为例，通过颗粒流数值模拟（PFC），从细观角度展现和揭示双轴压缩与循环荷载下考虑颗粒破碎的压缩过程与压实机理；通过煤矸石路基现场试验，分析煤矸石路基填筑的最佳松铺厚度与最优施工机械组合。

3.1　考虑颗粒破碎的煤矸石双轴压缩特性

3.1.1　压缩模型的建立

1．基本假定

采用离散元软件PFC模拟煤矸石压缩过程，在模型运算过程中作如下基本假设：

（1）颗粒单元为不可发生变形的刚性体；

（2）所有类型的接触都视为点接触；

（3）接触为柔性接触，允许有一定重叠量，重叠量和颗粒接触刚度产生颗粒与颗粒、颗粒与墙体之间的接触力；

（4）模型的基本单元是圆盘（2D）或者球体（3D）；

（5）通过赋予墙体速度来代替作用在模型中的外部荷载。

2．颗粒破碎及接触模型

（1）颗粒破碎方式

目前，基于颗粒流进行颗粒破碎研究的方法主要有两种：颗粒黏结模型法和碎片替代法，如图3-1所示。本书选择颗粒黏结模型法实现煤矸石的颗粒破碎。

（2）颗粒黏结模型法

煤矸石不具有黏结性，颗粒间靠摩擦力传递剪力，线性模型能很好地实现颗粒接触时接触力和力—位移的线弹性关系以及颗粒间的摩擦关系。采用颗粒黏结模型法来实现颗粒破碎，需要将小颗粒黏结形成颗粒簇，选择黏结模型中的平行黏结模型，此接触模型能传递力和弯矩，且接触是区域黏结，接触处能够赋予黏结强度。因此，颗粒间采用线性模型，颗粒簇内部颗粒间采用平行黏结模型。

3．颗粒生成

试样级配和密度可直接参照室内试验结果，对于试样孔隙率，三维模拟中选取与试验测试

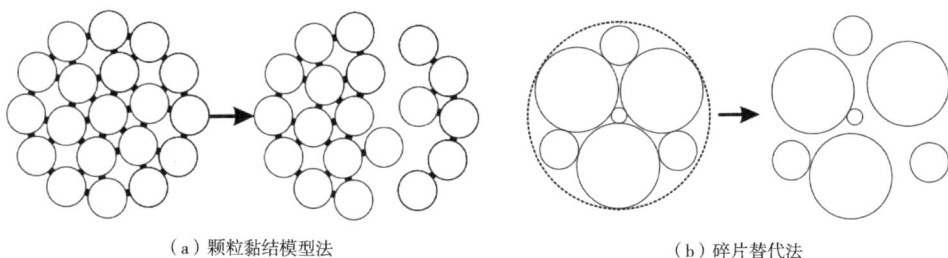

（a）颗粒黏结模型法　　　　　　　　　　　（b）碎片替代法

图3-1　颗粒破碎的研究方法

结果相同，二维数值模拟中，直接采用实际测试结果是不合理的，因此，需要二维数值孔隙率与三维实体转化。现在常用二维与三维的孔隙率转化公式，有基于等粒径颗粒体的组成结构推导，以及用代表性级配的颗粒进行二维三维模拟对比得出的经验公式，此类方法虽然得到的孔隙率有所差别，但仍具有很好的参考价值，与实际存有一定对应关系。Wang分析现行几种常用的转化方式，通过试验验证得出采用抛物线法的结果更为准确。因此，本书基于抛物线法的转化公式得出二维孔隙率，计算公式如下：

$$p_{2d} = 0.42 \times p_{3d}^2 + 0.25 \times p_{3d} \qquad (3-1)$$

式中　p_{2d}、p_{3d}——分别为二维、三维的孔隙率。

由室内试验测得孔隙率为40%，计算得出煤矸石的二维孔隙率为16.72%，取17%。

在PFC运算中，其计算效率与颗粒的数目和颗粒最小半径有关，自动计算步长与颗粒最小半径$R^{3/2}$呈正比，过小的颗粒半径会使得步长太小导致计算需要过多时间，生成的颗粒数目过大也会增大计算时间，因此，可以通过增大颗粒的最小半径或者减小模型尺寸来提高模型的计算效率。

Ni等研究表明在数值模型尺寸与室内模型尺寸相同的情况下，增大颗粒尺寸可以提高计算效率且基本不会影响到模型结果。董建鹏等经过多次不同放大颗粒粒径的模型结果比较，发现粒径放大50倍时与放大40倍、20倍、5倍的计算结果相差不大。因此，在本书中，对前期室内试验测定的颗粒级配进行简化，将粒径小于0.475mm的颗粒均视为0.475mm，试样颗粒级配见表3-1。颗粒密度直接采用室内试验的结果即2.76g/cm³，级配颗粒转化柔性簇如图3-2所示。

试样颗粒级配　　　　　　　　　　　　　　　　　　表3-1

粒组（mm）	31.5～26.5	26.5～19	19～16	16～13.2	13.2～9.5	9.5～4.75	4.75
百分比（%）	11.68	18.44	8.49	9.44	13.55	17.44	20.96

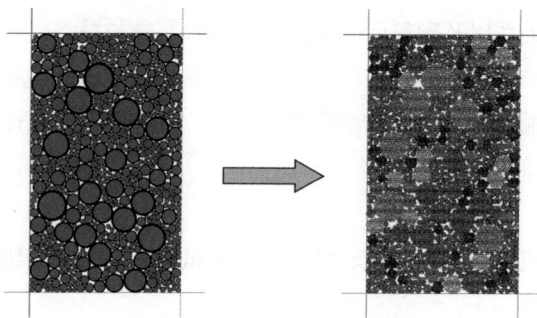

图3-2　级配颗粒转化柔性簇

4. 边界条件

（1）伺服机制

在数值模拟中，通过墙体的伺服机制来施加恒定围压。其原理是时刻监测墙体的受力情况，判断其与目标围压的差值来调整墙体的移动速度，从而对模型颗粒加压或减压，逐渐达到目标围压，具体计算方式如式（3-2）～式（3-7）所示：

根据监测的接触力与目标围压的差值，边界墙体的法向速度应为：

$$u^{w} = G(\sigma^{measured} - \sigma^{required}) = G\Delta\sigma \tag{3-2}$$

式中　u^{w}——法向速度（m/s）；

　　　G——伺服参数；

　　$\sigma^{measured}$——墙体应力（N）；

　　$\sigma^{required}$——目标围压（N）；

　　　$\Delta\sigma$——墙体应力与目标围压差值（Pa）。

在一个时步内墙体运动引起颗粒与墙体接触力的变化量为：

$$\Delta F^{w} = k_{n}^{w} N_{c} u^{w} \Delta t \tag{3-3}$$

式中　ΔF^{w}——接触力变化量（N）；

　　　k_{n}^{w}——与墙体接触颗粒的平均接触刚度（N/m）；

　　　N_{c}——接触数量；

　　　Δt——时间差（s）。

则墙体平均接触应力变化量为：

$$\Delta\sigma^{w} = k_{n}^{w} N_{c} u^{w} \Delta t / A \tag{3-4}$$

式中　A——墙体面积（m²），在2D情况下，$A = d$，d为墙体长度（m）。

墙体应力变化量必须小于监测值与目标值差值的绝对值，通过应力释放因子 α（$\alpha<1.0$）满足，即：

$$\left|\Delta\sigma^{w}\right| < \alpha\left|\Delta\sigma\right| \tag{3-5}$$

将式（3-4）代入式（3-5）可得到：

$$\frac{k_{n}^{w} N_{c} u^{w} \Delta t}{A} < \alpha\left|\Delta\sigma\right| \tag{3-6}$$

再将式（3-2）代入式（3-6）可得伺服参数：

$$G < \frac{\alpha A}{k_{n}^{w} N_{c} \Delta t} \tag{3-7}$$

因此，在数值模拟中，通过FISH函数时刻计算最大伺服参数 G，即可维持目标围压，通常应力释放因子 α 定为0.5。

（2）加载速度

在数值模拟中，通常对墙体设置移动速度实现对模型的加压。当不做任何处理时，程序运算后，墙体速度会直接从0变为目标速度，这个突变会使颗粒内部产生较大能量，对模型内的应力前期有显著影响，因此，有围压情况下，突变应力较大使得墙体不能迅速反应，维持恒定围压。为了能够让墙体有足够时间去保持速度突变过程的恒定围压，需让墙体速度逐渐增加到目标速度，因此，采用图3-3所示的加速方法。

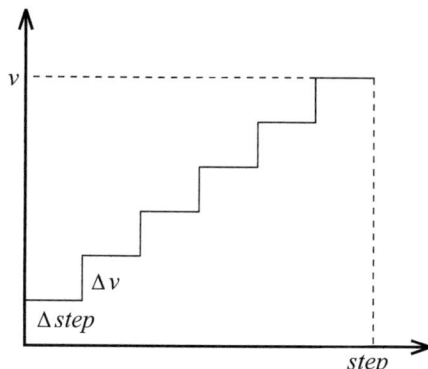

图 3-3　墙体速度的加速方法

（3）叠片墙边界

为实现侧边墙体与室内试验中橡胶膜相近效果，采用叠片墙的方式创建模型边界条件，并创建单片墙，其墙体刚度设为颗粒的1/10，近似为柔性边界，对比分析单片墙和叠片墙两种不同边界条件下对煤矸石双轴数值模拟的影响。

将模型侧墙根据高度划分为25层，由下至上进行编号，每层墙体参数设置与单片墙一致，并将第1层和第25层墙体向外延伸，防止预压过程中发生墙体脱落，不同墙体边界创建方式如图3-4所示。

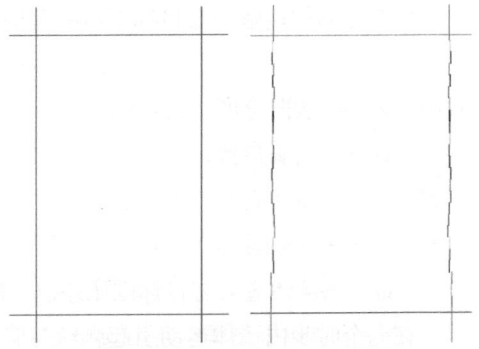

（a）单片墙   （b）叠片墙

图3-4 不同墙体边界创建方式

5. 细观参数及测量球布设

在PFC运算中，材料的宏观力学行为通过接触、黏结、滑移等细观行为响应，但宏观、细观材料性质并非一一对应。煤矸石作为一种非连续介质，部分细观参数无法直接通过室内试验获得，国内外很多学者对此做过许多相关尝试和研究，其中，最直接的方法就是"尝试法"。因此，本书采用颗粒流模拟，通过对比室内试验结果，反复调整模型参数，使模拟与试验结果相近，从而确定最终模型参数值，完成参数标定，细观参数如表3-2所示，不同粒径黏结强度如表3-3所示。

细观参数

表3-2

颗粒线性刚度（N/m）		墙体线性刚度（N/m）		颗粒密度（g/cm³）	摩擦系数	阻尼系数
k_n	k_s	k_n	k_s			
$1.6e^8$	$1.6e^8$	$1.6e^8$	$1.6e^8$	2760	0	0.7

不同粒径黏结强度

表3-3

粒组（mm）	31.5 ~ 26.5	26.5 ~ 19	19 ~ 16	16 ~ 13.2	13.2 ~ 9.5	9.5 ~ 4.75
强度（MPa）	5.91	7.12	10.20	12.28	15.11	21.56

为监测煤矸石模型在双轴压缩过程中内部空隙、轴向应力等变化，可以借助程序内的Measure命令，在两种不同边界下的模型中布设相同的测量球。测量球由下至上分层布设，共设置5层，每层3个，其布设及编号如图3-5所示。测量球半径均为0.025mm，为便于后面监测，对测量球进行编号以示区分，其中编号2、5、8、11、14的测量球处于每层中间位置。

3.1.2 边界条件对煤矸石压缩特性的影响

1. 边界条件对力学性能的影响

分析边界条件对煤矸石力学性能的影响，主要对比两种边界条件

图3-5 测量球布设及编号

下的应力—轴向应变曲线，结果如图3-6所示。由图可知，两种边界条件下应力—轴向应变曲线的变化趋势相同，$\sigma_1-\sigma_3$随轴向应变增大而增大，达到一定轴向应变后产生比较明显应力波动；轴向应变前期，相同轴向应变下叠片墙的$\sigma_1-\sigma_3$比单片墙高一些，反映数值模拟中叠片墙边界下煤矸石颗粒模量大于单片墙边界下煤矸石颗粒；轴向应变中期，曲线波动较为明显，多数情况下叠片墙边界的曲线处于单片墙边界的曲线上方，且叠片墙边界得到峰值偏应力高于单片墙边界；轴向应变后期，叠片墙和单片墙边界的曲线比较贴近。

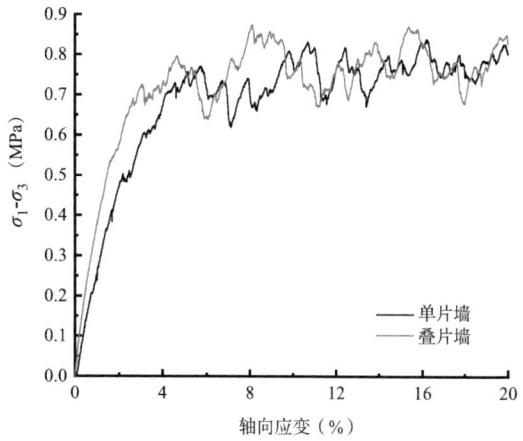

图3-6　两种边界条件下应力—轴向应变关系曲线

2. 边界条件对接触力链的影响

通过对比两种边界下煤矸石模型的接触力链分布（图3-7），研究不同边界条件对颗粒内部的接触影响。由图可知，在相同轴向应变下，两种边界条件下煤矸石模型的接触力链分布大致相同，单片墙和叠片墙边界下颗粒接触数目分别为15936、15684，但单片墙下部分位置上接触力链分布会稍微密集一些，且接触力链的线条更粗、颜色会更深，说明单片墙边界条件下煤矸石颗粒接触会更多一些，接触力会更大一些；边界形状看出，叠片墙能形象模拟出压缩过程中模型横向变形，不同高度上叠片墙体的横向位移不同，使得两种墙体边界与颗粒形成的接触力有所差异。

3. 边界条件对孔隙率的影响

不同墙体边界使得颗粒产生的横向位移不同，其内部颗粒分布就会有所差异，导致煤矸石颗粒的孔隙率在压缩过程中发生不一样变化。通过布置测量球监测压缩过程中不同位置上孔隙

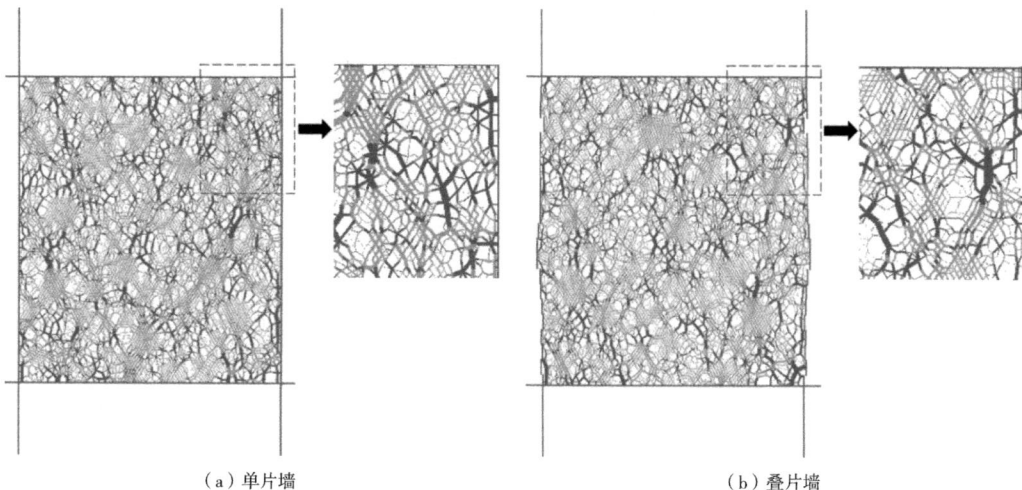

（a）单片墙　　　　　　　　　　　　　　（b）叠片墙

图3-7　两种边界条件下煤矸石模型的接触力链分布（轴向应变为20%）

率变化，靠近上下加载板的1~3号、13~15号测量球因为加载板上移，测量球内部存在部分没有颗粒的区域，这一部分区域也会算入孔隙率中，导致孔隙率增加。因此，选取中间3层测量球，经过数据处理对比发现，每层不同位置上孔隙率的变化大致相同，故在此对比每层中心的5号、8号、11号测量球的监测结果，结果如图3-8所示。

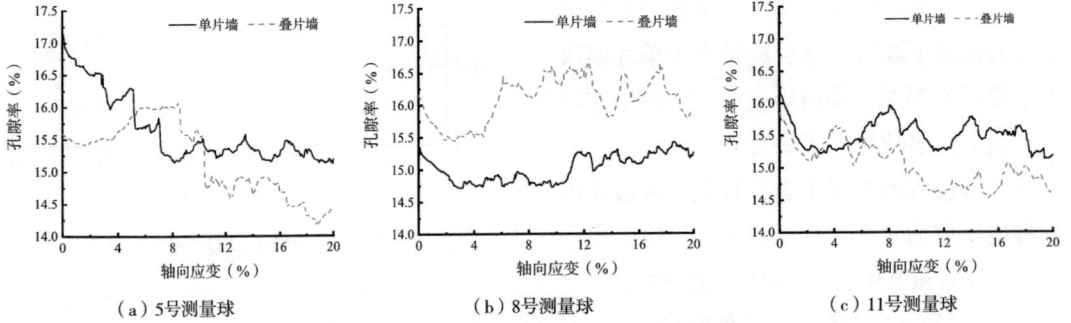

（a）5号测量球　　　　（b）8号测量球　　　　（c）11号测量球

图3-8　两种边界条件下煤矸石孔隙率的变化

由图可知，在煤矸石压缩过程中，两种边界条件下中间位置上的孔隙率变化大致相同，其中5号和11号测量球上总体呈向下变化趋势，即孔隙率变小，而8号测量球总体上在一定范围内变化，孔隙率变化不明显；对比两种边界条件下5号和11号测量球的孔隙率，在压缩开始时，叠片墙边界下煤矸石的孔隙率小于单片墙边界，且当轴向应变为20%时，依旧是叠片墙边界下孔隙率更低一些，而对比两种边界条件下8号测量球的孔隙率，单片墙边界下煤矸石孔隙率一直低于叠片墙边界。

综上所述，在模拟煤矸石双轴压缩过程中，两种边界条件下孔隙率的变化趋势相同，两侧煤矸石颗粒的孔隙率随轴向应变增大而减少，中间位置的孔隙率在压缩过程中在一定范围内浮动；相比于单片墙边界，叠片墙边界两侧煤矸石的孔隙率低一些，而中间位置的孔隙率高一些。

4．边界条件对内应力的影响

单片墙和叠片墙两种边界对颗粒的限制不同也会影响煤矸石颗粒内部应力变化，对此选取5号、8号、11号测量球监测的y向应力对比，选取7号、8号、9号测量球监测的x向应力对比，分析边界条件对煤矸石内应力的影响，结果如图3-9、图3-10所示。

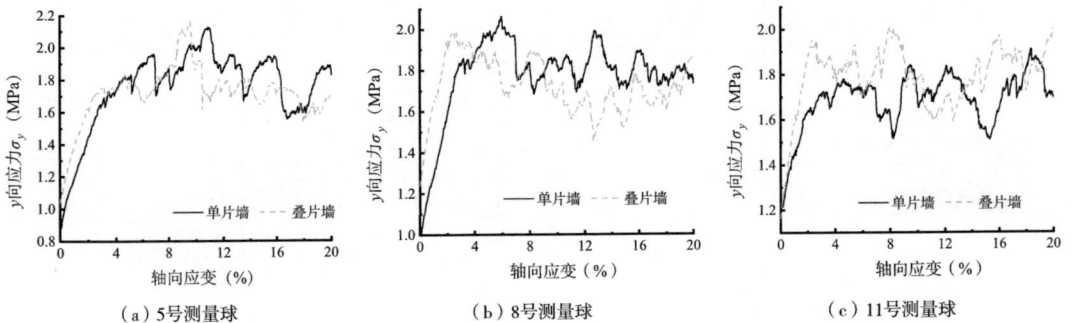

（a）5号测量球　　　　（b）8号测量球　　　　（c）11号测量球

图3-9　两种边界条件下煤矸石y向应力变化

由图3-9可见，不同边界下煤矸石y向应力随轴向应变的变化趋势基本相同，应力在轴向应变前期稳定上升，之后随轴向应变增大而产生上下波动；应变前期，叠片墙边界下y向应力比单片墙大，应变中后期，两种边界的y向应力上下波动，5号、8号测量球中大部分都是单片墙下y向应力大一些，11号测量球中大部分都是叠片墙下y向应力大一些，即应变前期叠片墙边界下的煤矸石y向应力大，应变中后期模型中下部单片墙的煤矸石y向应力大，模型上部叠片墙的煤矸石y向应力大。

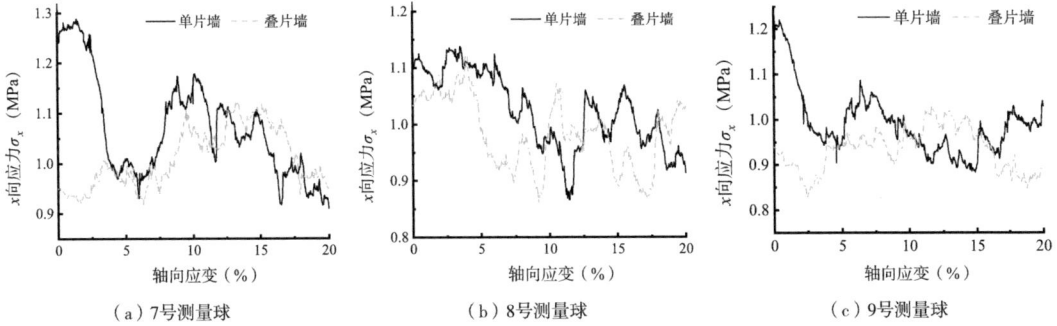

（a）7号测量球　　　　　　　（b）8号测量球　　　　　　　（c）9号测量球

图 3-10　两种边界条件下煤矸石 x 向应力变化

由图3-10可见，不同边界上煤矸石x向应力基本在同一范围内变化，主要集中在0.9~1.1MPa。应变前期，横向上均是单片墙下煤矸石x向应力大，尤其在两侧上更是远大于叠片墙下煤矸石x向应力。在恒定围压控制下，不同边界内煤矸石x向应力波动不显著，仅在围压大小范围内上下浮动，而叠片墙允许不同高度上的颗粒发生不同的横向位移，在压缩最开始时x向应力较小。

3.1.3　围压对煤矸石压缩特性的影响

1. 围压对力学性能的影响

不同围压下煤矸石的力学性能通过压缩过程中的应力—轴向应变关系曲线表征，模拟结果如图3-11所示。可知，不同围压下煤矸石应力—轴向应变关系曲线变化趋势相似，在轴向应变增长前期，关系曲线可近似为线性变化，$\sigma_1-\sigma_3$与轴向应变呈正相关，随着轴向应力继续增大，$\sigma_1-\sigma_3$发生波动现象，在一定范围内上下起伏变化。轴向应变继续增大，围压越大，曲线发生波动现象就越靠前，且曲线波动性不同，不同围压下$\sigma_1-\sigma_3$曲线峰值不同，其随着围压增大而增大。

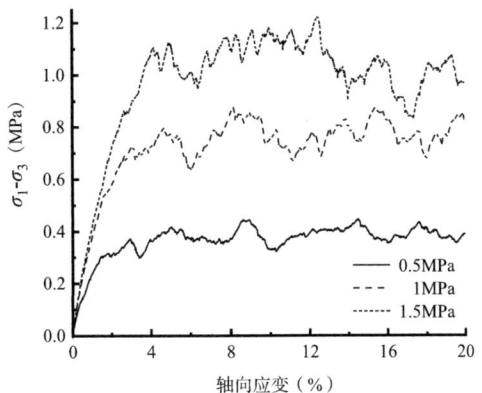

2. 围压对接触力链的影响

压缩过程中颗粒相互嵌挤产生粒间接触力，

图 3-11　不同围压下煤矸石应力—轴向应变关系曲线

颗粒的接触力链分布状态可以从侧面反映出煤矸石嵌挤压密情况，不同围压下接触力链的演化过程如图3-12所示。可知：

（1）在压缩过程中，颗粒内部存在颜色深、线条粗和颜色浅、线条细的两种力链，粗力链主要分布在颗粒间，细力链分布在颗粒内部；随着轴向应变增加，煤矸石颗粒的接触力链发生变化，但并未发生线条变粗颜色加深、力链分布更加密集的现象，而是在颗粒内力链分布存在变稀松的趋势，部分粗力链线条逐渐变细、颜色变浅。

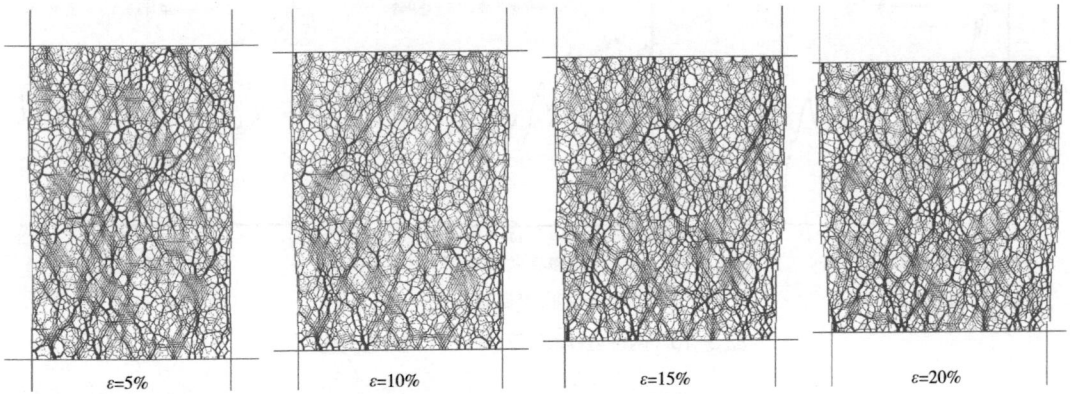

$\varepsilon=5\%$　　$\varepsilon=10\%$　　$\varepsilon=15\%$　　$\varepsilon=20\%$

（a）围压为0.5MPa下轴向应变分别为5%、10%、15%、20%

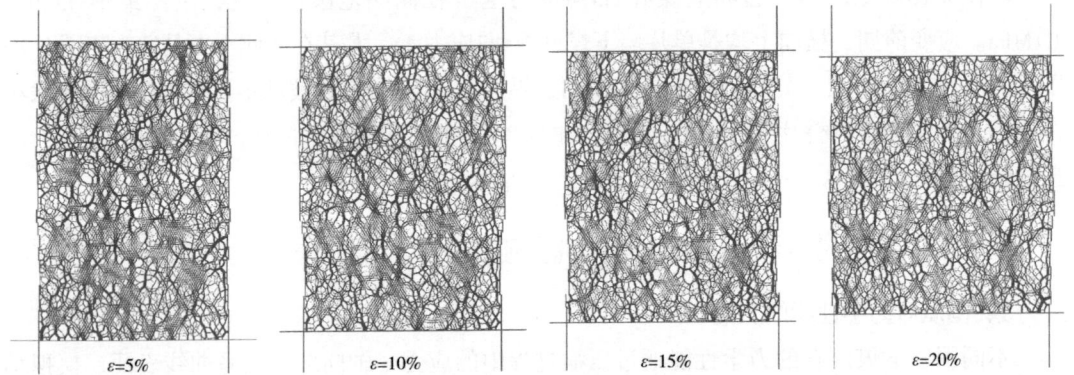

$\varepsilon=5\%$　　$\varepsilon=10\%$　　$\varepsilon=15\%$　　$\varepsilon=20\%$

（b）围压为1MPa下轴向应变分别为5%、10%、15%、20%

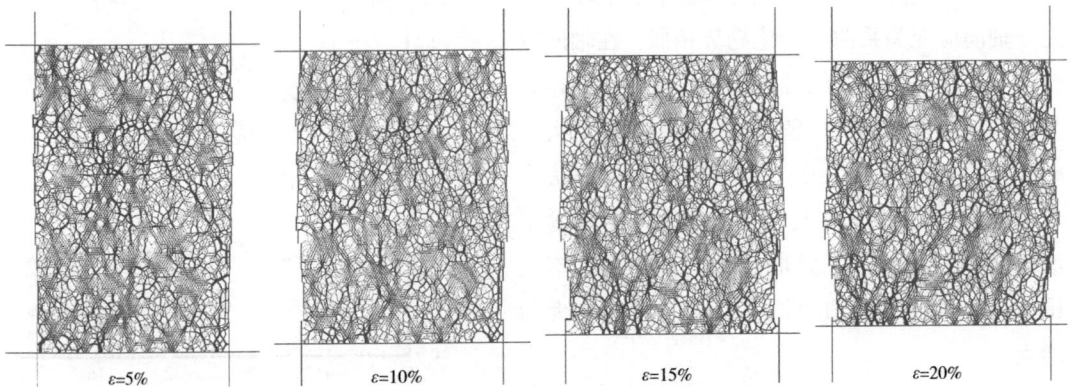

$\varepsilon=5\%$　　$\varepsilon=10\%$　　$\varepsilon=15\%$　　$\varepsilon=20\%$

（c）围压为1.5MPa下轴向应变分别为5%、10%、15%、20%

图3-12　不同围压下煤矸石接触力链的演化过程

（2）从接触数目上看，随着轴向应变增大，围压0.5MPa、1MPa、1.5MPa下接触数分别由15293、16689、17518分别降至14628、15684、16615，即随着轴向变形增大，接触数目并非增大而是随之减少；从叠片墙边界上看，随着压缩变形增大，叠片墙逐渐向两侧移动，且不同高度上发生的横向位移不同，中间横向变形大于两侧。

（3）围压越大，煤矸石颗粒的接触力链分布更加密集；随着围压增大，在轴向应变5%～20%时，煤矸石颗粒的接触数目分别由15293、14628增加至17518、16615，即在相同轴向应变下，煤矸石颗粒接触数目随围压增大而增大，且不同围压造成叠片墙边界的变形不同。

3. 围压对孔隙率的影响

对比不同围压下5号、8号、11号测量球中孔隙率变化，结果如图3-13所示。可知，煤矸石双轴压缩过程中，孔隙率有减少趋势，主要集中在5号、11号测量球，而8号测量球基本在一个范围内变化，没有明显减少趋势，且5号、11号测量球的孔隙率比8号测量球小，即围压下煤矸石双轴压缩下上下区域的压缩密实比中间位置大，且孔隙率减少主要发生在模型上下区域，中间区域基本稳定。

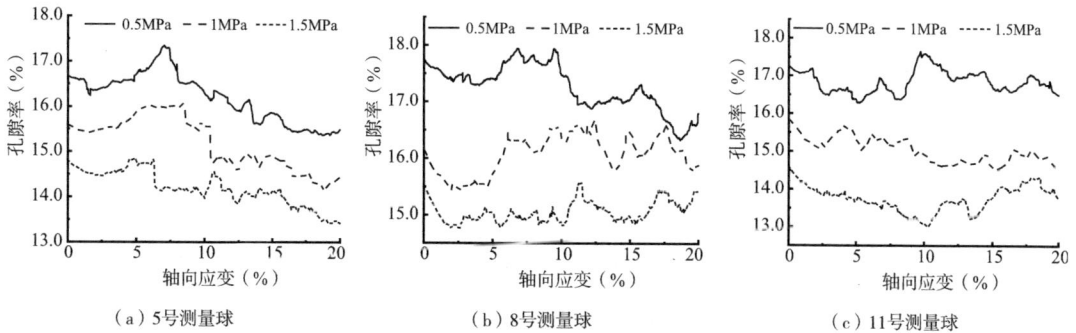

| （a）5号测量球 | （b）8号测量球 | （c）11号测量球 |

图3-13　不同围压下煤矸石孔隙率的变化

不同围压下煤矸石颗粒孔隙率变化趋势基本相同，但围压越大，煤矸石颗粒受到侧墙的压力越大，颗粒压缩紧密性越好，孔隙率越小。

4. 围压对内应力的影响

图3-14、图3-15分别为对比5号、8号、11号测量球监测y向应力结果和7号、8号、9号测量球监测x向应力结果。由图3-14可知：

（1）同一围压作用下，不同位置上煤矸石σ_y变化趋势基本相同，随着轴向应变增大，σ_y随之逐渐增大，达到一定轴向应变后，σ_y发生一定范围波动；开始阶段，煤矸石σ_y并非与围压相同，而是比围压稍大一些。

（2）随着围压增大，煤矸石σ_y越大，轴向应变前期的煤矸石σ_y初始增幅越大，发生σ_y波动时轴向应变越大；不同围压下煤矸石σ_y的波动性有所差异，随着围压增大，σ_y变化越明显。

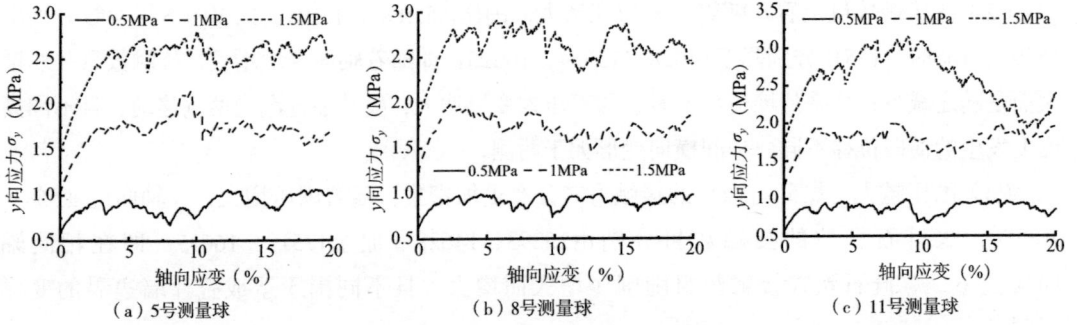

图 3-14　不同围压下煤矸石 y 向应力

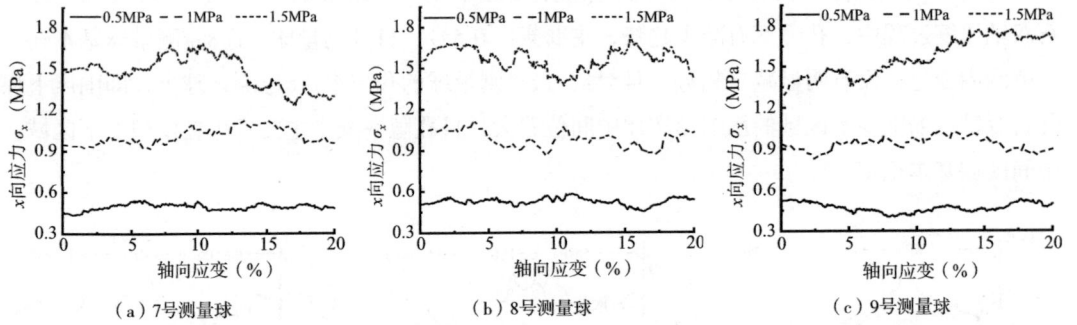

图 3-15　不同围压下煤矸石 x 向应力

　　由图3-15可知，压缩过程中，7号、8号、9号测量球监测的 σ_x 相差不大，基本保持在对应围压附近，因此，围压越高，煤矸石颗粒 σ_x 越高；曲线中围压1.5MPa的 σ_x 在轴向应变15%～20%附近有所波动，7号测量球的 σ_x 有所降低，但9号测量球的 σ_x 有所增大，整体上仍维持在恒定围压。

3.1.4　颗粒破碎情况对比

1. 不同边界条件下颗粒破碎

　　图3-16为两种边界条件下轴向应变为20%的整体颗粒分布情况。可知，当轴向应变为20%时，大部分颗粒均发生破碎，煤矸石模型基本处于密实状态，对比两种边界下的颗粒破碎状况，单片墙边界右上角位置上颗粒基本未破碎，而叠片墙边界下颗粒破碎程度更高一些，且在叠片墙作用下，部分颗粒被压得更扁一些。

2. 不同围压下颗粒破碎

　　图3-17为不同围压下煤矸石的颗粒整体分布情况。可知，不同围压下，模型颗粒分布情况和颗粒破碎程度基本相同，但叠片墙边界形成的横向变形有所不同，随着围压增大，煤矸石颗粒模型的"鼓胀状"更加明显。

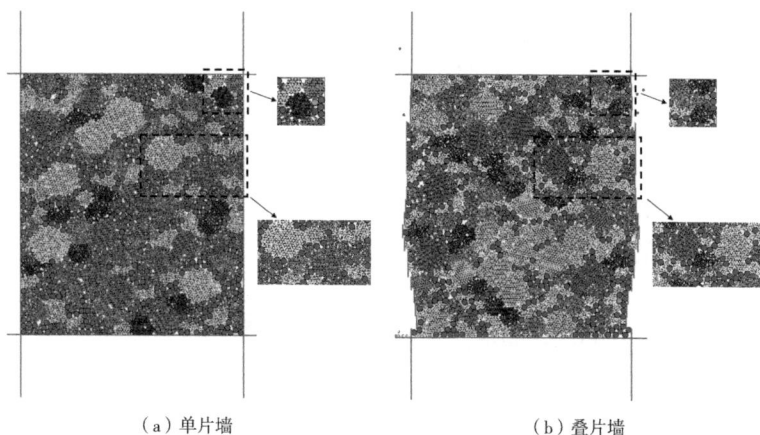

（a）单片墙　　　　　　　　　　　　（b）叠片墙

图 3-16　两种边界条件下轴向应变为 20% 的整体颗粒分布情况

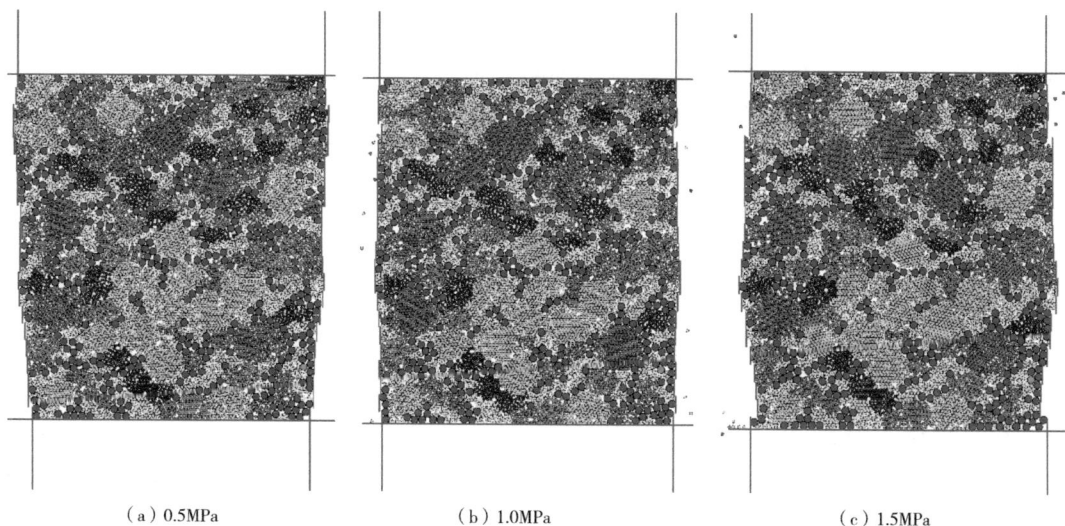

（a）0.5MPa　　　　　　　（b）1.0MPa　　　　　　　（c）1.5MPa

图 3-17　不同围压下煤矸石的整体颗粒分布情况

3.2　考虑颗粒破碎的循环荷载下煤矸石压缩特性

本节从应力—应变曲线、加载频率、应力幅值和围压四个方面分析不同边界条件下的考虑颗粒破碎的煤矸石压缩过程，以及侧限和围压对压缩过程的影响。

3.2.1　循环荷载原理

PFC软件中主体元素为ball、clump和wall三个主体，其中ball和clump可参与力学计算，可通过施加外力控制其速度和位移，而wall不能参与力学计算，本身没有质量，不能对其施加外力，只能由施加速度进行控制。因此，采用wall来控制循环加载的加压方式需要借用伺服机制，完成wall位移和力之间相互转化。其方法是通过监测墙体上的接触应力，设定循环加载应力上限$\Delta\sigma^{top}$及循环加载应力下限$\Delta\sigma^{bottom}$，再根据接触应力与循环加载应力变化值的差值，调用伺服函数命令来控制wall上下移动，完成对模型试样循环加载。

但是采用wall施加循环荷载存在一些问题，加载过程始终不够顺畅，原因在于力的传递需要时间，一部分是循环加载应力在每个时步均发生变化，另一部分是伺服机制中伺服参数需要不断更新墙体接触应力与循环加载应力的应力差变化，因此，会产生应力滞后。伺服机制的本质主要是监测颗粒对墙体的接触力来达到控制加载目的，而不是墙体直接施加力于颗粒上，这与实际试验中加载有所不同。同时伺服机制的控制循环加载对伺服参数的敏感度较高，有可能会产生力的不规则波动情况。

PFC中内置的clump单元可以形成各种不规则形状，而且其属性设置与ball一样，可进行力学计算。因此，可采用clump单元设计成墙体形状，模拟加载板的作用。通过编写FISH函数命令控制clump墙体的循环加载应力最大值$\Delta\sigma^{top}$和最小值$\Delta\sigma^{bottom}$，当clump墙体与颗粒接触时将力传递在颗粒上，这样clump墙体与实际相吻合，如图3-18所示。

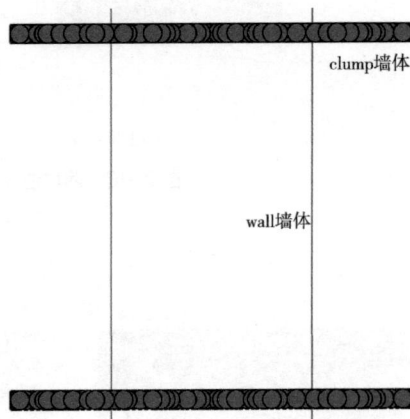

图 3-18　clump 墙体与 wall 墙体

3.2.2　模型建立

循环加载下煤矸石模型模拟由墙体和颗粒生成、柔性簇颗粒替换、接触模型及参数赋予、循环加载模式设定等步骤构成。

1. 初始条件设定

循环数值模型中煤矸石颗粒按照3.1.1节中修正后的颗粒级配和孔隙率生成，再利用loop循环遍历模型中全部颗粒，同时将模型中粒径大于4.75mm的颗粒转化为由粒径1mm的柔性簇颗粒黏结而成，并按照颗粒级配分组。根据接触方式的不同设置不同的接触模型，柔性簇颗粒内采用平行黏结模型，颗粒间为线性模型，并按照柔性簇颗粒分组设定相应内部颗粒间的黏结强度。

同样在模型内布设测量球，布设的位置、测量球大小以及编号均与3.1.1节相同，监测在循环加载过程中颗粒内部空隙和应力变化情况，分析不同围压、不同加载频率和幅值下煤矸石内部压实过程和对颗粒破碎的影响。

2. 循环荷载的设计

为实现循环加载的目的，采用clump形成具有厚度的墙体形状，实现与加载板相同的作用。首先根据设定的加载板形状通过geometry命令创建框架模板图形，采用clump template命令在模板图形中充填粒径为墙体一半厚度的pebble颗粒形成clump形状模板，最后再用clump replicate命令在设计位置上完成加载板创建，如图3-19所示。

由于clump与ball两者属性类似，可赋予密度值而具有质量，因此，可以通过clump.force.app

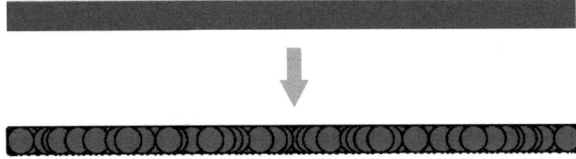

图 3-19 clump 加载板的创建

命令在 clump 上施加荷载，而要实现 clump 的循环加载方式，需要用三角函数来完成加载应力的变化，如式（3-8）所示：

$$\sigma_y = \sigma^{bottom} + 0.5A[1 - \cos(2\pi wt)] \tag{3-8}$$

式中 σ_y——加载板上的循环加载应力值（MPa）；

σ^{bottom}——最小循环加载应力值（MPa）；

A——循环加载应力变化幅值（MPa）；

w——加载频率；

t——计算时步。

因为 clump.force.app 施加为力值，而循环为应力值，故 $F_{app} = \sigma_y \times d$，$d$ 为加载板的加压宽度。

3. 围压的设定

clump 加载墙体可实现循环加载作用，因此，当循环加载设置成恒定应力时，即可实现围压作用。采用分级加压（减压）的缓慢应力变化方式，让 clump 单元的应力值平稳地过渡到目标围压，clump 单元达到目标围压的应力变化过程如图 3-20 所示。

当不设定围压时，依旧采用 wall 作为侧墙，但不设定其速度即可使其在压缩过程中不发生位置变化，达到限制颗粒侧向变形的作用，此时模型为单轴数值模拟，循环加载下有无围压的煤矸石数值模型如图 3-21 所示。

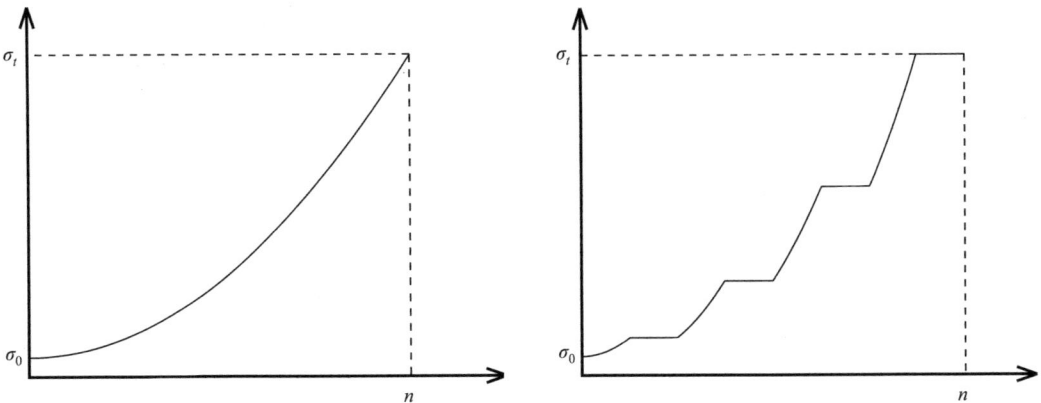

（a）应力变化过程　　　　　　　　　　　（b）应力变化后稳定再变化

图 3-20 clump 单元达到目标围压的应力变化过程

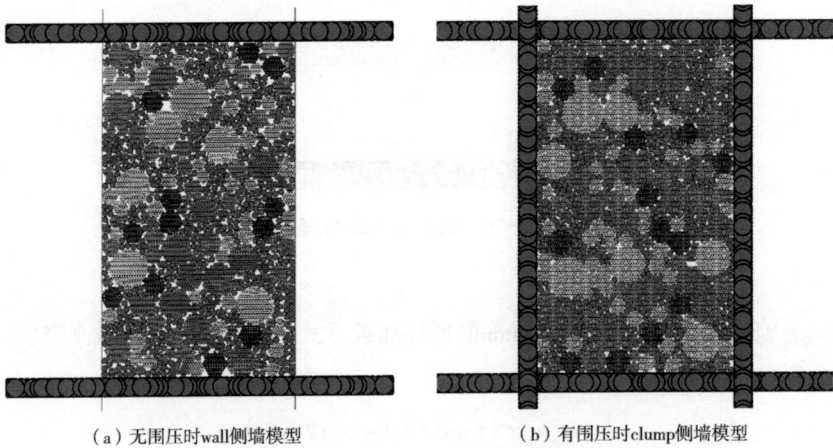

（a）无围压时wall侧墙模型   （b）有围压时clump侧墙模型

图 3-21   循环加载下有无围压的煤矸石颗粒数值模型

3.2.3   循环荷载下侧限压缩结果分析

1．侧限压缩过程分析

通过轴向应力—轴向应变关系曲线，研究循环加载下煤矸石侧限压缩变化过程，此处选取加载轴向应力为5～7.5MPa、频率为2Hz的模拟结果，循环加载下煤矸石侧限压缩的轴向应力—轴向应变关系曲线如图3-22所示。

由图可知，循环加载下煤矸石侧限压缩的轴向应力—轴向应变关系曲线可分为两阶段，第一阶段为初加载过程，轴向应力并非从0开始增加，原因是加载板与颗粒间开始时存在接触产生的接触应力，而曲线中的轴向应力表示为墙体所受的接触应力而非设定的加载应力变化，之后轴向应力逐渐增大到最大循环加载应

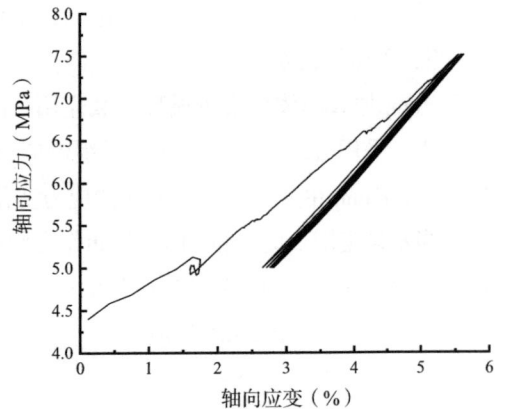

图 3-22   循环加载下煤矸石侧限压缩的轴向应力—轴向应变关系曲线

力，轴向应变也随之增大；第二阶段为循环加载过程，轴向应力和轴向应变在一定范围内循环变化，形成滞回环。前后两阶段的曲线斜率不同，第一阶段的斜率更加平稳一些，且在轴向应力第一次增大到5MPa左右时出现一个拐点，前后曲线斜率有所不同，拐点后的斜率更大一些。随着循环次数逐渐增多，颗粒在加载卸荷过程中移动充填空隙，煤矸石整体更加密实，轴向应力—轴向应变关系曲线越来越陡峭，且更加接近，曲线基本重合在一起。

分析循环加载过程中颗粒的接触受力变化，提取一个循环下颗粒接触力链分布，如图3-23所示。

由图可知，轴向应力从5MPa增加到7.5MPa再降低到5MPa，颗粒接触力链分布随着轴向应力增大而变得密集，随着轴向应力降低而变得稀松，但由于加载循环的应力幅值并不是很大，

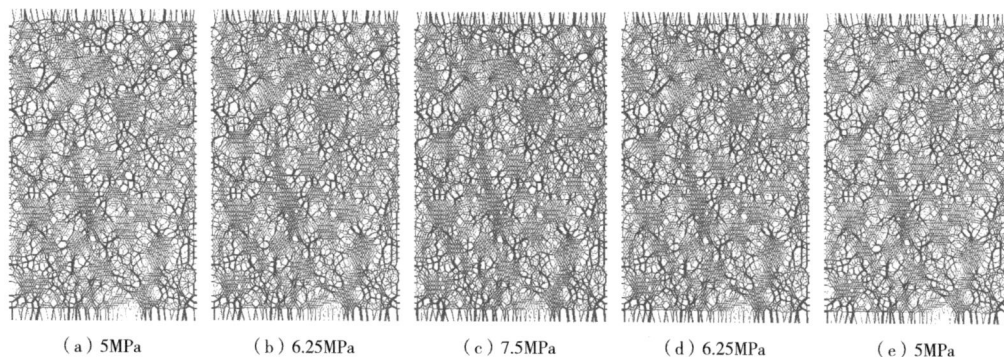

| （a）5MPa | （b）6.25MPa | （c）7.5MPa | （d）6.25MPa | （e）5MPa |

图 3-23　一个循环下颗粒接触力链分布

力链分布变化并不显著。从接触数量上看，19619→19880→20198→19965→19707，接触数目也是先增大再减少，说明轴向应力的增大压缩了颗粒，让颗粒接触得更加紧密，而应力减小，由于颗粒自身存在刚度，会相互弹开，接触数目减少，但是相同应力下，加载下的接触数目比卸载下的更少一些。这说明，加载下的颗粒发生移动充填后不会完全回到原来位置，模型颗粒也会更加密实一些，此过程中也有部分颗粒发生破碎，充填着附近空隙，产生更多的接触。

2. 循环频率的影响

图3-24为循环加载轴向应力为5～7.5MPa，加载频率为4Hz、6Hz煤矸石的轴向应力—轴向应变关系曲线。由图3-22、图3-24可知，循环加载轴向应力为5～7.5MPa时，三种频率下煤矸石的轴向应力—轴向应变曲线走势相同，且煤矸石轴向应变均在2.54%～5.47%变化。三条曲线在拐点的曲线波动有所不同，频率越小，此波动越明显，主要因为模型初始墙体与颗粒间接触应力小于5MPa，需加压到5MPa开始正式循环加载，此过程中模型处于初步压实阶段，模型更加密实，曲线斜率更陡，紧密接触的颗粒发生破碎移动，与墙体接触的颗粒数量产生波动变化，而频率越小，轴向力增大速度和墙体下移速度慢，颗粒移动时间更多，与墙体接触的颗粒数目变化更大，因而产生的波动更加明显。

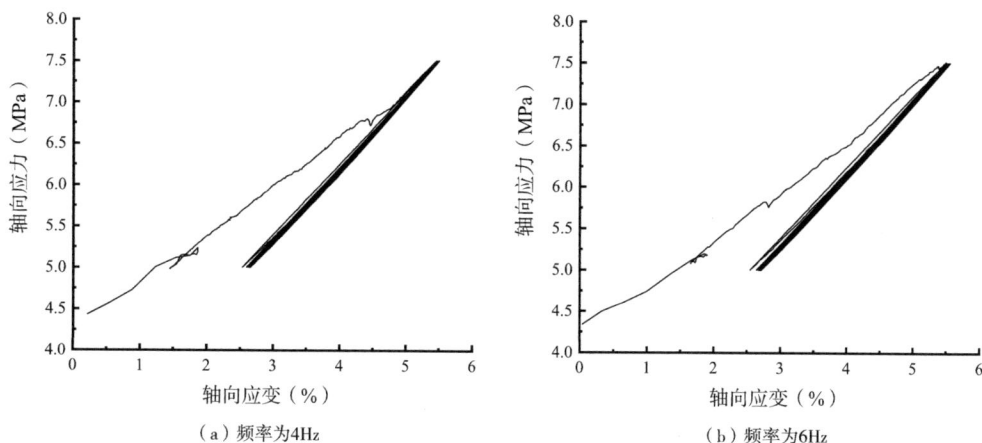

| （a）频率为4Hz | （b）频率为6Hz |

图 3-24　不同加载频率下煤矸石的轴向应力—轴向应变关系曲线

选取2号测量球为分析对象，监测不同加载频率下煤矸石模型的孔隙率变化，发现从初始应力增加到5MPa时，孔隙率从17%迅速下降到11.8%左右，说明此过程主要为颗粒充填空隙，处于初步压实阶段。为更好观察不同频率下孔隙率变化，只提取轴向应力增加到5MPa以后的孔隙率数据，结果如图3-25所示。

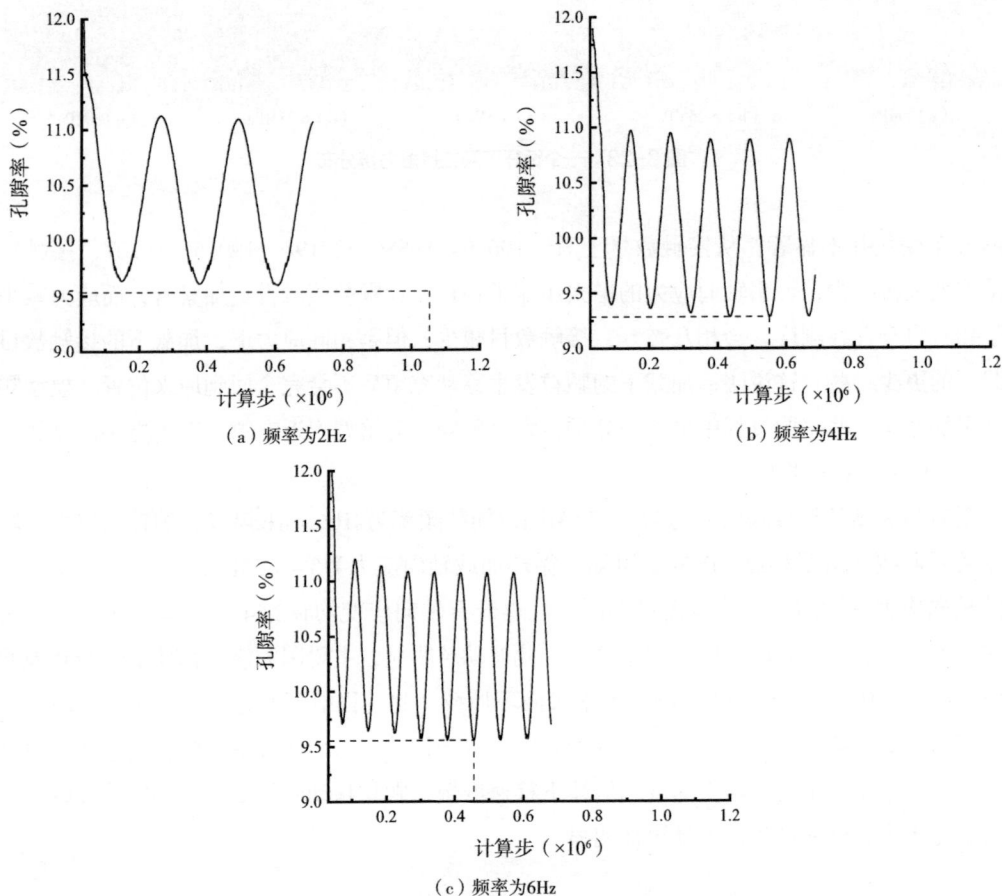

（a）频率为2Hz

（b）频率为4Hz

（c）频率为6Hz

图3-25　不同循环频率下2号测量球的孔隙率变化曲线

可知，经过1.2×10^6计算步后，不同频率下2号测量球孔隙率基本达到稳定状态，随着循环加载作用在一定范围内变化，同时随着加载频率增大，孔隙率达到稳定变化所需计算步减少，从1.05×10^6下降到0.46×10^6，说明提高加载频率，可加快压缩过程中孔隙充填，使颗粒更快达到稳定状态。

3. 应力幅值的影响

频率为2Hz，循环加载最低轴向应力为5MPa，应力幅值分别为2.5MPa、3MPa、3.5MPa时，其轴向应力—轴向应变关系曲线如图3-26所示。由图可知，随着应力幅值提高，煤矸石侧限压缩模型产生轴向应变也随之增大。不同加载幅值下，轴向应力—轴向应变关系曲线变化趋势相同，在轴向应力为5MPa时均出现拐点，其前后的曲线斜率发生变化，拐点之后斜率更陡，在拐点处发生的曲线波动随着应力幅值的增大而越不显著，说明在相同加载频率下，应力幅值的提高，轴向应力随时步变化速度更大，即两侧加载板向中间移动的速度更快，达到相同轴向应力所需时间更小，导致此时开始发生颗粒破碎后未迅速充填孔隙，使得与加载板接触颗粒数量变化不明显，即轴向应力—轴向应变曲线波动小。

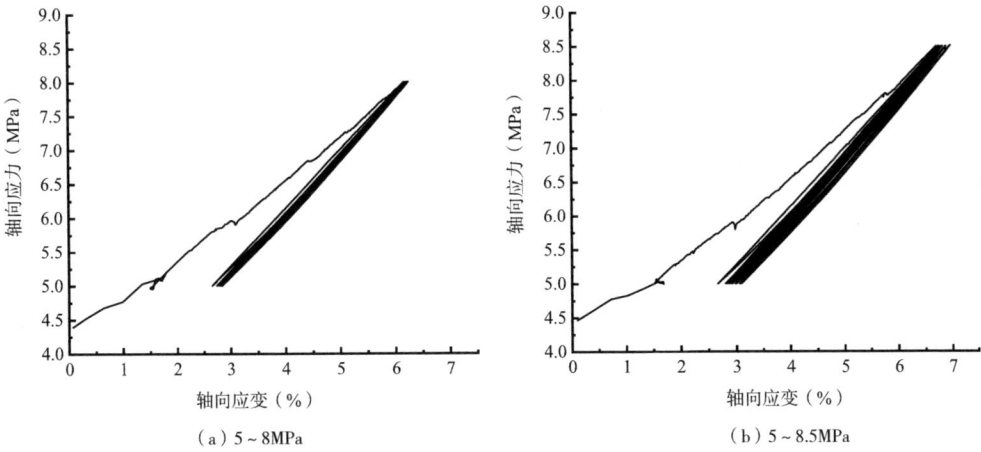

（a）5~8MPa   （b）5~8.5MPa

图 3-26　不同应力幅值下煤矸石的轴向应力—轴向应变关系曲线

为研究应力幅值对煤矸石压缩性的影响，通过分析模型内孔隙率变化，此处同样选取2号测量球的监测结果，并将刚开始孔隙率下降较为快速的部分筛除，结果如图3-27所示。由图可知，最大和最小的轴向应变随应力幅值增大而增大，但在最大轴向应变处差别明显，最小处不够明显；随着应力幅值的增大，达到孔隙率稳定时最小孔隙率逐渐减小，由9.53%下降到8.55%。说明随着应力幅值的提高，加载板对模型挤压更大，即煤矸石颗粒压缩值也越大，部分颗粒会发生颗粒破碎，充填周边的空隙，也是孔隙率下降的一个原因。在循环加载过程

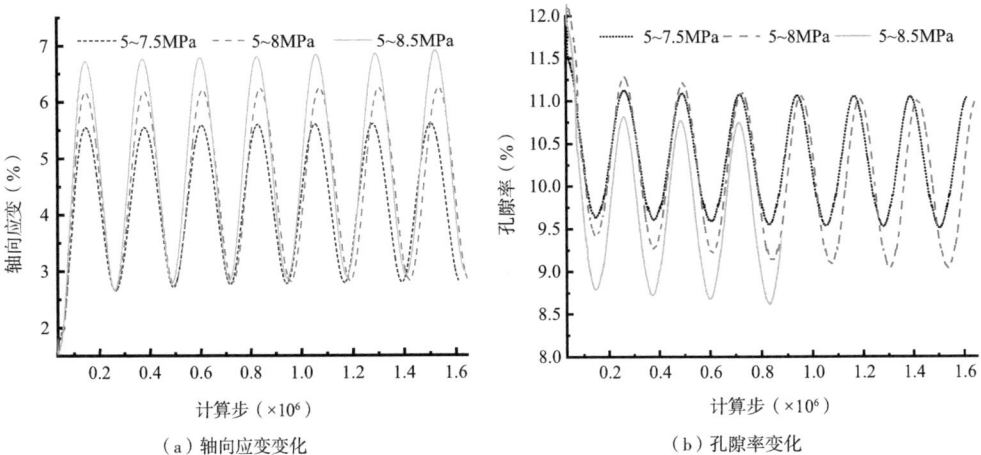

（a）轴向应变变化   （b）孔隙率变化

图 3-27　不同应力幅值下煤矸石的轴向应变与孔隙率变化曲线

中，相同的轴向应力5MPa作用下，孔隙率稳定时的最大孔隙率与最小孔隙率呈现一样的变化规律，即随着应力幅值的增大而减小。说明应力幅值的增大，使得模型颗粒变得密实，颗粒嵌挤更加紧凑，因此，在轴向应力减小后，颗粒间相互弹开移动的位移变小，内部空隙也有所减小。

3.2.4　循环荷载下围压压缩结果分析

1. 围压压缩过程分析

分析围压为5MPa、轴向应力为5～7.5MPa、频率为2Hz时煤矸石轴向应力—轴向应变曲线，如图3-28所示。

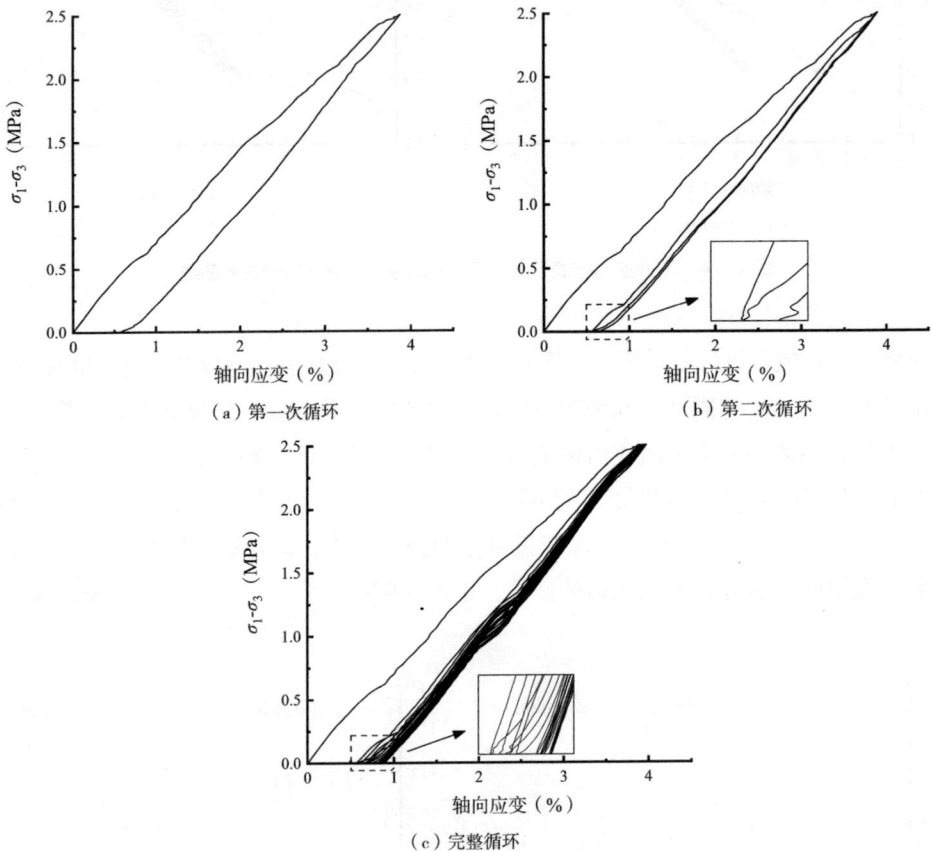

（a）第一次循环

（b）第二次循环

（c）完整循环

图3-28　不同循环次数下煤矸石围压压缩的轴向应力—轴向应变关系曲线

由图3-28可知，在循环荷载作用下，轴向应变随着轴向应力的增大而增大、减少而减少。在第一次加载—卸载后，煤矸石颗粒产生的应变量不一致，卸载到5MPa后仍具有残余应变量，说明在一次循环加载后，煤矸石颗粒嵌挤得更加合理，密实也更好，产生了塑性变形。图（b）可以看出继续循环加载，轴向应力—轴向应变曲线从上一次卸载处曲线上升再下降，形成滞回环，第二次卸载后，煤矸石颗粒应变继续增加，说明每循环加载一次，煤矸石颗粒的塑性变形均有所增加。图（c）可以看出，循环加载达到一定次数以后，加载卸载形成的滞回环曲线基本重叠在一起，此时模型在循环加载应力作用下塑性变形趋于稳定。塑性变形产生的原因有：循环加载作用下，模型中较多空隙被颗粒移动充填；部分颗粒受到较大轴向应力发生破碎，破碎后小颗粒充填附近空隙；在围压作用下，颗粒可以发生一定横向位移，使模型更加密实。

将循环过程中的应变、孔隙率、中间测量球的y向应力随计算步的变化过程绘制成曲线图，如图3-29所示。

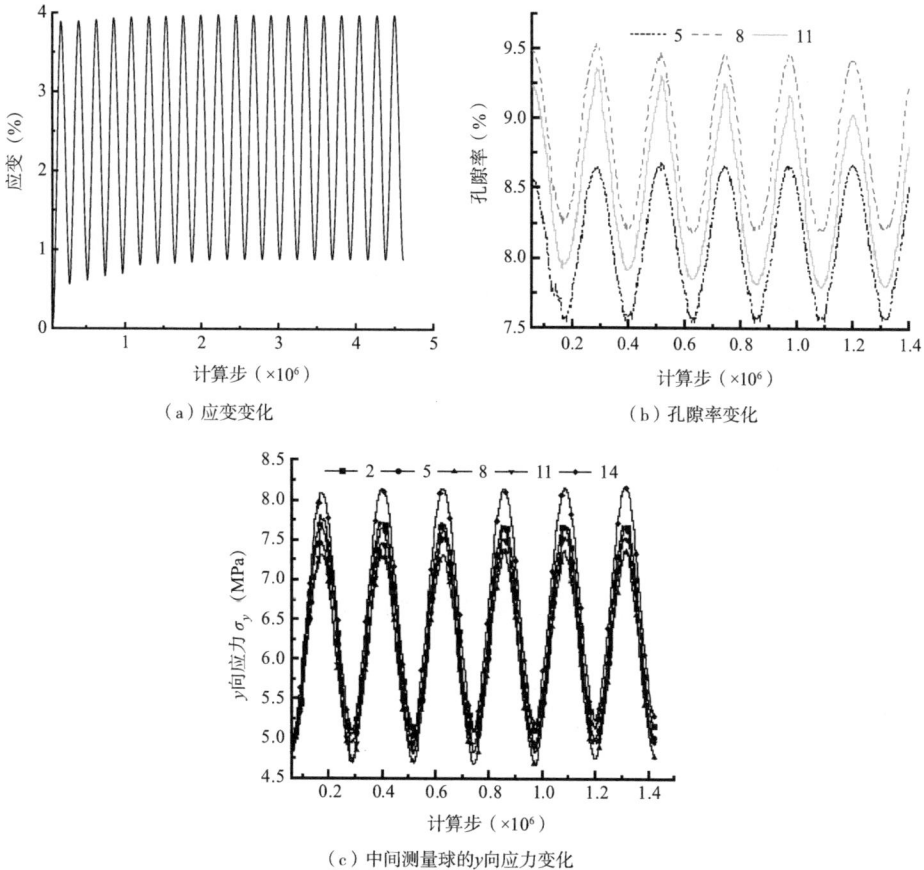

（a）应变变化　　　　　　　　　　（b）孔隙率变化

（c）中间测量球的y向应力变化

图3-29　循环加载作用下煤矸石应变、孔隙率和中间测量球的y向应力变化曲线

由图3-29可知，图（a）应变与时步的关系曲线能直接地表现出在循环加载下煤矸石模型的应变变化。每次循环结束后曲线最低点连线与x轴所包围区域为循环加载后的残余应变，即塑性变形。由应变变化可以清楚发现，第一次循环加载产生的残余应变最大，为0.57%，之后循环加载产生的残余应变增量逐渐减少，最后将趋于稳定值。

图（b）反映循环作用下煤矸石模型内部孔隙率变化，可以发现，压缩过程中，中间（8号测量球）孔隙率均为最大，两侧（5号、11号测量球）孔隙率相对较小，且5号测量球的孔隙率比11号测量球更小，说明上下加载板向中间移动压缩过程中，从两侧向中间压缩，下部颗粒密实程度更好，可能是部分破碎后的小颗粒受到重力作用向下部充填使得下部孔隙率更低一些，即下部更加密实。

图（c）反映循环作用下煤矸石模型内部轴向应力变化，内部所受y向应力与循环荷载作用力不一致，存在颗粒承受小于5MPa或超过7.5MPa的压应力，且2号、14号测量球相对较大，中间8号测量球最小，即循环加载过程中，两侧受到的作用力最大，越靠近内部受到的作用力越小。

2. 循环频率的影响

分析围压为5MPa、轴向应力为5～7.5MPa、频率为4Hz、6Hz时煤矸石轴向应力—轴向应变关系曲线，如图3-30所示。

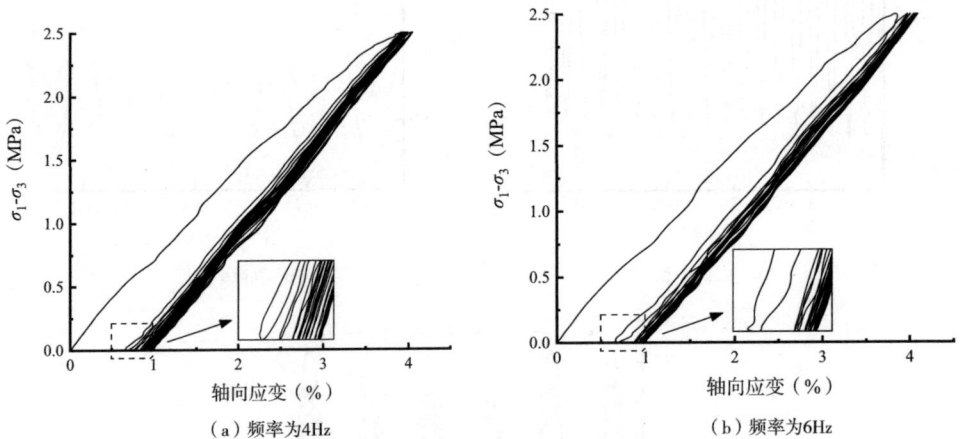

（a）频率为4Hz　　　　　　　（b）频率为6Hz

图3-30　不同循环频率下煤矸石的轴向应力—轴向应变关系曲线

由图3-30、图3-28（c）可知，不同循环频率下煤矸石轴向应力—轴向应变趋势大致相同，随着循环次数增多，塑性变形随之增大，达到一定次数以后趋于稳定。从循环加载后曲线的疏密程度可以发现，随着频率增大，曲线越密集，即达到稳定塑性变形所需的循环次数越少。在第一次卸载完成后，频率2Hz、4Hz、6Hz时轴向应变分别为0.563%、0.623%、0.661%，达到稳定时轴向应变分别为0.700%、0.902%、0.961%，说明在相同循环应力下，提高循环频率，对煤矸石颗粒作用次数增多，使模型内颗粒发生嵌挤、弹开、充填次数变多，部分颗粒发生破碎后也会充填周围空隙，让模型颗粒分布更合理、紧密，因此，趋于稳定时塑性变形也将有所提高。

3. 应力幅值的影响

轴向应力为5～7.5MPa、5～8MPa、5～8.5MPa时煤矸石轴向应力—轴向应变关系曲线如图3-31所示。

由图3-31、图3-28（c）可知，不同应力幅值下的煤矸石轴向应力—轴向应变关系曲线规律相似；随应力幅值增大，轴向应变和卸载后煤矸石塑性变形也随之提高；从曲线疏密程度上看，应力幅值越大，产生的应变和塑性变形越大，需要更多循环次数完成变形稳定和滞回环重

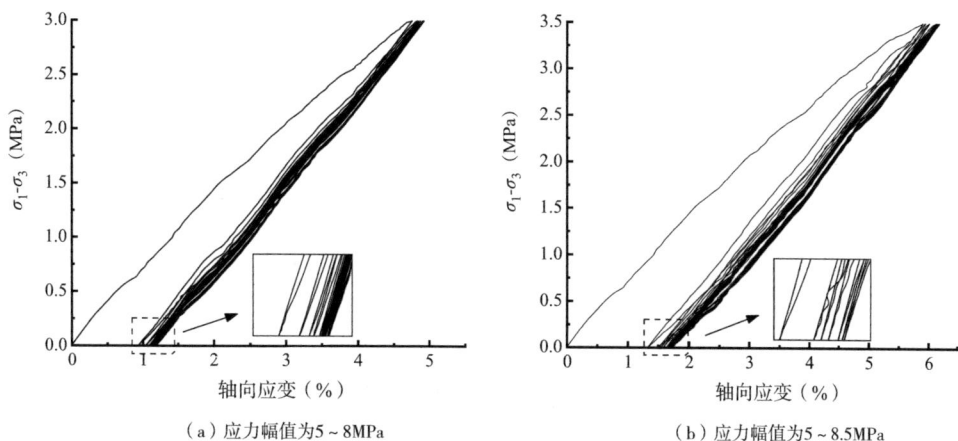

（a）应力幅值为5~8MPa　　　　（b）应力幅值为5~8.5MPa

图 3-31 不同应力幅值下煤矸石的轴向应力—轴向应变关系曲线

叠，使得曲线越稀疏；从卸载后应变的位置可以看出，第一次到第二次产生的塑性变形增量随着应力幅值增大而增大。

图 3-32（a）为三种应力幅值下应变随时步的变化曲线，可见，随着时步增大，轴向应变趋于稳定，且随着循环荷载的作用，在一定范围内变化；除起初时，其他情况下轴向应变均不为 0，即循环加载产生塑性变形。随着应力幅值增大，塑性变形也随之增大，一方面应力幅值增大，使得煤矸石颗粒受到挤压力更大，存在更多颗粒发生破碎，另一方面为维持稳定围压，侧墙需向更外侧移动，颗粒横向位移增大，两方面促使颗粒嵌挤充填空隙更合理，产生的塑性变形也越大。

图 3-32（b）为三种应力幅值下 8 号测量球孔隙率随时步的变化曲线，可以发现应力幅值越大，孔隙率曲线浮动越大；当趋于稳定时，应力幅值3.5MPa与应力幅值2.5MPa时最大孔隙率相近，最小孔隙率与应力幅值为3MPa时相近，且应力幅值越大，孔隙率变化范围也越大。

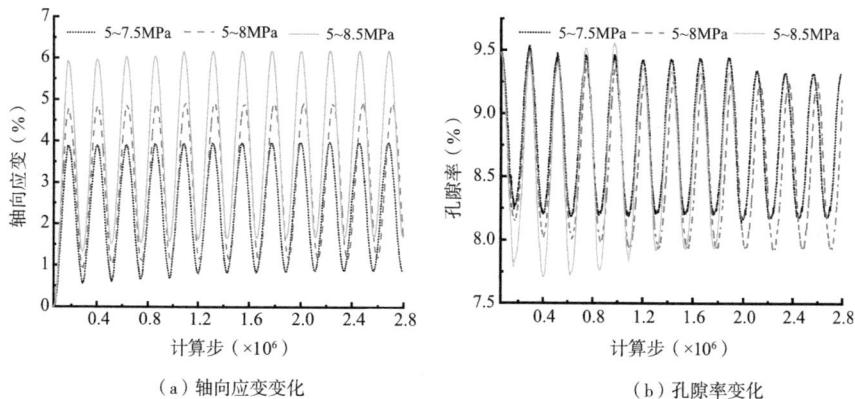

（a）轴向应变变化　　　　　　（b）孔隙率变化

图 3-32 不同应力幅值下轴向应变和孔隙率随计算步的变化曲线

4．围压的影响

应力幅值为2.5MPa、频率为2Hz、围压分别为5MPa、5.5MPa、6MP时煤矸石的轴向应变与孔隙率变化曲线如图3-33所示。

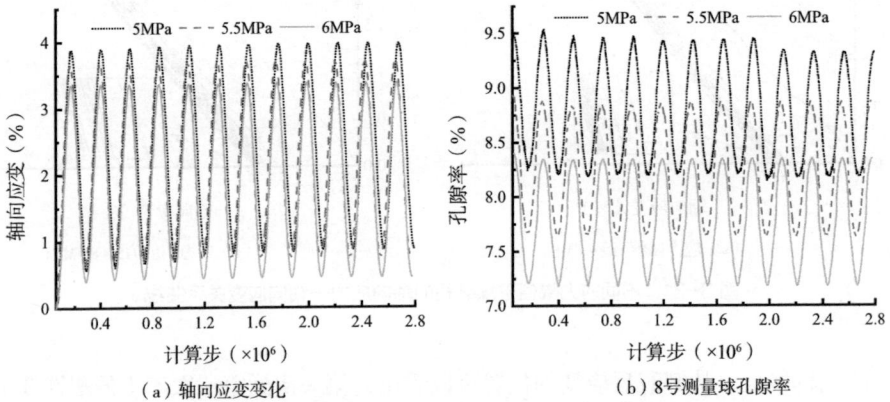

（a）轴向应变变化　　　　　　　　　（b）8号测量球孔隙率

图3-33　不同围压下煤矸石轴向应变与孔隙率变化曲线

可知，循环加载过程，煤矸石轴向应变逐渐趋于稳定，随围压提高，最大和最小轴向应变均随之减小，即围压越高，塑性变形越小，且围压6MPa下应变变化波动较小，而围压5MPa下应变变化比较明显；不同围压下8号测量球孔隙率变化明显，其中围压5MPa下孔隙率最大，5.5MPa次之，6MPa最小。可见，相同应力幅值作用下，围压越大，对颗粒侧向限制越大，迫使颗粒嵌挤更加紧凑，颗粒破碎概率也越高，煤矸石颗粒密实度越高；经过相同循环荷载作用，越密实的煤矸石模型越不容易变形，产生塑性变形越小。

3.2.5　侧限和围压压缩结果对比

为分析循环荷载作用下侧限和围压的影响，从轴向应力—轴向应变曲线、应变和孔隙率、x和y向应力对比循环荷载为5～7.5MPa、频率为2Hz的数值模拟结果。

1．轴向应力—轴向应变关系曲线

由图3-22、图3-28（c）可以看出，有无围压作用下，循环作用下轴向应力—轴向应变曲线的变化趋势基本相似，主要不同在侧限压缩下存在一段轴向应力增加至5MPa的过程，而有围压情况下，会经过一段水平和轴向应力均达到稳定围压的运算过程，因此，有围压情况下，初始轴向应力即为5MPa；有侧限压缩下，轴向应力增加5MPa过程中，颗粒受到挤压移动充填空隙，逐渐相互接触，至5MPa时煤矸石颗粒逐渐完成初步压实，开始发生破碎，存在部分颗粒突然脱离与墙体接触，使与墙体接触的颗粒数目和接触力变化明显，产生较大波动。

2．轴向应变和孔隙率

由于侧限和围压条件下初始应力不同，为便于对比，将侧限条件下轴向应力5MPa之前的数据剔除，从轴向应变和孔隙率方面对比，选取8号测量球的监测结果，如图3-34所示。

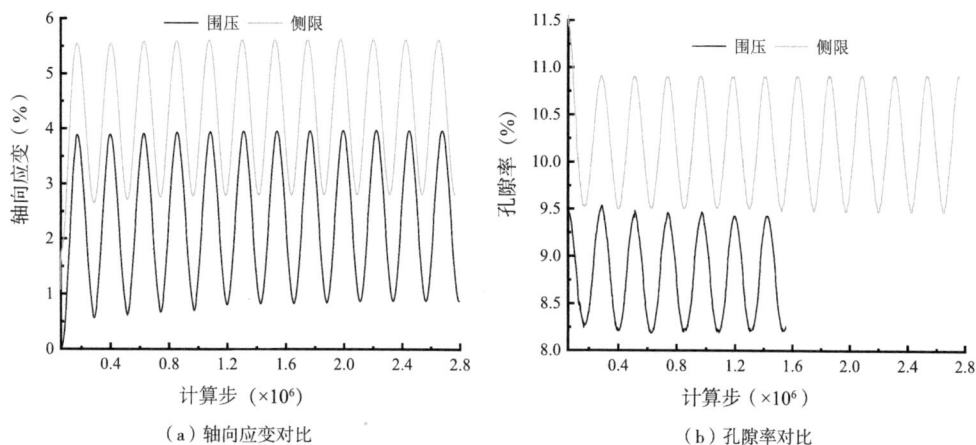

（a）轴向应变对比　　　　　　　　　　（b）孔隙率对比

图 3-34　不同边界条件下煤矸石轴向应变与孔隙率对比

可知，从轴向应变角度对比，围压情况下稳定时轴向应变在0.873%～3.977%变化，侧限条件下稳定时轴向应变在2.811%～5.622%变化，侧限下轴向应变比围压下高，原因是侧限条件下考虑到初始应力增加到5MPa时产生的轴向应变，而对比循环时应变变化量，围压和侧限的变化量分为3.104%、2.811%，围压下变化量更高；对比孔隙率，围压下稳定时孔隙率在8.178%～9.342%变化，侧限下稳定时孔隙率在9.473%～10.918%变化，侧限下孔隙率更大，对比循环时孔隙率变化量，围压和侧限变化量分别为1.164%、1.445%，侧限时变化量更高。

综合轴向应变和孔隙率变化可知，相同循环荷载下，相比于侧限条件，围压下产生轴向应变更大，孔隙率更小，说明围压下，接触边界对颗粒有限制作用，轴向应力作用下颗粒有更大空间移动充填空隙，破碎颗粒也能更好与其他颗粒相互嵌挤，煤矸石模型的结构更加合理紧密，因而应变更大，孔隙率更小。

3. *x*和*y*向应力

选取8号测量球的监测结果，从轴向应变和孔隙率方面对比围压和侧限条件下应力的不同，如图3-35所示。

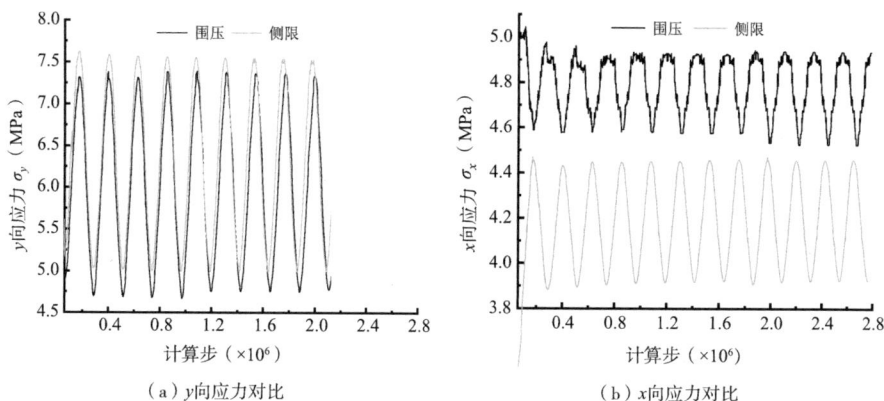

（a）*y*向应力对比　　　　　　　　　　（b）*x*向应力对比

图 3-35　不同边界条件下 *y* 向应力与 *x* 向应力对比

由图可知，从y向应力角度对比，围压下的σ_y比侧限下时低，围压最小和最大σ_y均小于循环荷载的峰值应力，而侧限的$\sigma_{y\min}$基本保持在5MPa下，$\sigma_{y\max}$超过7.5MPa；从x向应力角度对比，围压下的σ_x比侧限下时高，虽然围压条件下保持恒定的侧墙应力，但其颗粒的σ_x在小于围压的一定范围内变化，且曲线变化趋势与σ_y相反，而侧限条件下σ_x同样在一定范围内变化，曲线变化趋势与σ_y相同，产生原因是在侧限条件，颗粒受到轴向应力，其颗粒受到上下两侧颗粒挤压，有向两侧移动趋势，因此，随着轴向应力增大，水平应力也随之增大，而在围压条件下，水平应力随着轴向应力增大而增大，但为保持恒定围压条件，侧墙向外移动，水平应力也会随之减小。

综合σ_y、σ_x变化可知，侧限条件下，σ_y变化大小基本与循环荷载相近，σ_x与σ_y曲线的变化趋势相同，而围压条件下，σ_x峰值均小于循环荷载峰值，σ_x与σ_y曲线变化趋势相反，且基本是小于围压值，围压下σ_x变化范围会比侧限下时要小。

4. 颗粒破碎情况

图3-36为侧限和围压边界条件下煤矸石在循环荷载作用后颗粒分布情况。由图可知，相比于侧限条件，围压边界条件下煤矸石颗粒基本发生破碎，且煤矸石模型中空隙也较少，说明在循环荷载作用下，围压边界条件下煤矸石颗粒破碎程度高，模型的整体压缩密实性也更好。

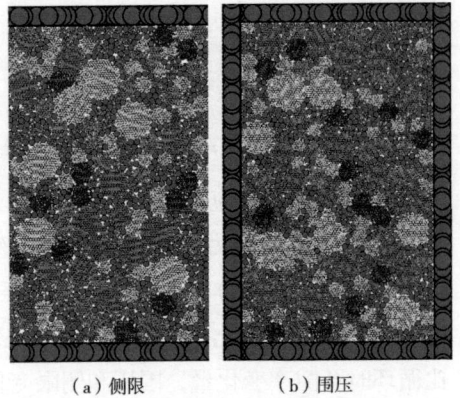

（a）侧限　　　　（b）围压

图3-36　不同边界条件下整体颗粒分布情况

3.3　煤矸石路基现场试验与效果评价

3.3.1　工程概况

龙岩东环高速公路K4+640～K4+740左20～100m处存有3万～4万m³煤矸石堆积体，因此，选取K4+450～K4+650作为煤矸石路基填筑试验路段。图3-37为K4+500煤矸石路基横断图。该路基宽度32m，路基中线距地面15.22m，边坡坡度为1∶1.5，右侧边坡为三级边坡，前两级边坡高度为8m，平台宽度为2m。

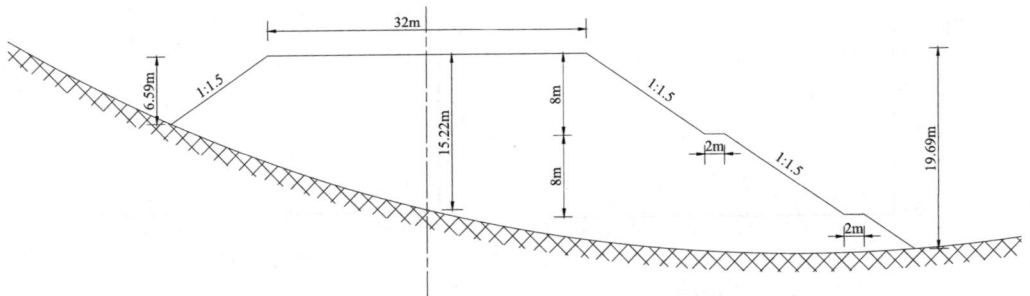

图3-37　K4+500煤矸石路基横断面图

3.3.2　确定最佳松铺厚度

1.试验方案

现场碾压试验主要使用两种类型压路机进行试验段碾压。一种型号为SR20M的20t普通振动压路机，另一种型号为SSR360C-6的36t大激振力压路机，如图3-38所示。表3-4为压实机械型号及工作参数。

| （a）SR20M型压路机 | （b）SSR360C-6型压路机 |

图3-38　不同型号的压实机械

压实机械型号及工作参数　　　　　　　　　　表3-4

型号	工作质量（kg）	激振力（kN）	频率（Hz）	振幅（mm）	行驶速度（km/h）
SR20M	20 000	355/210	28/32	1.9/1.1	0~8.3
SSR360C-6	36 000	590/450	28/33	1.8/1.1	0~8

试验现场分成6个试验段，每个试验段长25m、宽5m。20t普通振动压路机（以下简称20t压路机）对应40cm、50cm 2个松铺厚度，而36t大激振力压路机（以下简称36t压路机）对应40cm、50cm、60cm、70cm4个松铺厚度。试验步骤如下：

（1）用推土机清除试验段30cm深度范围内的草皮、农作物根系和表面土层，然后用重型压路机进行碾压，后整平原地面，在原地面上用石灰画出试验区边界。

（2）路面整平后，测量放桩，每个横断面分别布置左、中、右三个测点高程记录测点，并标出松铺厚度。

（3）本次试验段按松铺厚度40cm、50cm、60cm、70cm控制，分别进行路段的填筑试验。

（4）为增加煤矸石路基密实性，减少施工后期不均匀沉降，每填筑一定高度，增加一次冲击压实，当作补强处理，使煤矸石在二次破碎之后，颗粒级配更趋于合理，增加整体稳定。

（5）在松铺路基表面，用石灰在每个试验段中每5m横向撒出3个"十"字标志，用于沉降测量。

（6）准备工作结束后，按照《公路路基施工技术规范》JTG/T 3610—2019中的四等测量要求，用水准仪测出各试验段"十"字标志点的5个"梅花"状点位的初始高程。

（7）分别用普通压路机和大激振力压路机在选定路段中进行碾压。在碾压过程中，应遵循"先轻后重，先慢后快，先边缘后中间，相邻两次的轮迹重叠轮宽1/3，保持压实均匀，不漏压"的原则。

（8）各段落都采用"静压1遍＋强振4遍"的方式作业，每次碾压过后对各标志点进行沉降测量，当最后一遍强振结束之后，收集好沉降数据计算出各标志点的沉降差S_n。

2. 结果分析

现场试验检测压实度采用灌砂法，具体试验步骤按照《土工试验方法标准》GB/T 50123—2019的要求进行。为对比煤矸石路基在36t压路机与20t压路机下的压实效果，采用灌砂法对碾压第1遍和第4遍的压实层进行现场干密度检测。强振1遍、强振4遍后的煤矸石路基压实度见表3-5和表3-6。

强振1遍后的煤矸石路基压实度　　　　　　　　　　　　　　　　表3-5

压实机械	松铺厚度（cm）	分层（cm）	土重（g）	砂重（g）	干密度（g/cm³）	压实度（%）
36t压路机	40	上20	5062	3479	1.87	89.5
		下20	3659	2535	1.81	86.6
	50	上25	5022	3405	1.90	90.9
		下25	4904	3358	1.89	90.4
	60	上20	5046	3369	1.93	92.3
		中20	5303	3651	1.92	91.9
		下20	4132	2915	1.90	90.9
	70	上20	5835	3907	1.92	91.9
		中20	4303	3022	1.89	90.4
		下30	4491	3214	1.88	90.0
20t压路机	40	上20	5260	3600	1.88	90.0
		下20	5283	3656	1.86	89.0
	50	上25	5490	3632	1.89	90.4
		下25	5301	3722	1.83	87.6

由表3-5和表3-6可知，随着碾压遍数增加，压实后路基压实度也随之增加；相比之下，36t压路机的压实效果更好一点，但强振1遍后各试验段路基均未达到高速公路路基压实度要求，而经过4遍强振后多数能表现出较好压实效果。

从以往施工经验来看，普通吨位压路机对大厚度松铺厚度压实效果较差，很难达到压实要求，所以针对普通压路机，仅铺筑松铺厚度为40cm、50cm的试验路段，对40cm、50cm松铺厚

强振 4 遍后的煤矸石路基压实度　　　　　　　　　　表 3-6

压实机械	松铺厚度（cm）	分层（cm）	土重（g）	砂重（g）	干密度（g/cm³）	压实度（%）
36t压路机	40	上20	5765	3541	2.05	98.1
		下20	6007	3805	1.98	94.7
	50	上25	6231	3791	2.08	99.5
		下25	4474	2871	1.93	92.3
	60	上20	6019	3710	2.02	96.7
		中20	5269	3355	1.96	93.8
		下20	5582	3622	1.93	92.3
	70	上20	5986	2817	2.10	100.5
		中20	5308	3387	1.96	93.8
		下30	5007	3228	1.94	92.8
20t压路机	40	上20	5583	3444	2.03	97.1
		下20	4531	2876	1.97	94.3
	50	上25	6003	3679	2.04	97.6
		下25	5889	3745	1.96	93.8

度下36t压路机与20t压路机的压实效果进行对比分析。36t压路机和20t压路机碾压下煤矸石压实层不同层位的干密度和压实度变化情况，如图3-39所示。

由图可知，36t压路机压实效果比20t压路机压实效果好；由于36t压路机比20t压路机的激振力大，有效压实度深。且不论是36t压路机还是20t压路机、碾压1遍还是碾压4遍，上层压实效果均比下层压实效果好；由于上层压实层离振动源比较近，压实效果相对较好，下层压实层离振动源较远，所受压实功较小，压实效果相对较差。

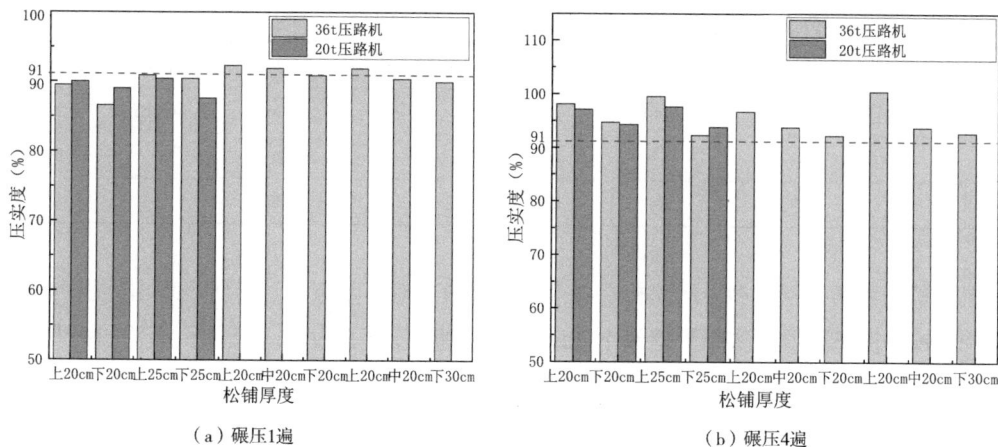

（a）碾压1遍　　　　　　　　　　　　　（b）碾压4遍

图 3-39　碾压后煤矸石不同层位的压实度

采用加权取均值的方法将表3-5和表3-6挖坑深度相同路基压实层中上、中、下各层干密度相加，可得该试验段整体压实度。不同松铺厚度的煤矸石路基层在两种不同的压实机械下施工碾压所产生的压实效果见图3-40。

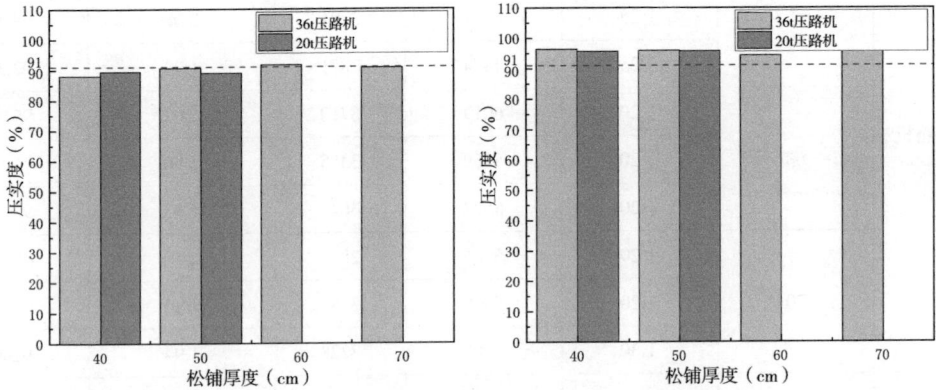

图3-40　碾压1遍（左）和4遍（右）后不同松铺厚度下的压实度

由图3-40可看出，松铺厚度为40cm和50cm的试验路段平均压实度比松铺厚度为60cm和70cm的试验段要高，这是因为，煤矸石层松铺较薄，经过36t压路机碾压之后，低厚度的煤矸石层更容易压实，颗粒之间嵌锁更加密实。强振1遍时，各试验路段大多未达到高速公路路基要求的压实标准，当强振4遍时，松铺厚度为60cm及以下试验路段能够达到93%的压实度要求。

各个试验段静压1遍，用水准仪测出各个试验段的沉降量，不同松铺厚度试验段的累计沉降量见表3-7。

不同松铺厚度试验段的沉降量（mm）　　　　　　　　　　表3-7

松铺厚度	强振1遍		强振2遍		强振3遍		强振4遍	
	20t 压路机	36t 压路机	20t 压路机	36t 压路机	20t 压路机	36t 压路机	20t 压路机	36t 压路机
40cm	13.333	9.267	16.333	18.000	20.667	21.467	24.467	21.800
50cm	26.183	18.267	36.817	18.533	41.933	23.267	44.467	22.600
60cm	—	33.400	—	42.533	—	54.200	—	58.533
70cm	—	33.133	—	42.067	—	51.000	—	55.933

沉降量表示两种不同型号压路机在各个试验路段中对路基碾压过后所表现出的压实效果，而不同松铺厚度试验段压实结果差异不能以此作为判断依据。为此，定义沉降率为路基填土松铺厚度经过压实机械碾压n遍后所产生总沉降量与对应松铺厚度的比值，表3-8为煤矸石路基试验段的沉降率。可见，若路基松铺厚度沉降率越大，表明此时压实度越大，路基碾压效果越好。

煤矸石试验路段的沉降率　　　　　　表3-8

松铺厚度	强振1遍		强振2遍		强振3遍		强振4遍	
	20t压路机	36t压路机	20t压路机	36t压路机	20t压路机	36t压路机	20t压路机	36t压路机
40cm	0.0333	0.0232	0.0408	0.0450	0.0517	0.0537	0.0612	0.0545
50cm	0.0524	0.0365	0.0736	0.0371	0.0839	0.0465	0.0452	0.0889
60cm	—	0.0557	—	0.0709	—	0.0903	—	0.0976
70cm	—	0.0473	—	0.0601	—	0.0729	—	0.0799

由表3-7、表3-8可以看出，压实层沉降量和沉降率均随碾压遍数增加而增大，且36t压路机比20t压路机作用下路基沉降率大，压实效果好。从表3-8可看出，试验段松铺厚度越大，沉降率不一定随之增大，但从沉降率可得到路基层真实压实情况，沉降率大说明压实效果相对较好，更为经济合理。当松铺厚度为60cm时，其沉降率最大，因此，大激振力条件下煤矸石路基最佳松铺厚度为60cm。

3.3.3　确定最优施工机械组合

1．试验方案

为优选大激振力压路机碾压煤矸石路基的最优机械组合，在得出最佳松铺厚度后，接着对在最佳松铺厚度为60cm的煤矸石试验路段采用大激振力压路机进行现场碾压。研究对比在6种不同的机械组合工况（表3-9）的煤矸石所呈现出的压实效果有何不同，得到压实度与碾压遍数的关系曲线，选出最优机械组合工况为现场施工提供参考。设计的试验路段分为6个区段，每个区段的松铺厚度为最佳松铺厚度60cm，各试验段长25m、宽5m。

现场碾压试验方案　　　　　　表3-9

编号	组合方式
工况1	静压1遍+弱振1遍+强振1遍+静压1遍
工况2	静压1遍+弱振1遍+强振2遍+静压1遍
工况3	静压1遍+弱振1遍+强振3遍+静压1遍
工况4	静压1遍+弱振1遍+强振4遍+静压1遍
工况5	静压1遍+弱振1遍+强振5遍+静压1遍
工况6	静压1遍+弱振1遍+强振6遍+静压1遍

2．试验结果

路基碾压时遵循"先轻后重、先慢后快、先两边后中间"的顺序，开始时为稳定土体先静压1遍，之后纵向激振碾压（36t压路机行驶速度在4km/h左右，横向接头重叠不少于0.4m），最后在收光整平的时候再静压1遍。机械工况组合试验的具体压实数据见表3-10。

大激振力压路机在不同碾压组合下的压实度相关试验数据　　　　表3-10

工况	碾压工艺	分层（cm）	土重（g）	砂重（g）	干密度（g/cm³）	压实度（%）	平均压实度（%）
工况1	静压1遍+弱振1遍+强振1遍+静压1遍	上20	7120	4311	2.13	101.91	98.56
		中20	7200	4566	2.04	97.61	
		下20	6300	4089	2.01	96.17	
工况2	静压1遍+弱振1遍+强振2遍+静压1遍	上20	6199	3825	2.11	100.96	98.25
		中20	6169	3910	2.04	97.61	
		下20	6061	3894	2.01	96.17	
工况3	静压1遍+弱振1遍+强振3遍+静压1遍	上20	6098	3756	2.11	100.96	100.16
		中20	6276	3739	2.11	100.96	
		下20	5912	3713	2.06	98.56	
工况4	静压1遍+弱振1遍+强振4遍+静压1遍	上20	5763	3902	2.15	102.87	100.16
		中20	6207	3836	2.09	100	
		下20	5960	3806	2.04	97.61	
工况5	静压1遍+弱振1遍+强振5遍+静压1遍	上20	6640	4100	2.14	102.39	99.84
		中20	6235	3893	2.09	100	
		下20	5804	3713	2.03	97.13	
工况6	静压1遍+弱振1遍+强振6遍+静压1遍	上20	6188	3817	2.12	101.44	99.04
		中20	6689	4201	2.07	99.04	
		下20	6209	3990	2.02	96.65	

由表3-10可知：

（1）强振3遍、4遍、5遍时，路基整体平均压实度均超过93%、94%和96%，满足下路堤、上路堤以及路床要求，但同时由于煤矸石不宜作为路床，因此，对于下路堤和上路堤，其最优机械组合工况分别为：静压1遍+弱振1遍+强振3遍+静压1遍以及静压1遍+弱振1遍+强振4遍+静压1遍。

（2）碾压后路基层上、中层压实度随碾压遍数增加先增大随后小幅度下降，路基层下层压实度则先上升随后慢慢趋于稳定。出现这种结果可能是煤矸石路基在大激振力压路机强振数遍后，巨大的激振力导致压实层表面松动，压实度随之下降，而且路基各层位距离振动源越远，受影响程度也会越小。

3.3.4　颗粒压碎后级配变化

煤矸石铺筑并经现场碾压试验后，分别选取20t压路机和36t压路机碾压后的试验试样，进行颗粒级配筛分试验，试验结果如图3-41所示。

由图3-41可知，煤矸石在20t压路机和36t压路机碾压前后颗粒粒径大于40mm和小于1mm的颗粒通过百分率变化不大，说明颗粒粒径大于40mm和小于1mm的颗粒在压实过程中很少发生破碎；而颗粒粒径在1~40mm之间通过百分率变化较大，说明颗粒粒径在1~40mm之间的颗粒在碾压过程中发生破裂，其中以5~10mm的颗粒增加较多，即煤矸石中较大颗粒破碎成颗粒粒径在5~10mm之间的颗粒。

随着激振力和压实遍数增加，各筛孔通过百分率不断增加，说明煤矸石中细粒成分越来越多，即在压实过程中部分颗粒发生破碎。

煤矸石粒度分布范围较大，从几十厘米块石至0.1mm以下细小颗粒，具有粗粒土与细粒土双重特性，大粒径石块占有相当高的比例，存在以下级配缺陷：

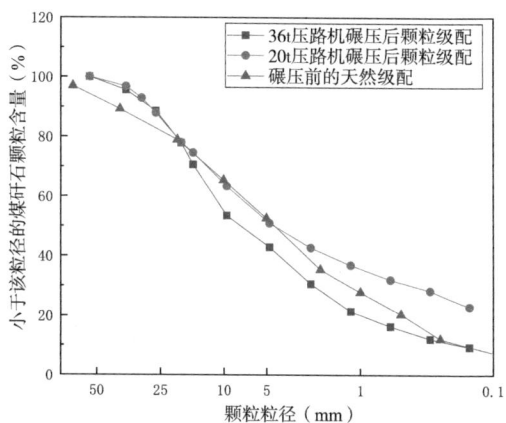

图 3-41　20t 压路机和 36t 压路机碾压与天然颗粒级配变化情况对比

（1）巨大颗粒含量过高而细小颗粒含量过低，粒径大于5mm的颗粒含量在60%以上，粒径小于0.1mm的颗粒含量在5%以下，粒度分布极为不均匀；

（2）不同程度存在某些粒组的分布不连续问题，其中粒径在0~5mm范围的粒组分布不连续比较明显。

综上所述，在现场压实过程中，级配曲线不断变化，中间筛孔通过百分率逐渐变大，说明煤矸石级配趋于良好，有利于路基碾压强度形成。适当的压实作用可以使部分大颗粒破碎，从而使煤矸石中细小颗粒含量的级配改良，不仅有效提高煤矸石密实性，使其在较低压密能量下取得较高压密程度，而且能使煤矸石水稳性明显改善。压实后煤矸石级配得到改良，有利于促进路基强度形成并增强其水温稳定性。

3.3.5　效果评价

1. 试验段沉降监测方案

在试验路段中选取K4+500断面进行路基沉降监测，设置3个监测点，分别在路基中心、两侧路肩各设一个沉降板，沉降观测的观测精度小于或等于±1mm，读数取至0.01mm，如图3-42

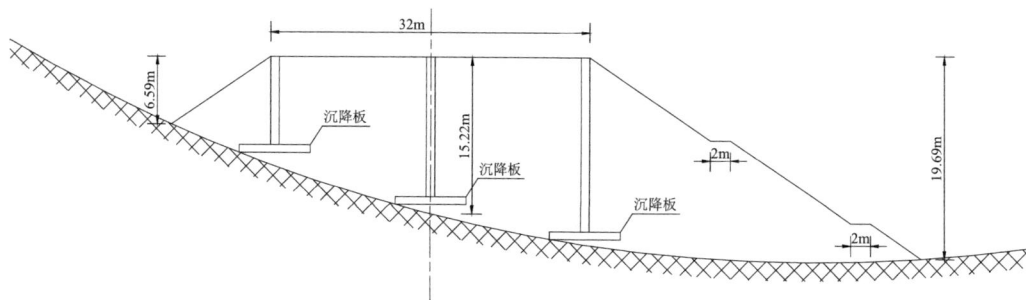

图 3-42　煤矸石试验路段断面示意图（K4+500）

所示。沉降板在填筑期间一般每天观测一次，当观测出现异常情况（沉降不收敛或者加剧时）应加密观测。沉降板采用600mm×600mm，厚40mm的钢筋混凝土沉降板，测杆使用直径16mm的圆钢，并保证每节长不超过100cm。测杆外设直径50mm的PVC塑料管组成，随着填土增高，测杆与套管亦相应加高，接高后测杆顶面应高于套管上口。

2. 效果分析与评价

图3-43为沉降板曲线图。右侧土路肩沉降观测时间为2019年12月2日至2022年2月1日，填土高度为19.69m。路基中心线沉降观测时间为2020年1月5日至2022年2月1日，填土高度为13.49m。左侧土路肩沉降观测时间为2020年3月20日至2022年2月1日，填土高度为6.59m。从图中可以看出，观测结束时，右、中、左侧路基沉降量最大值分别为338.3mm、263.2mm、102.2mm，且后续沉降速率均接近于零。可见，高速公路煤矸石路基填筑中煤矸石压实效果较好，填料之间嵌锁较为密实。

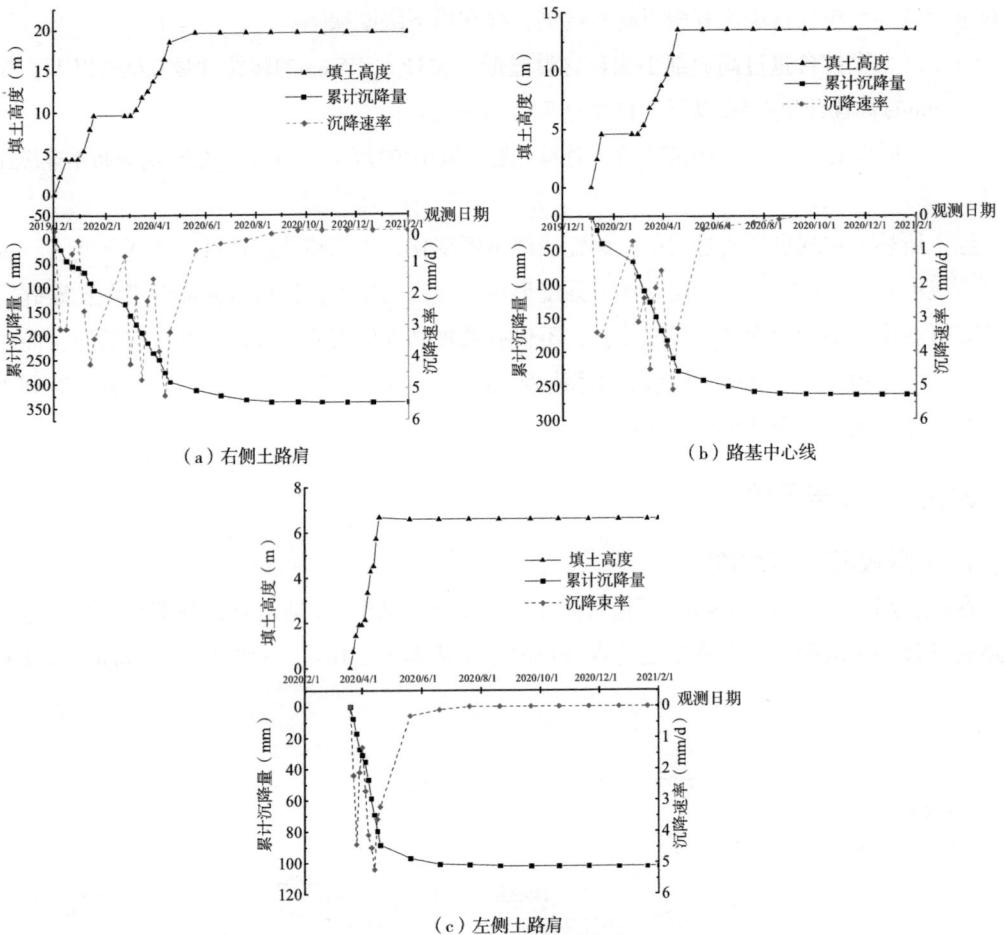

（a）右侧土路肩

（b）路基中心线

（c）左侧土路肩

图3-43　沉降板曲线图

第 4 章

煤系土边坡浅层 FRP 筋锚固技术

煤系土体工程性能较差，遇水极易造成煤系土边坡失稳，且该地层地下水具有强腐蚀性，易引发钢制锚杆锈蚀问题。鉴于此，本章对既有煤系土边坡失稳成因与对策进行研究，采用有限元分析降雨诱发煤系土边坡失稳机制；基于室内外试验，对比普通钢制锚杆和FRP锚杆的力学性能及边坡实际加固效果。

4.1 既有煤系土边坡失稳成因与加固措施

4.1.1 煤系土边坡失稳诱因

通过文献研究既有煤系土边坡失稳工程，归纳总结煤系土边坡失稳诱发因素，如表4-1所示。可知，煤系土边坡失稳诱发因素主要分为以下六种：

（1）降雨作用：持续性降雨、季节性降雨或强降雨使煤系土含水率上升，导致土体软化，强度下降，诱发边坡失稳。

（2）几何条件：道路切坡，导致坡度增加，边坡易倾倒破坏；开挖深度扩大，对于稳定性影响越大。

（3）风化作用：大多数煤系土边坡多是开挖过后煤系土出露，导致其风化速度加快，强度骤降，边坡失稳，其滑动面以浅层滑动面居多。

（4）岩体裂隙发育：岩体结构破碎，裂隙发育，形成软弱带，易转化为滑动带。

（5）无保护措施：对煤系土边坡采取一挖到底的策略，无临时性保护措施，导致边坡失稳。

（6）覆盖层土体性质：开挖覆盖层结构松散，透水性强，孔隙率大，降雨入渗快，煤系土经历干湿循环，强度降低，影响边坡稳定性。

煤系土边坡失稳诱发因素　　　　　　　　　　表4-1

序号	所在省份	地区	滑坡案例	开挖高度（m）	设计坡度	滑移面位置	诱发因素
1	福建	泉南高速公路	K202+365~K202+530段右侧滑坡	36	1:1.2~1:1.5	—	持续降雨；结构破碎，裂隙发育；滑坡软弱带
2		某公路	边坡	38.5	1:1.2~1:1.25	—	开挖；降雨软化煤系地层
3	湖南	郴州	同心桥滑坡	29	1:1~1:1.25	岩土交界面	节理裂隙发育，开挖后暴露风化；人工开挖；强降雨
4			龙女温泉滑坡	23	1:1	岩土交界面	坡面骨架破坏；煤系地层暴露；连续性降雨
5			卜里坪滑坡	30	1:0.5	岩土交界面	无临时性保护措施，一挖到底，持续降雨
6			梨树山滑坡	35	—	—	暴露风化，裂隙发育，形成软弱带；强降雨；切坡

续表

序号	所在省份	地区	滑坡案例	开挖高度（m）	设计坡度	滑移面位置	诱发因素
7	江西	昌栗高速公路	K213+528 ~ K213+650	50	1∶1.25	岩土交界面	季节性降雨；煤系地层风化
8		大广高速公路	龙南里仁至杨村段	21	1∶1.1 ~ 1∶1.2	浅层	风化；裂隙
9	广东	江肇高速公路	K65+945 ~ K66+060段左侧滑坡	42	—	多级滑动	开挖
10		水官高速	K13+320 ~ K13+480段左侧	50	—	—	构造发育，地层破碎；持续性降雨
11	贵州	晴隆—兴义高速公路	K0 ~ K40段	100	1∶1 ~ 1∶1.75	岩土交界面	降雨；风化；开挖覆盖层结构松散，透水性强

4.1.2　煤系土边坡加固措施

通过文献研究既有煤系土边坡加固措施，见表4-2。由表可知，煤系土边坡加固措施主要分为以下六种：

（1）抗滑桩：一般在设立抗滑桩时会将桩体底部设立在稳定岩层中，使桩体穿过滑坡面，阻碍滑坡体位移，防止出现滑坡等灾害发生。

（2）挡墙：挡墙对边坡的加固主要通过结构本身强度阻碍坡体滑动位移，挡墙结构断面、体积与重量也较大。

（3）排水：在坡顶以及坡面设置一定数量排水沟，同时在坡体内部设置一定数量排水渠道将坡体内部水排出，减小土体对加固设施的土压力。

（4）放坡：放缓边坡坡度以增加抗滑力，减小下滑力。

（5）框架梁：框架梁主要作用是对坡面进行防护，改善坡体表面受力状态，控制坡体表面位移与应变，一般在框架梁中间会种植绿化植被将两种防护措施进行组合应用，既避免坡面受到雨水、风化的作用又可美化边坡。

（6）锚杆/索：锚杆/索加固可有效解决边坡应力释放产生的坡面松弛、变形，且能在加固处对边坡的应力集中进行释放，减少边坡局部破坏。

煤系土边坡加固措施　　　　　　　　　　　表4-2

序号	所在省份	公路	边坡案例	加固措施
1	福建	泉南高速公路	K202+365 ~ K202+530	抗滑桩+锚索+削坡卸荷
2		某高速公路边坡	五级边坡	抗滑桩+H形桩+削坡卸荷+框架锚索+喷混凝土护面
3	湖南	某公路	同心桥滑坡	C形挡土墙+削坡+锚杆+人字形骨架
4	江西	昌栗高速公路	K213+528 ~ K213+650	放坡+削坡卸荷+挡墙（加排水孔）+抗滑桩
5	广东	京珠高速公路	小塘至甘塘段	锚固桩+施工时预加固、坡面浆砌石护坡或护面墙

序号	所在省份	公路	边坡案例	加固措施
6	四川	某段高路堑	三级边坡	削坡卸荷+上挡式截水沟
7	广东	华南某高速公路	—	抗滑桩+排水孔+锚索
8		水官高速	K13+320～K13+480左侧	旋挖抗滑桩+削坡卸荷+钢锚杆+锚索
9	—	某高速公路	—	抗滑桩+削坡卸荷+钢锚杆+锚索
10	—	某公路边坡	—	削坡卸荷+坡面截排水+绿化防护

综上可知，降雨、边坡、几何条件是煤系土边坡失稳的重要诱发因素。因此，下文将基于Comsol Multiphysics有限元软件分析不同降雨条件（降雨强度、降雨持续时间）和不同几何条件（坡高、坡度）对煤系土边坡稳定性的影响。此外，煤系土中含有重金属元素，易对锚固体形成腐蚀性，相较于普通钢制锚杆，FRP锚杆有拉伸性能好、密度小、耐腐蚀性能好、造价低等特点，故下文从基本力学性能、室内外试验及实际工程应用三个方面对比分析两类锚杆的力学性能及边坡实际加固效果。

4.2 降雨下煤系土边坡稳定性的影响

4.2.1 边坡模型

1.边坡模型与计算参数

图4-1为边坡模型概化及网格划分，边坡高24m，三级边坡，坡率为1∶1.25。考虑边界效应，模型向左右各延伸15m，向下延伸20m。黑色线内为分析区域，依据土质类型的不同，将模型分成两层土，分析区域中的曲线为分界线，分界线以下为粉质黏土，分界线以上为煤系

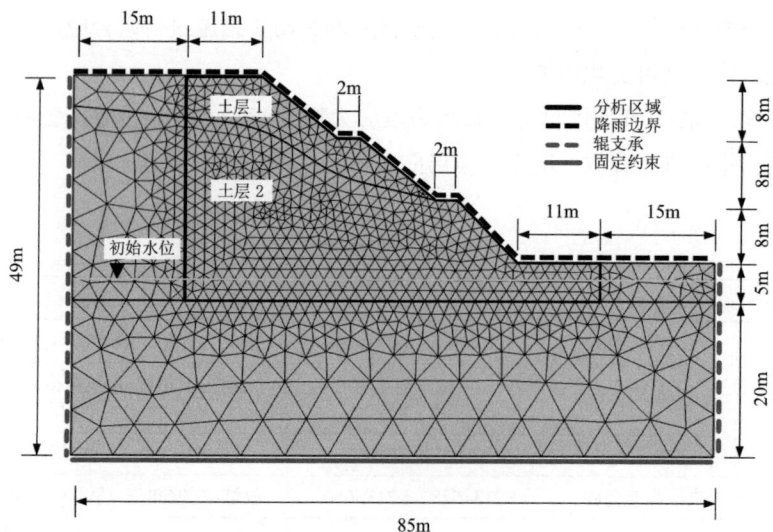

图4-1 边坡模型概化及网格划分

土。上部黑色虚线设置为降雨边界，在Comsol软件采用入口边界模拟降雨；两侧灰色虚线设置为辊支承，约束边坡两侧水平位移，只允许其发生竖向位移；模型底部灰色线设置为固定约束，约束底部的水平位移和竖向位移。初始水位设置在分析区域下部以上3m。采用自由三角形网格进行自定义网格划分，在降雨边界以及土层分界线处进行加密处理以提高计算精度。

模型中边坡土层力学参数参考相关地勘报告以及相关文献，如表4-3所示。

边坡土层力学参数　　　　　　　　　　　　　　　　　　　表4-3

特性参数	土层1（煤系土）	土层2（粉质黏土）
有效黏聚力c（kPa）	25.4	14.6
内摩擦角φ（°）	20	17.1
泊松比v	0.3	0.3
土体重力密度γ（kN/m³）	18.0	19.5
杨氏模量E_s（MPa）	5	10
渗透系数k（m/s）	1.99×10^{-7}	3.5×10^{-6}
饱和含水率θ_s	0.386	0.467
残余含水率θ_r	0.195	0.143
a（1/m）	2.58	25.48
n	1.151	1.487
m	0.131	0.321

2. 煤系土边坡稳定性分析工况设计

以降雨强度、降雨持续时间、坡度以及坡高四个指标来进行边坡渗流与稳定性分析，如表4-4所示。

边坡渗流与稳定性分析　　　　　　　　　　　　　　　　　表4-4

模拟工况	降雨强度（mm/h）	降雨持续时间（h）	坡度	坡高（m）
1	5	48	1：1.25	24
2	10	48	1：1.25	24
3	20	48	1：1.25	24
4	30	48	1：1.25	24
5	20	0	1：1.25	24
6	20	24	1：1.25	24
7	20	72	1：1.25	24
8	20	48	1：1.25	8
9	20	48	1：1.25	40
10	20	48	1：1.5	24
11	20	48	1：1.0	24

4.2.2　边坡稳定性影响因素分析

以下分别从降雨强度、降雨持续时间、坡度以及坡高四个方面对煤系土边坡稳定性展开研究，主要分析其渗流场、等效塑性应变云图以及安全系数变化。

1．降雨条件的影响

（1）降雨强度

1）渗流场分析

图4-2为4种降雨强度、降雨持续时间为48h下边坡饱和度分布云图。可知，降雨强度为5mm/h时边坡上层土体饱和度为0.9，随着降雨强度增加，其饱和度趋向于1，湿润锋向下延伸；下层土体因饱和含水率较小，故其表面在降雨强度5mm/h时已饱和，随着降雨强度增大，饱和土面积愈大。

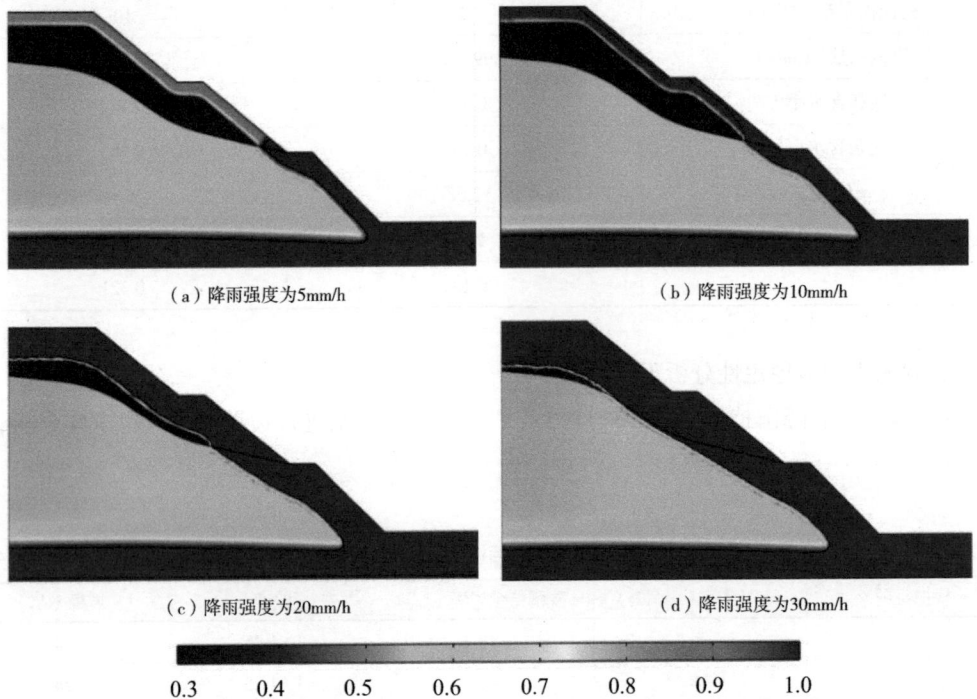

（a）降雨强度为5mm/h　　　　　　　　　　（b）降雨强度为10mm/h

（c）降雨强度为20mm/h　　　　　　　　　　（d）降雨强度为30mm/h

| 0.3 | 0.4 | 0.5 | 0.6 | 0.7 | 0.8 | 0.9 | 1.0 |

图 4-2　4 种降雨强度、降雨持续时间为 48h 下边坡饱和度分布云图

2）等效塑性应变云图

图4-3为4种降雨强度、降雨持续时间为48h下边坡等效塑性应变分布云图。可知，边坡等效塑性应变颜色随着降雨强度增大逐渐加深，其中坡脚处颜色最深，逐渐延伸至坡顶，说明边坡破坏模式为牵引式圆弧滑动，圆弧贯穿坡脚和坡顶，从而产生滑塌现象。当降雨强度为5mm/h、10mm/h时，边坡等效塑性应变较小（仅为1.5～2），最大等效塑性应变位于坡脚；但当降雨强度达到20mm/h时，等效塑性应变达到2.5～3，说明降雨强度达到一定程度时，稳定性显著降低。

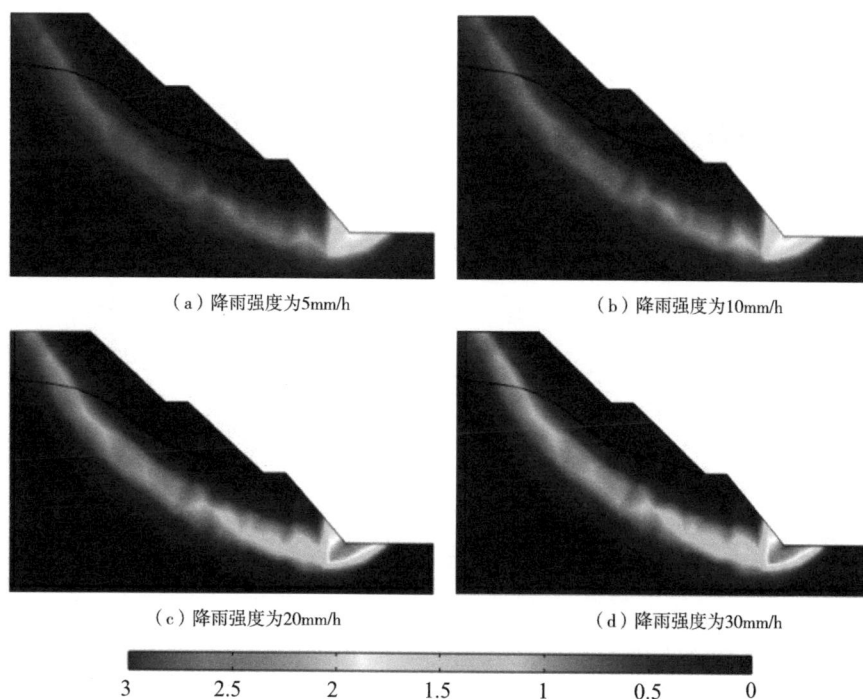

（a）降雨强度为5mm/h　　　　　　　　（b）降雨强度为10mm/h

（c）降雨强度为20mm/h　　　　　　　　（d）降雨强度为30mm/h

图4-3　4种降雨强度、降雨持续时间为48h下边坡等效塑性应变分布云图

3）边坡安全系数

图4-4为边坡安全系数与降雨强度关系图。可知，当降雨强度由5mm/h增加至30mm/h时，边坡安全系数从1.345下降至1.23，降幅为11.2%。当降雨强度小于10mm/h时，边坡安全系数变化较小，差值仅0.005；但当降雨强度由10mm/h变化为20mm/h时，边坡安全系数差值达0.095，说明较大降雨强度对边坡稳定性影响更大。

（2）降雨持续时间

1）渗流场分析

图4-5为降雨强度为20mm/h、4种降雨持续时间下边坡饱和度分布云图。可知，边坡上层土体初

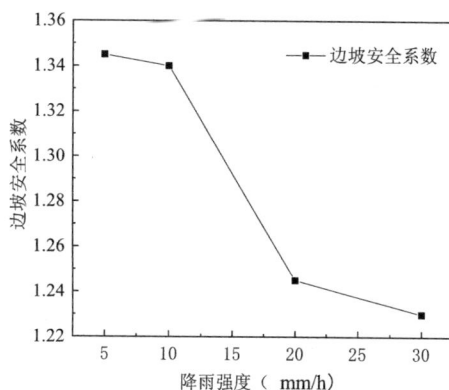

图4-4　边坡安全系数与降雨强度关系图

始饱和度为0.3，随着降雨持续时间增加，其饱和度不断变大；下层土体初始饱和度为0.55，同上层土体呈一样趋势，但由于其渗透系数小于上层土体，故其渗透速度小于上层土体。边坡入渗形式为随时间推移，湿润锋不断下降，由边坡的表面不断向内推进。

2）等效塑性应变云图

图4-6为降雨强度为20mm/h、4种降雨持续时间下边坡等效塑性应变分布云图。可知，降雨12h后，边坡等效塑性应变明显增加；降雨24h、48h、72h下边坡坡脚处等效塑性应变无较大

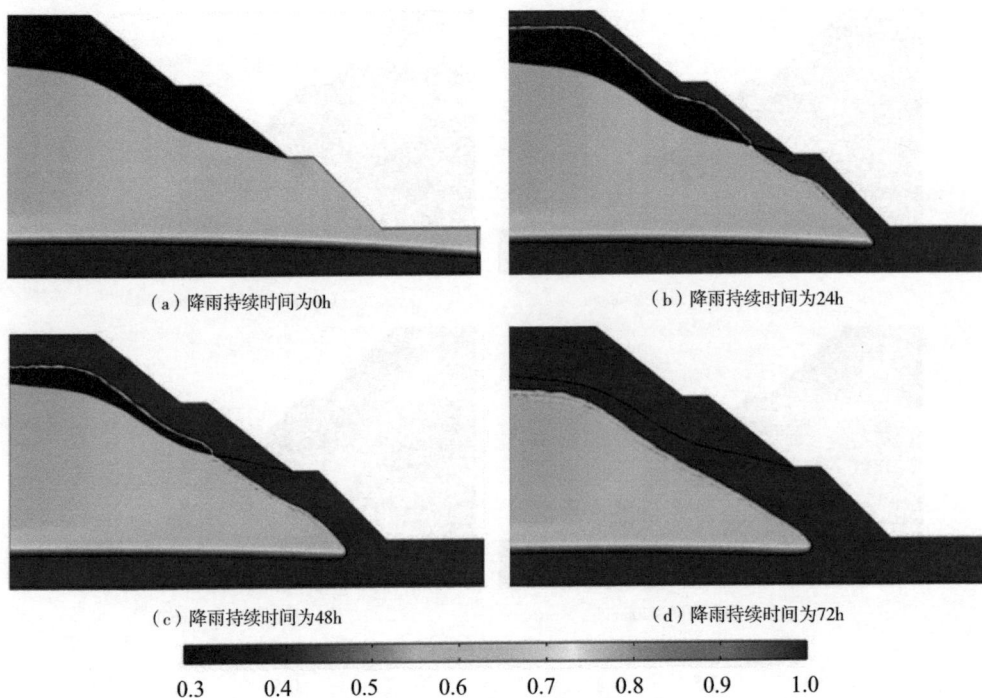

（a）降雨持续时间为0h　　　　　　　（b）降雨持续时间为24h

（c）降雨持续时间为48h　　　　　　　（d）降雨持续时间为72h

0.3　0.4　0.5　0.6　0.7　0.8　0.9　1.0

图 4-5　降雨强度为 20mm/h、4 种降雨持续时间下边坡饱和度分布云图

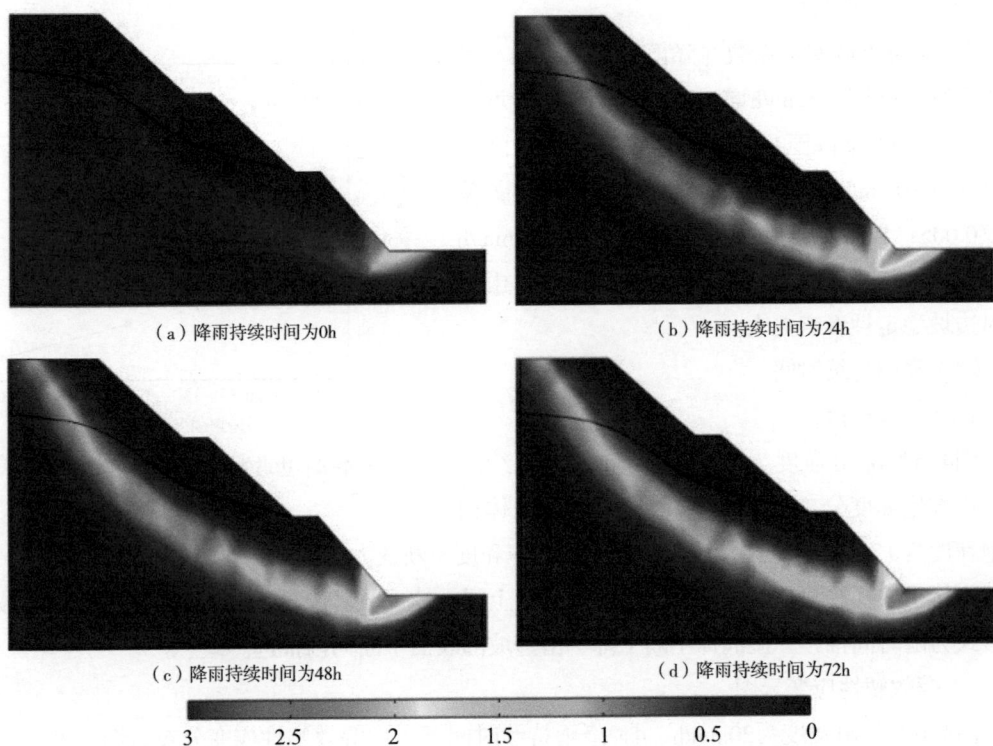

（a）降雨持续时间为0h　　　　　　　（b）降雨持续时间为24h

（c）降雨持续时间为48h　　　　　　　（d）降雨持续时间为72h

3　2.5　2　1.5　1　0.5　0

图 4-6　降雨强度为 20mm/h、4 种降雨持续时间下边坡等效塑性应变分布云图

改变，滑动面等效塑性应变明显增大，说明随降雨持时增加，边坡等效塑性应变颜色逐渐加深，其中坡脚处颜色最深，其滑动面颜色也逐渐加深，边坡破坏模式为顺层牵引式圆弧滑动，圆弧贯穿坡脚和坡顶，产生失稳现象。

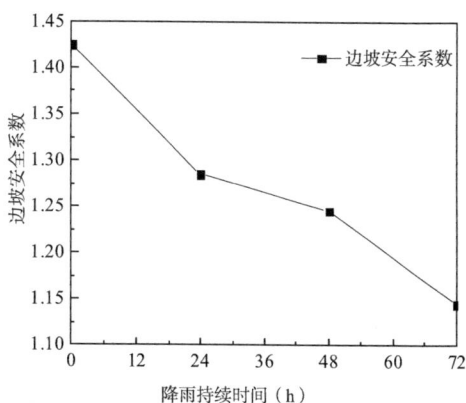

图 4-7　边坡安全系数与降雨持续时间关系图

　　3）边坡安全系数

　　图 4-7 为边坡安全系数与降雨持续时间关系图。可知，降雨持续时间从 0h 增加至 72h 时，边坡安全系数从 1.425 下降到 1.145，降幅为 19.6%。当降雨持续时间为 0～24h 时，边坡安全系数变化较大，差值为 0.18；当降雨持续时间为 24～72h 时，边坡安全系数差值为 0.1，说明降雨持续时间对于边坡安全系数影响较大。

　　2．几何条件的影响

　　（1）坡高

　　1）渗流场分析

　　图 4-8 为降雨强度为 20mm/h、降雨持续时间为 48h、2 种坡高下边坡饱和度分布云图。可知，渗透深度随坡高增大而小幅增加，坡高为 24m 时渗透深度为 3.7m，坡高为 40m 时渗透深度为 3.8m。因此，相同降雨条件下，坡高对饱和度影响不大，饱和度主要受降雨条件影响较大。

　　2）等效塑性应变云图

　　图 4-9 为降雨强度为 20mm/h、降雨持续时间为 48h、2 种坡高下边坡等效塑性应变分布云图。可知，滑动面等效塑性应变随边坡高度增加愈加明显，坡脚处颜色最深，滑动面颜色也逐渐加深，边坡破坏模式仍为顺层圆弧滑动。当边坡为五级边坡时，滑动面厚度相对三级边坡减小，减少了剪切强度受力面积，使边坡更易失稳。

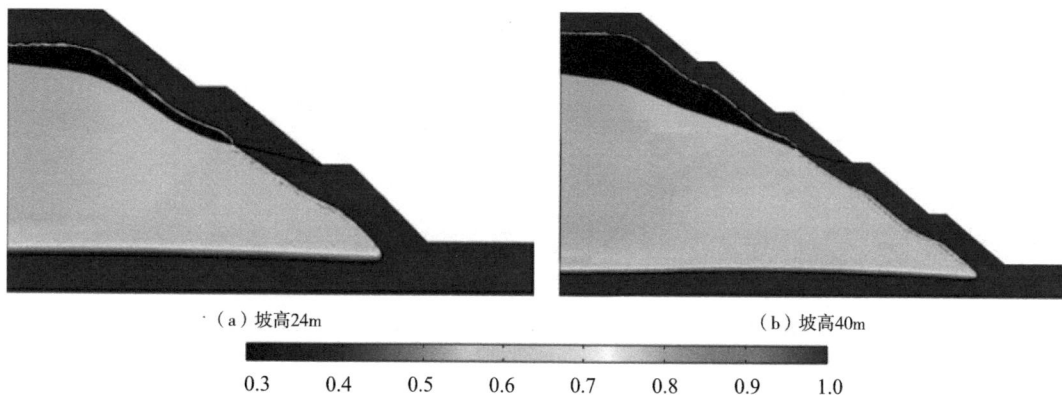

（a）坡高 24m　　　　　　　　　　　　　　（b）坡高 40m

0.3　　0.4　　0.5　　0.6　　0.7　　0.8　　0.9　　1.0

图 4-8　降雨强度为 20mm/h、降雨持续时间为 48h、2 种坡高下边坡饱和度分布云图

（a）坡高24m （b）坡高40m

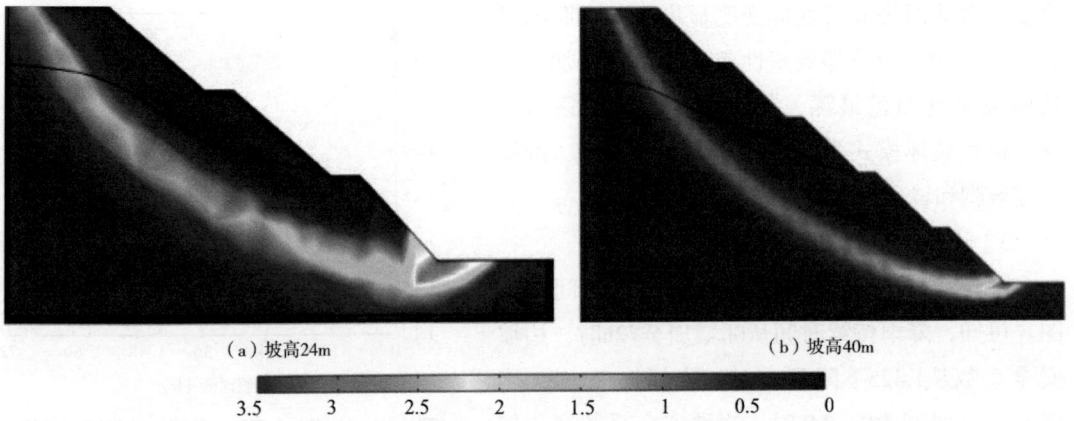

图 4-9 降雨强度为 20mm/h、降雨持续时间为 48h、2 种坡高下边坡等效塑性应变分布云图

3）边坡安全系数

图4-10边坡安全系数与坡高关系图。可知，边坡安全系数随边坡高度增大而减小。边坡高度从24m增加至40m时，边坡安全系数从1.245下降到1.075，降幅达13.7%，说明坡高对煤系土边坡稳定性影响很大。

（2）坡度

1）渗流场分析

图4-11为降雨强度为20mm/h、降雨持续时间为48h、2种坡度下边坡饱和度分布云图。可知，相同降雨条件下，边坡坡度对饱和度影响不大。

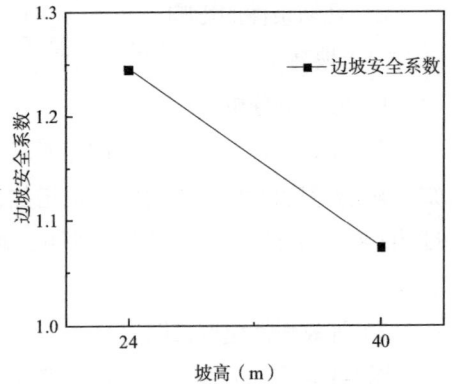

图 4-10 边坡安全系数与坡高关系图

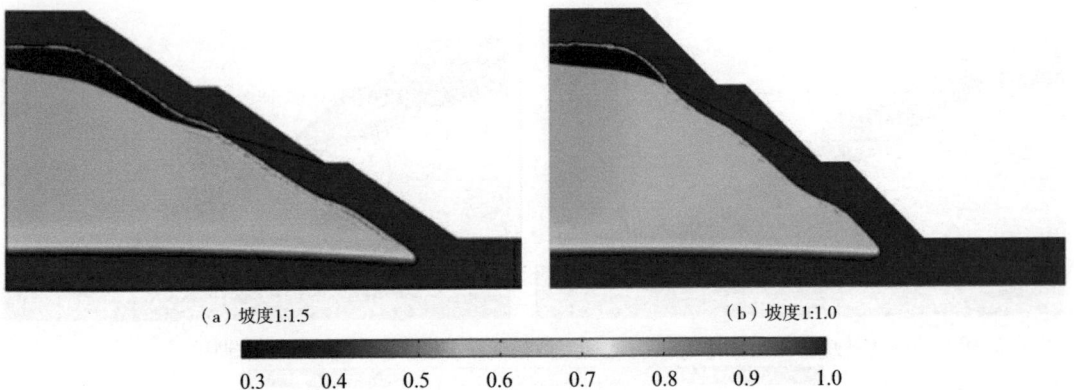

（a）坡度1:1.5 （b）坡度1:1.0

图 4-11 降雨强度为 20mm/h、降雨持续时间为 48h、2 种坡度下边坡饱和度分布云图

2）等效塑性应变云图

图4-12为降雨强度为20mm/h、降雨持续时间为48h、2种坡度下边坡等效塑性应变分布云图。可知，边坡等效塑性应变颜色随边坡坡度增加逐渐加深，坡脚处颜色最深，滑动面颜色也逐渐加深，边坡破坏模式仍为顺层圆弧滑动。

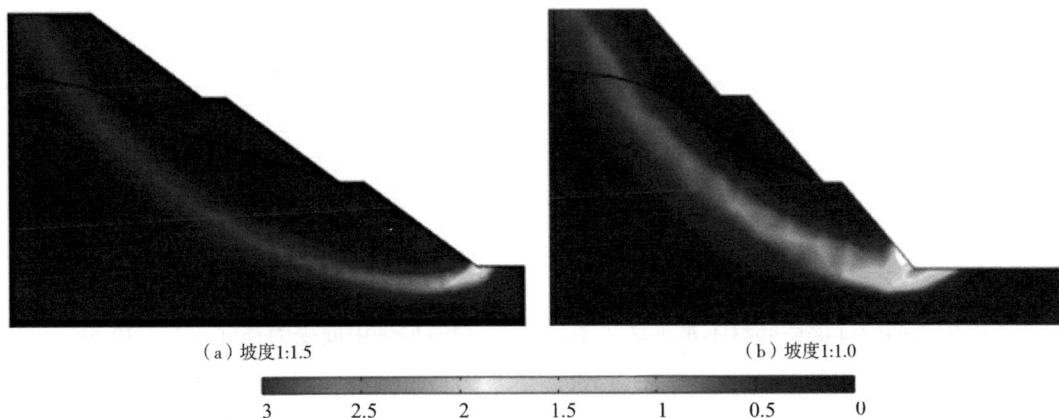

（a）坡度1:1.5　　　　　　　　　　　　（b）坡度1:1.0

图 4-12　降雨强度为 20mm/h、降雨持续时间为 48h、2 种坡度下边坡等效塑性应变分布云图

3）边坡安全系数

图4-13边坡安全系数与坡度关系图。可知，坡度从1:1.5增加至1:1.0，边坡安全系数从1.485下降到1.13，降幅达23.9%，说明坡度对煤系土边坡稳定性有较大影响。因此，设计时可适当减缓煤系土边坡坡率，如选用1:1.25作为坡度。

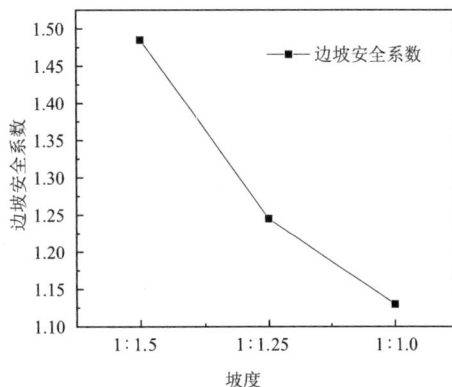

图 4-13　边坡安全系数与坡度关系图

4.3　FRP 筋锚固技术

4.3.1　FRP 筋基本力学性能

本节主要采用Φ22、Φ28两种规格，对HRB400钢筋、GFRP筋、BFRP筋三类筋材进行拉伸、剪切、蠕变、抗腐蚀性能试验（图4-14），力学性能试验工况如表4-5所示。

图 4-14　试验材料汇总

力学性能试验工况 　　　　表 4-5

试验类型	GFRP 筋		BFRP 筋		HRB400 钢筋	
	Φ22	Φ28	Φ22	Φ28	Φ22	Φ28
拉伸试验（根）	2	2	2	2	2	2
剪切试验（根）	2	2	2	2	—	—
蠕变试验（根）	3	3	3	3	3	3
抗腐蚀性能试验（根）	20	20	20	20	20	20
合计	27	27	27	27	25	25

1．拉伸试验

由于FRP筋[①]材料比较脆弱，抗剪强度低，若直接放置在万能试验机上进行试验，其夹具易将筋材夹坏而无法测定筋材真实抗拉强度。故采用胶粘剂将无缝钢管与筋材粘结在一起，利用无缝钢管的硬度保证筋材不被夹坏（图4-15），同时保证中间受力长度不小于30cm。无缝钢管内径大于筋材直径4～6mm，厚度为2mm，长度为15cm。胶粘剂采用618环氧树脂与593固化剂，调配比例为3∶1。FRP筋两端分别粘结无缝钢管，固化时间不小于24h。试验仪器采用WAW-1000D型电液伺服万能试验机，最大试验力为1000kN，夹持直径为Φ14～Φ45，拉伸实验万能试验机如图4-16所示。

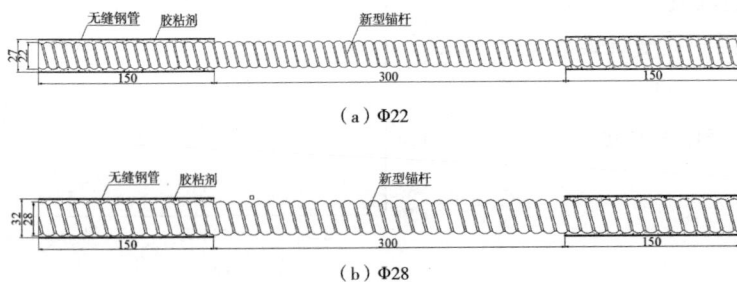

（a）Φ22

（b）Φ28

图 4-15　锚杆示意图

图 4-16　拉伸实验万能试验机

（1）拉伸强度与弹性模量

选择600mm长FRP筋与HRB400钢筋进行拉伸试验，每组两个平行试验。测试筋材的破坏荷载、极限强度、弹性模量、伸长率等基本力学指标，不同筋材拉伸性能检测结果见表4-6。

---

① FRP筋包括GFPR筋和BFRP筋。

不同筋材拉伸性能检测结果

表 4-6

筋材类型	直径（mm）	拉伸荷载（kN）	拉伸强度（MPa）	弹性模量（GPa）	延伸率（%）
GFRP筋	22	294.6	829.9	51	2.7
	28	550.1	932.4	49	3.2
BFRP筋	22	314.3	885.8	53	2.8
	28	594.4	1007.5	52	3.2
HRB400钢筋	22	247.6	652	210	18.0
	28	391.5	666	207	18.8

从表中可看出，随着筋材直径增大，两种FRP筋抗拉弹性模量值有所降低，其原因主要有两个方面：一方面，FRP筋弹性模量取决于其纤维含量，纤维越多，筋材弹性模量越高，但过多纤维会导致树脂基体不足，使筋材难以生产成型；另一方面，FRP筋由纤维和树脂集体复合而成，在生产制作过程中筋体不可避免产生些许缺陷，如个别部位复合不够紧密，而筋体力学性能取决于缺陷处，且缺陷处数量会随着筋体直径增加而增多，导致弹性模量下降。同样地，HRB400钢筋的弹性模量也随直径增大而减小。

在Φ22直径下，两种FRP筋的拉伸荷载约为HRB400钢筋的1.2倍，拉伸强度约为1.3倍。在Φ28直径下，两种FRP筋的拉伸荷载大约是HRB400钢筋的1.5倍，拉伸强度约为1.5倍。可见，同等直径下两种FRP筋的拉伸荷载与拉伸强度均比HRB400钢筋大1.2～1.5倍。但FRP筋弹性模量与延伸率分别仅为HRB400钢筋的1/4与1/6左右。

（2）破坏形态

两种FRP筋在破坏过程中，其荷载值基本呈直线上升，到加载后期，纤维开始慢慢脱离树脂，其中会发出一些响声；持续加载，响声逐渐增大，此时，筋体表面开始产生裂纹，且裂纹逐步扩大；继续加载，小部分纤维开始断裂，且持续增多，响声更大，最后"嘣"的一声巨响，筋材中部被拉断，其断裂为呈"劈裂"状。

本次试验FRP筋产生的破坏形式，如图4-17所示。

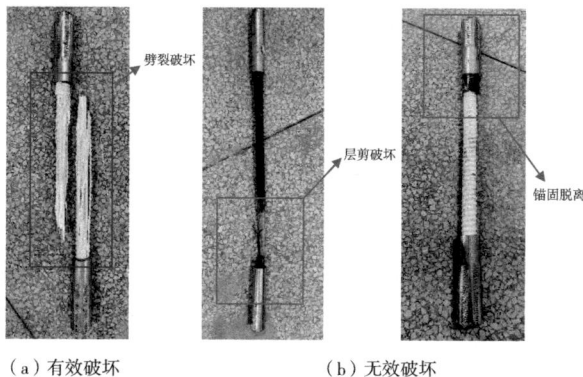

劈裂破坏

层剪破坏

锚固脱离

（a）有效破坏 （b）无效破坏

图 4-17 FRP 筋破坏形式

　　1）筋材纤维与树脂均被拉断，整个FRP筋破坏断面呈"劈裂"状破坏，属于有效破坏；

　　2）FRP筋端头由于压应力杆体脱离，小直径部分从大直径部分抽离出去，呈现出"层剪"破坏，属于无效破坏，应重新进行试验；

　　3）胶粘剂与套筒之间锚固脱离，FRP筋与胶粘剂整体被拉出，属于无效破坏，应重新进行试验。

　　（3）应力—应变关系曲线

　　FRP筋应力—应变关系曲线如图4-18所示。FRP筋应力与应变曲线基本呈一条斜线，应力与应变成正比，直至后期，才进入非线性。FRP筋为线弹性材料，没有钢筋所特有的屈服阶段、强化阶段、颈缩阶段。

　　2．剪切试验

　　筋材在边坡支护工程中主要受纵向拉伸荷载与横向剪切荷载为主，故需测试两种FRP筋的抗剪强度。将FRP筋切割成300mm长，然后放入双剪测试装置中，如图4-19所示，并将双剪测试装置放入万能试验机进行测试。逐渐加大荷载直到试件出现两个破坏面并被剪断。根据式（4-1）计算剪切强度：

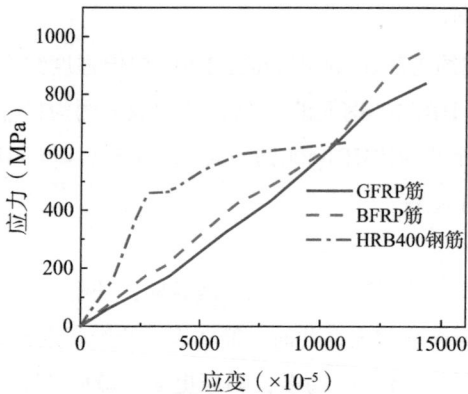

图4-18　FRP筋应力—应变关系曲线

图4-19　双剪测试装置

$$f_v = \frac{P}{2A} \tag{4-1}$$

式中　f_v——剪切强度（MPa）；

　　　　P——最大破坏荷载（N）；

　　　　A——试件横截面积（mm²）。

　　试验结果见表4-7所示。由于钢筋没有剪切强度定义，故本小节着重比较两种FRP筋的剪切强度。

FRP 筋抗剪试验结果 表 4-7

筋材类型	直径（mm）	剪切荷载（kN）	剪切强度（MPa）
GFRP筋	22	129.1	181.8
	28	203.2	172.2
BFRP筋	22	131.1	185.8
	28	206.2	174.7

在《土木工程用玻璃纤维增强筋》JG/T 406—2013中，要求GFRP筋的剪切强度$f_v \geqslant 110$MPa。由表4-7可知，两种FRP筋的剪切强度均大于170MPa，满足规范要求。而同直径下BFRP筋的剪切强度大于GFRP筋的剪切强度，说明玄武岩纤维筋剪切性能优于玻璃纤维筋。

3. 蠕变试验

目前对于蠕变试验主要有恒温变载法与恒温恒载法两种，以下采用恒温恒载法。FRP筋采用恒温恒载法得到的是恒温条件下不同应力水平的蠕变曲线，一般分为三个阶段：第一阶段为减速阶段，此阶段应变加快，但应变速率却处于持续下降状态；第二阶段为稳定阶段，在此阶段应变速率基本保持不变，持续时间较长，其时间的长短取决于应力水平的大小；第三阶段为破坏阶段，此阶段筋材在第二阶段长时间的损伤积累导致筋材蠕变断裂。但是若应力水平不大，并不一定出现第三阶段情况；相反，若应力水平较高，第二阶段持续时间将相应缩短从而进入第三阶段。

本次试验测试三种筋材在正常环境下，不同荷载施加应力情况下筋材蠕变规律。试验采用的仪器除上述万能试验机外，数据采集系统为武汉某公司生产的UT7130型号静态应变仪，如图4-20所示。另选用型号BFHT20-5AA-D-D150电阻应变计，电阻为120Ω，灵敏系数为2.0±1%。

选取如表4-8与表4-9所示应力水平，采用1/4桥接法在试样中部粘贴2个电阻应变片，进行100h的蠕变试验。不同应力水平下不同筋材、不同直径的蠕变曲线如图4-21所示。

图 4-20 静态应变仪

蠕变试验方案 表 4-8

指标	直径（mm）					
	22			28		
荷载（kN）	150	170	190	240	280	320
应力（MPa）	395	447	500	390	455	520

应力水平占比（%）   表4-9

指标	直径（mm）					
	22			28		
应力（MPa）	395	447	500	390	455	520
GFRP筋	47.6	53.9	60.2	41.8	48.8	55.8
BFRP筋	44.0	50.5	56.4	38.7	45.2	51.6
HRB400钢筋	65.8	74.5	83.3	65.0	75.8	86.7

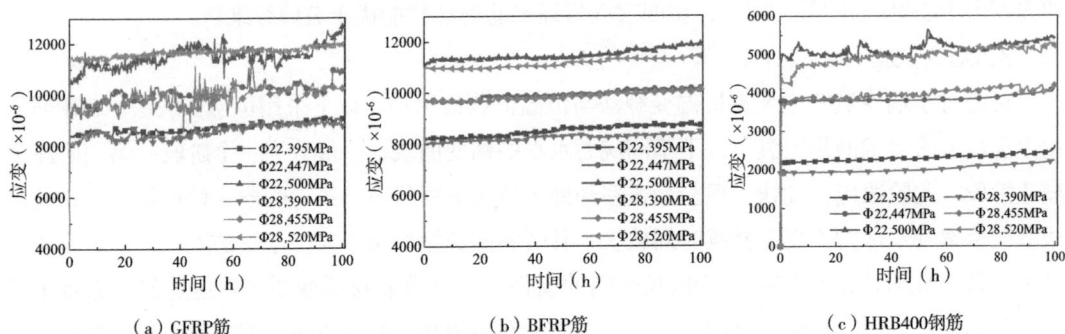

（a）GFRP筋   （b）BFRP筋   （c）HRB400钢筋

图4-21 不同直径、应力水平下不同筋材的蠕变曲线

如图4-21所示，FRP筋在经历100h的蠕变试验后，在不同直径、应力水平下的蠕变曲线基本上一致，由于应力水平未达到第三阶段所需荷载，并未出现第三阶段。FRP筋在10h后基本呈现一条直线趋势，因此，0～10h区间为减速阶段，其蠕变速率逐渐减小；10～100h进入稳定阶段，此阶段蠕变速率基本稳定，无较大波动。而HRB400钢筋蠕变曲线可以分为两种类型，第一种类型为应力水平大于屈服强度，第二种类型为应力水平小于屈服强度。当HRB400钢筋处于第一种类型时，其蠕变曲线相对较陡，表明其蠕变速率更大；当HRB400钢筋处于第二种类型时，其蠕变曲线基本呈缓慢上升趋势，类似FRP筋的稳定阶段。

相比较两种FRP筋与HRB400钢筋，可以看出，在同等应力水平下，HRB400钢筋的应变远小于FRP筋，原因为其弹性模量远大于FRP筋。

4．抗腐蚀性能试验

在边坡加固工程中，常常由于锚杆暴露氧化以及土中水、降雨等其他因素，致使钢制锚杆锈蚀等问题，严重影响钢制锚杆的正常使用。将三种筋材分别浸置于盐酸、氢氧化钠和氯化钠溶液中，进行耐久性试验，研究酸、碱和盐环境对筋材力学性能的影响。

（1）试验方法

采用的酸溶液为pH=2、pH=4的HCl溶液，碱溶液为pH=12、pH=14的NaOH溶液，盐溶液为NaCl饱和溶液进行试验。其试验步骤如下：

1）将试件切割成长度为600mm与300mm的杆体，并测量试件初始重量、直径。

2）将试件分别浸泡在5种腐蚀溶液中盖盖密封。浸泡时间为30d、60d、90d、120d，每一组6根600mm长试件、6根300mm短试件。

3）龄期到期后，将试件取出擦干，测量饱和质量与直径并记录。再用清水将试件表面附着溶液清洗干净，并放置在干燥处，待其干燥后再次测量试件重量与直径。

4）对试件进行拉伸试验与剪切试验，测试其拉伸强度、弹性模量、延伸率、剪切强度等力学指标。

（2）外观

将三种筋材用5种腐蚀溶液浸泡，其腐蚀前后照片对比见表4-10。HRB400钢筋在经过酸碱盐腐蚀溶液浸泡前后外观变化不太明显，但在风干过程中接触空气，锈蚀现象显著，其中酸性溶液浸泡过的HRB400钢筋锈蚀现象最为严重。GFRP筋在盐、酸性溶液浸泡下部分显黄色，可能是因为沾染上钢筋表面的铁锈，其余外观无明显差别。在碱性环境下颜色越显白色。BFRP筋在酸、碱、盐溶液浸泡前后外观基本无差别。浸泡前后BFRP筋颜色均为黑色，但BFRP筋在60d及以上龄期、碱性环境下出现筋材表面树脂纤维剥落现象。

因此，从外观上看碱性环境对两种FRP筋腐蚀性较强，盐、酸性环境次之。HRB400钢筋呈相反趋势。同种浸泡溶液中，由于试件具体尺寸没有明显变化，说明无论哪种高浓度溶液均未对筋材造成大的外观损伤。

（3）质量

将不同浸泡时间的筋材质量变化列于表4-11中，以长600mm、直径22mm的筋材为例进行称量求取质量变化。筋材经过溶液的浸泡，溶液中的腐蚀性介质通过材料表面渗入从而使筋材重量增加，因此，吸液率可以看作腐蚀性介质向材料内部渗透、扩散、腐蚀的一种表现。

由表可知，FRP筋在碱性环境下吸液率最高，GFRP筋与BFRP筋吸液率最大值分别达到2.04%和2.40%。说明在碱性环境下两种FRP筋最易被腐蚀，高浓度酸性环境次之，其次是盐、低浓度酸性环境。HRB400钢筋虽然吸液率不高，但如果暴露在空气中，钢筋会迅速产生锈蚀现象，导致钢筋拉伸强度等力学指标下降。

筋材腐蚀前后照片对比　　　　　　　　　　表 4-10

龄期（d）	NaCl 溶液	pH=2	pH=4	pH=12	pH=14
0					

续表

龄期（d）	NaCl 溶液	pH=2	pH=4	pH=12	pH=14
30					
60					
90					
120					

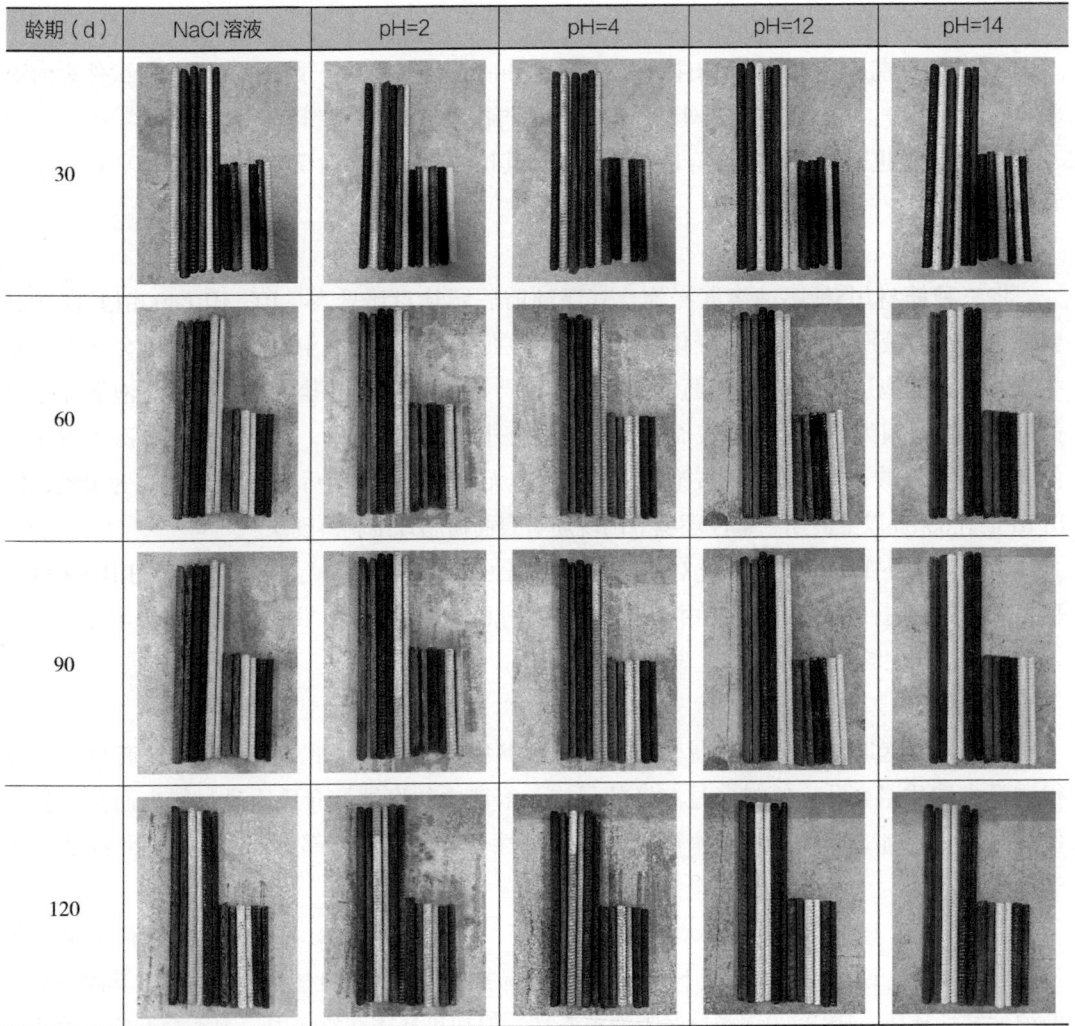

筋材质量变化   表 4-11

溶液	浓度	龄期（d）	GFRP 筋		BFRP 筋		HRB400 钢筋	
			吸液质量（g）	吸液率（%）	吸液质量（g）	吸液率（%）	吸液质量（g）	吸液率（%）
NaCl	饱和	30	1.1	0.16	0.8	0.13	1.7	0.06
		60	1.4	0.21	1.9	0.30	3.1	0.11
		90	2.4	0.35	2.0	0.31	1.5	0.05
		120	2.3	0.34	3.9	0.61	1.2	0.04
HCl	pH=2	30	1.9	0.28	1.3	0.20	2.4	0.09
		60	2.8	0.41	1.9	0.29	2.6	0.09
		90	3.5	0.52	3.9	0.60	3.2	0.12
		120	5.2	0.78	5.3	0.84	3.6	0.13

续表

溶液	浓度	龄期（d）	GFRP 筋		BFRP 筋		HRB400 钢筋	
			吸液质量（g）	吸液率（%）	吸液质量（g）	吸液率（%）	吸液质量（g）	吸液率（%）
HCl	pH=4	30	0.4	0.06	0.5	0.08	1.9	0.07
		60	1.9	0.28	1.6	0.25	0.7	0.03
		90	3.0	0.44	3.1	0.49	3.0	0.11
		120	5.3	0.77	4.4	0.69	2.5	0.09
NaOH	pH=12	30	2.2	0.32	5.9	0.93	0.1	0.00
		60	3.3	0.48	7.1	1.10	0.7	0.02
		90	4.0	0.59	7.4	1.15	0.2	0.01
		120	5.5	0.81	9.2	1.43	0.9	0.03
	pH=14	30	4.7	0.69	7.3	1.13	0.6	0.02
		60	7.6	1.10	9.6	1.48	1.7	0.06
		90	7.1	1.05	12.1	1.84	0.9	0.03
		120	13.9	2.04	15.3	2.40	0.9	0.03

（4）力学指标

1）拉伸强度

腐蚀后的筋材拉伸强度与龄期关系图如图4-22所示。可知，浸泡在HCl溶液中的FRP筋在前60d最大降幅达到7.2%，且酸性越强下降越快；后60d呈现上升趋势，对比未腐蚀FRP筋，120d的拉伸强度基本不变。原因可能是由于前期玻璃纤维、玄武岩纤维与酸性溶液发生化学反应使强度降低，一段时间后化学反应达到平衡状态，新化合物及胶体在液体环境中有较强浸润能力，一定程度上补充了材料强度。而HRB400钢筋在HCl溶液中基本呈下降趋势，随酸性浓度增加、龄期增大，其降幅也逐渐增大，最大降幅达到4.7%。故FRP筋在酸性环境中保持了良好的拉伸性能，而HRB400钢筋有所下降。

浸泡在NaOH溶液中三类筋材，随腐蚀龄期增加，拉伸强度均呈下降趋势，碱性越强，降幅越大，GFRP、BFRP以及HRB400钢筋强度保持率分别为96.2%、95.2%、95.0%。可见，FRP筋在酸性环境中耐腐蚀性能优于碱性，且碱性环境仍保持良好的耐腐蚀性能。

浸泡在NaCl溶液中的FRP筋，拉伸强度变化不大，故认为氯离子环境对FRP筋基本无影响。HRB400钢筋拉伸强度无较大跳动，但其屈服强度呈现下降趋势。

2）弹性模量

腐蚀后的筋材弹性模量与龄期关系图如图4-23所示。可知，FRP筋在NaOH、NaCl溶液中浸泡后，弹性模量基本不变。HCl溶液中FRP筋弹性模量不仅未减小，反而略微增大。浸泡后期，FRP筋弹性模量约为50GPa，与未腐蚀FRP筋相差不大。其原因可能是FRP筋由树脂与增强纤维复合产生，树脂与增强纤维复合情况决定FRP筋弹性模量。腐蚀初期，FRP筋外围树脂保护层首先受到腐蚀，内部增强纤维未受到腐蚀，而增强纤维弹性模量远大于树脂，因此，出

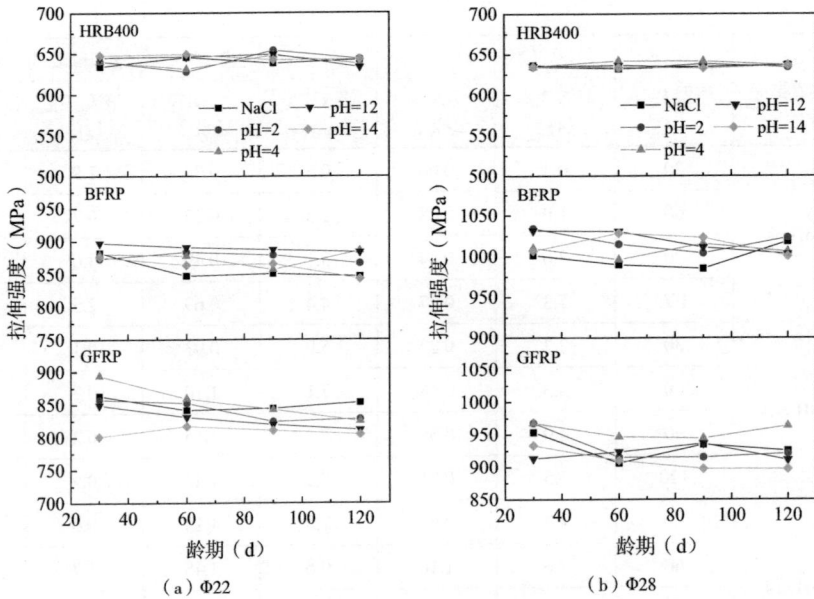

图 4-22 筋材拉伸强度与龄期关系图

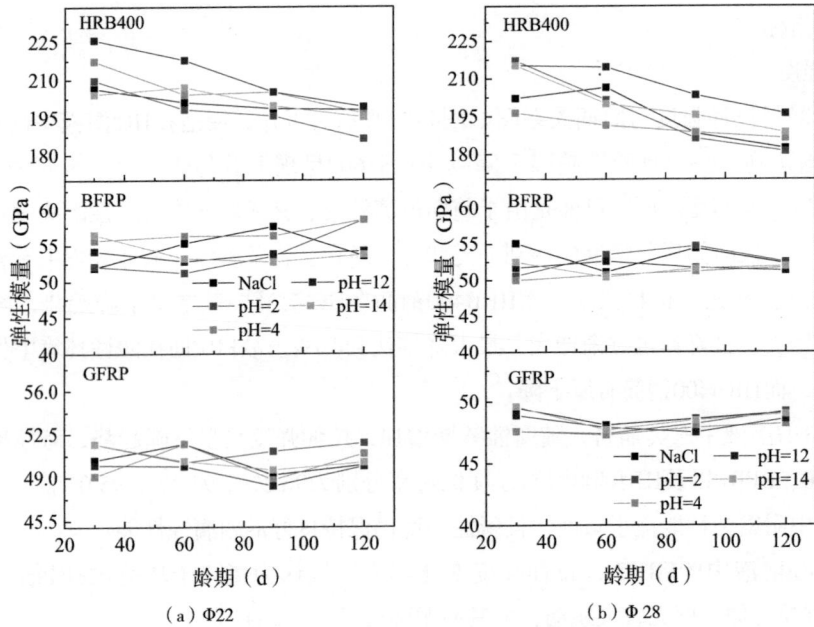

图 4-23 筋材弹性模量与龄期关系图

现FRP筋弹性模量增大现象。三种溶液中HRB400钢筋弹性模量均存在不同程度下降，其中，pH=2的HCl溶液中HRB400钢筋弹性模量降幅最大，达到12.5%。

3）剪切强度

腐蚀后的筋材剪切强度与龄期关系图如图4-24所示。可知，NaCl溶液中筋材剪切强度浸

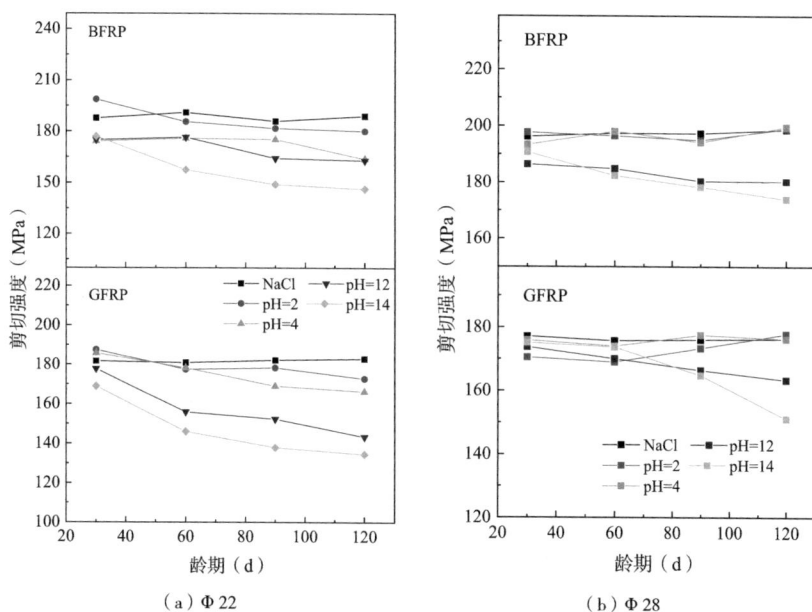

图 4-24　筋材剪切强度与龄期关系图

泡前后基本一致，而NaOH、HCl溶液中筋材均随龄期增长而下降。其中，碱性环境下降幅最大，且碱性越大，剪切强度越小。pH=14的NaOH溶液中GFRP、BFRP筋剪切强度分别下降了19.7%、21.3%，说明GFRP筋在碱性环境中耐腐蚀性优于BFRP筋。

综上所述，酸性溶液中FRP筋拉伸强度基本不变，弹性模量微小幅度提升，剪切强度略微下降；碱性溶液中FRP筋拉伸强度小幅下降，弹性模量基本不变，剪切强度下降约20%；NaCl溶液中FRP筋拉伸强度、弹性模量和剪切强度基本不变，说明盐性环境基本不影响FRP筋力学性能。相较于HRB400钢筋，FRP筋在酸、碱和盐性环境中均保持良好力学性能，具有优良耐腐蚀性，适用于腐蚀性环境。

4.3.2　FRP 筋锚杆拉拔试验

1. 室内拉拔试验

本小节采用室内锚杆拉拔模型试验，引入正交设计法，通过改变锚杆类型、上覆荷载、煤系土含水率、压实度，讨论FRP锚杆代替HRB400锚杆的可行性。

（1）试验准备

采取在预制锚杆表面与混凝土表面粘贴应变片测定锚杆在受力过程中各点应变，换算得出各点应力。试验选用长度1.6m，直径22mm的3种锚杆，其顶端留有0.4m以安装反力支撑圆环、千斤顶、拉拔仪夹具。锚固方式采用全长粘结式，锚固段长度为1.2m。锚杆制作过程如下：

1）为使单因素变量对比更清晰，统一粘贴在锚杆及灌浆体表面应变片位置。将应变片按照一定位置粘贴在锚杆上并固定导线，图4-25为应变片布置图。

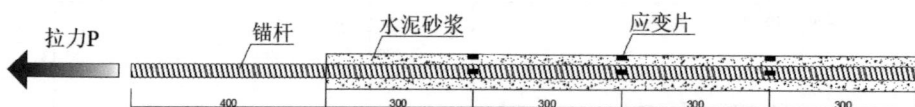

图4-25 应变片布置图

2）为方便脱模，将内径70mm，壁厚2.5mm，长1.2mPVC管对半割开，内部刷少量油，再以铁丝与防水胶布进行粘合作为模具。将贴好应变片的锚杆放入PVC管内固定，灌入水泥砂浆、振捣，防止产生多余空隙。为控制其他变量，水泥砂浆按照现场同材料、同配比配置，水泥采用42.5级普通硅酸盐水泥，水泥∶砂∶水=1∶1.5∶0.5。24h后拆模并养护28d（图4-26），养护期间及时洒水防止灌浆体开裂。

3）采用先钻孔后注浆施工顺序，使水泥砂浆与周围煤系土互相粘结形成不规则且粗糙状态，使锚杆、灌浆体、煤系土三者相互粘结稳定。若直接将脱模养护完成的灌浆体用于拉拔试验，会致使灌浆体与煤系土间黏聚力明显过弱。为防止此类问题出现，在拆掉模具之后，在灌浆体表面涂抹更高强度的水泥砂浆（52.5级水泥∶砂∶水∶界面剂=1∶1.3∶0.4∶0.15）进行造毛处理。

试验装置由模型箱、拉拔仪、静态应变仪、应变片、拉拔仪夹具、反力支撑圆环以及百分表组成（图4-27）。其中，静态应变仪、应变片与蠕变试验相同。模型箱选用10mm厚钢板制成，根据弹性力学理论，若中心力位置距离模型箱边缘距离大于5倍孔径，可忽略边界效应。故模型箱尺寸设计为长×宽×高=1300mm×500mm×500mm，并在模型箱前端中心钻孔，孔径为80mm。拉拔仪选用朗睿LR-30T（数显型）锚杆拉拔仪，最大拉拔力为300kN，最大拉拔行程为80mm。

（2）试验步骤

室内拉拔试验按照以下步骤进行（图4-28）：

1）将提前配好含水率的煤系土按照相应压实度分层夯实至模型箱圆孔位置，并放置锚杆

图4-26 灌浆体成型

（a）拉拔仪   （b）反力支撑圆环

图4-27 试验装置

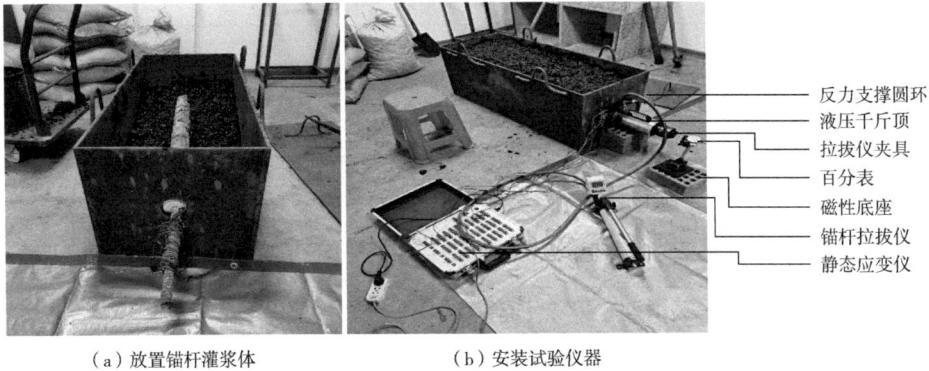

（a）放置锚杆灌浆体　　　　　　（b）安装试验仪器

图 4-28　拉拔试验步骤

灌浆体，然后继续分层夯实煤系土至模型箱顶部。其中，按照控制体积不变，改变填入模型箱煤系土质量来控制压实度。

2）模型箱填满后，在土体表面放置略小于模型箱长宽的钢板，并在钢板上放置相应质量块，以满足土体上覆荷载要求。

3）将反力支撑圆环、液压千斤顶、拉拔仪夹具按顺序套进锚杆端部，安放完成后安装百分表，用磁性底座固定在地板上。

4）将应变片连接到 UT7130 型号静态应变仪，并用武汉优泰静态应变采集系统平衡采集点。

5）通过拉拔仪加压，进行快速拉拔试验，并记录拉拔荷载、百分表位移以及各测点应变。

试验结束情形包括：杆体劈裂或者断裂破坏；锚杆与灌浆体脱离；锚杆灌浆体与煤系土位移大于百分表量程。

（3）方案设计

采用 Design-Eepert 软件进行等水平正交试验方案设计，因素包括：压实度代号为 A、含水率代号为 B、上覆荷载代号为 C、锚杆类型代号为 D，均为 3 水平影响因素，试验工况如表 4-12 所示。拉拔试验正交试验设计方案如表 4-13 所示。

试验工况　　　　　　　　　　　　　　　　　　　　表 4-12

因素	水平		
A：压实度（%）	80	85	90
B：含水率（%）	9	12	15
C：上覆荷载（kPa）	0	5	7.5
D：锚杆类型	HRB400	GFRP	BFRP

拉拔试验正交试验设计方案

表 4-13

次数	A：压实度（%）	B：含水率（%）	C：上覆荷载（kPa）	D：锚杆类型	拉拔荷载（kN）
1	80	9	0	BFRP	5.16
2	80	9	7.5	BFRP	6.04
3	80	9	7.5	HRB400	5.93
4	80	9	5	GFRP	5.60
5	80	9	0	GFRP	5.18
6	80	12	0	GFRP	6.05
7	80	12	0	HRB400	5.84
8	80	12	5	HRB400	6.84
9	80	12	7.5	GFRP	7.03
10	80	12	5	BFRP	6.58
11	80	12	7.5	BFRP	7.16
12	80	15	0	BFRP	4.94
13	80	15	5	HRB400	5.47
14	80	15	7.5	GFRP	5.77
15	85	9	0	GFRP	5.35
16	85	9	5	BFRP	5.76
17	85	9	5	HRB400	5.54
18	85	9	0	HRB400	5.39
19	85	9	7.5	GFRP	6.20
20	85	9	7.5	BFRP	6.13
21	85	12	0	BFRP	6.22
22	85	12	5	GFRP	6.80
23	85	12	7.5	GFRP	7.11
24	85	12	7.5	HRB400	6.98
25	85	15	0	GFRP	5.51
26	85	15	7.5	HRB400	6.02
27	85	15	5	BFRP	5.87
28	90	9	0	HRB400	5.51
29	90	9	0	BFRP	5.44
30	90	9	5	BFRP	5.77
31	90	9	7.5	GFRP	6.01
32	90	12	5	HRB400	7.20
33	90	12	7.5	HRB400	7.80
34	90	12	7.5	BFRP	7.69
35	90	12	0	GFRP	6.70

次数	A：压实度（%）	B：含水率（%）	C：上覆荷载（kPa）	D：锚杆类型	拉拔荷载（kN）
36	90	15	0	HRB400	5.78
37	90	15	5	GFRP	6.38
38	90	15	7.5	BFRP	6.63

（4）方差分析

拉拔荷载方差分析如表4-14所示。可知，压实度（A）、含水率（B）、上覆荷载（C）3个因素对拉拔荷载影响均极其显著，而锚杆类型（D）对拉拔荷载影响不显著。4个因素对拉拔荷载的影响次序为：B＞C＞A＞D。

拉拔荷载方差分析　表4-14

方差来源	平方和	自由度	均方和	F 值	检验 p 值	显著性
模型	15.20	8	1.90	36.23	＜0.0001	极其显著
压实度（A）	1.04	2	0.52	9.88	0.0005	极其显著
含水率（B）	8.19	2	4.10	78.07	＜0.0001	极其显著
上覆荷载（C）	4.55	2	2.28	43.39	＜0.0001	极其显著
锚杆类型（D）	0.043	2	0.021	0.41	0.6702	不显著
残差	1.52	29	0.052	—	—	—
总值	16.72	37	—	—	—	—

（5）敏感性分析

1）单因素参数敏感性分析

改变一个因素变量，另外三个变量取均值，单因素试验结果如图4-29所示。可知，控制压实度A时，压实度对锚杆拉拔荷载具有增强作用，基本呈一条斜直线。上覆荷载C呈现与压实度A相同规律，但斜直线斜率更大，说明因素C比因素A影响显著。

控制含水率B时，煤系土保持最佳含水率左右时，拉拔效果最明显，锚杆支护效果较好。当含水率从9%增加到12%时，拉拔荷载从5.733kN增长到6.751kN，增幅为17.76%，当含水率从12%增加到15%时，拉拔荷载从6.751kN减少到5.843kN，降幅达13.45%。可见，含水率对煤系土边坡的锚杆拉拔荷载影响较大。

改变锚杆类型时，FRP锚杆支护效果优于HRB400锚杆，说明FRP锚杆可代替HRB400钢制锚杆支护煤系土边坡。

2）双因素交互作用分析

A、B、C、D四个因素间存在交互作用，且双因素间交互作用对拉拔荷载影响显著性不同，拉拔荷载方差分析如表4-15所示。可知，A、B双因素对拉拔荷载影响一般显著，其余因素交互作用对拉拔荷载影响并不明显，荷载随两因素变化不敏感。

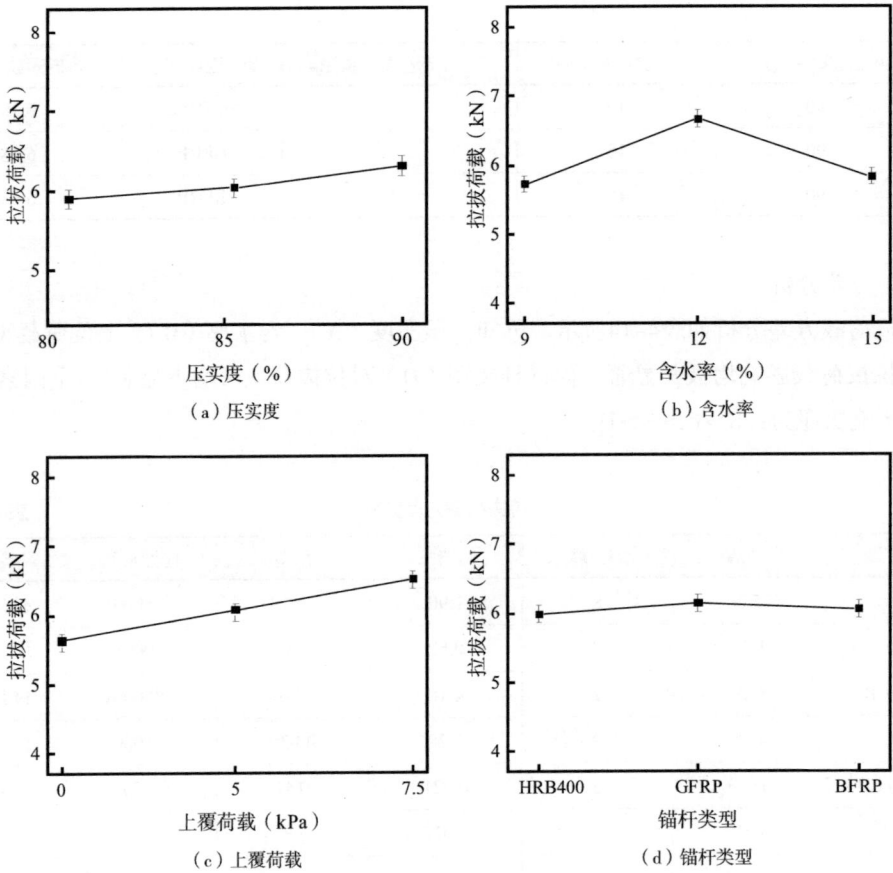

图4-29　单因素试验结果

拉拔荷载方差分析　　　　　　　　　　　　　　　　表4-15

方差来源	平方和	自由度	均方和	F值	检验p值	显著性
A、B	0.37	4	0.093	1.20	0.4139	一般显著
A、C	0.28	4	0.070	0.90	0.5261	不显著
A、D	0.065	4	0.016	0.21	0.9227	不显著
B、C	0.16	4	0.039	0.51	0.7345	不显著
B、D	0.10	4	0.025	0.33	0.8494	不显著
C、D	0.12	4	0.030	0.38	0.8143	不显著

（6）荷载—位移曲线

试验均为灌浆体与煤系土间相对滑移破坏，由于锚杆与灌浆体间相对位移基本为0，因此，采用锚杆端头百分表数值代表锚杆体位移，由此绘制荷载—位移曲线。采取统一编号：AxxBxxCxxDx，其中，字母A代表压实度，B代表含水率，C代表上覆荷载，xx代表对应的数值，D代表锚杆类型，x代表对应的符号：GFRP（G）、BFRP（B）、HRB400（H）。

选取6组代表性工况以作对比分析，6个工况分别为：A80B09C0.0DB、A80B09C0.0DG、A90B12C7.5DH、A90B12C7.5DB、A80B15C5.0DH、A90B15C5.0DG，其荷载—位移曲线如图4-30所示。

可见，不同压实度、不同含水率、不同上覆荷载以及不同锚杆类型的荷载—位移曲线均呈现一致趋势。位移0～3mm期间，拉拔荷载增长最多，增幅达到90%以上，说明此时锚杆灌浆体与煤系土之间第二界面基本未发生相对位移。随拉拔荷载增加，位移3mm后，曲线斜率变缓且趋向为0，说明此时锚杆灌浆体与煤系土间开始滑动。拉拔试验后期，拉拔荷载数值基本不变，位移急剧增大，曲线基本呈一条水平线，此时锚杆灌浆体产生滑动破坏。

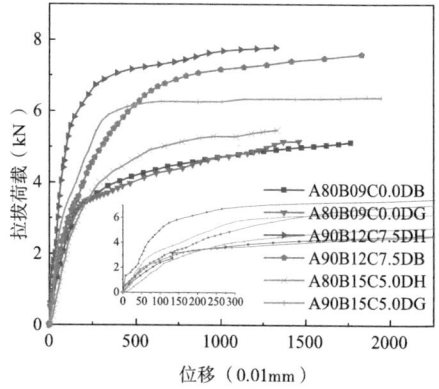

图 4-30　室内拉拔荷载—位移曲线

HRB400锚杆在高压实度、近最优含水率时，拉拔荷载大于FRP锚杆，仅相差1.4%，但位移却小较多，原因可能是HRB400锚杆弹性模量远大于FRP锚杆且灌浆体表面造毛形态不同。低压实度、远最优含水率时，HRB400锚杆拉拔荷载有所下降，且低于FRP锚杆，结合多雨、钢制锚杆易锈蚀，可认为FRP锚杆相比钢制锚杆更适用于煤系土边坡支护。

（7）荷载—应变曲线

对锚杆及锚杆灌浆体上应变片进行编号，锚杆上应变片从锚杆自由端到锚固端的应变片依次为Y1～Y3；灌浆体上从锚杆自由端开始应变片依次为Y4～Y6。6种工况的应变—荷载曲线如图4-31～图4-36所示。

由图可知，相较于HRB400锚杆，FRP锚杆相对应变值偏大，且沿锚杆轴向应变值衰减更快。如A90B15C5.0DG荷载为6.38kN时，Y1为676με，Y2为51με，仅为Y1的7.5%；A90B12C7.5DB荷载为7.68kN时，Y1为805με，Y2为75με，仅为Y1的9.3%。产生此现象是由于FRP锚杆弹性模量远小于HRB400锚杆。

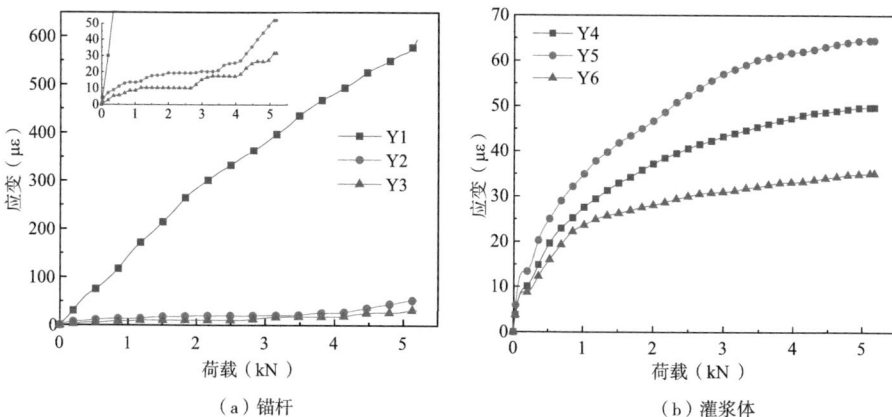

（a）锚杆　　　　　　　　　　（b）灌浆体

图 4-31　A80B09C0.0DB 应变—荷载曲线

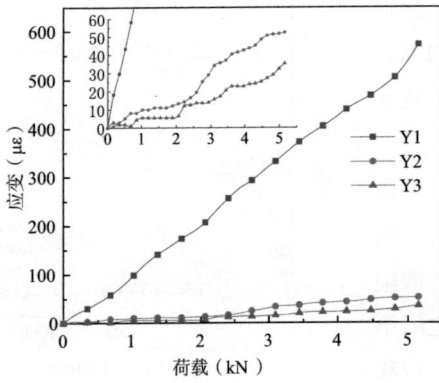
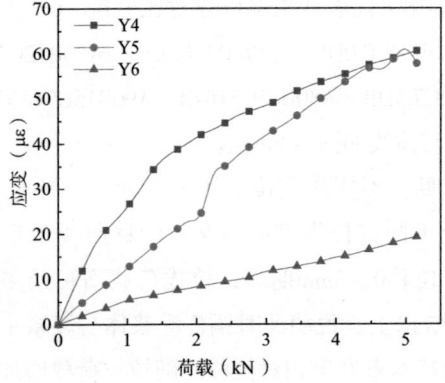

（a）锚杆   （b）灌浆体

图 4-32　A80B09C0.0DG 应变—荷载曲线

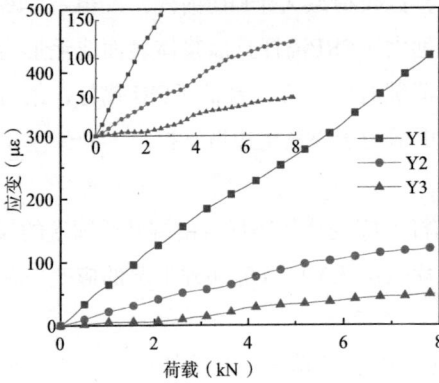
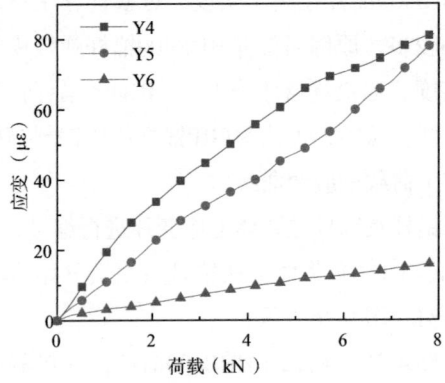

（a）锚杆   （b）灌浆体

图 4-33　A90B12C7.5DH 应变—荷载曲线

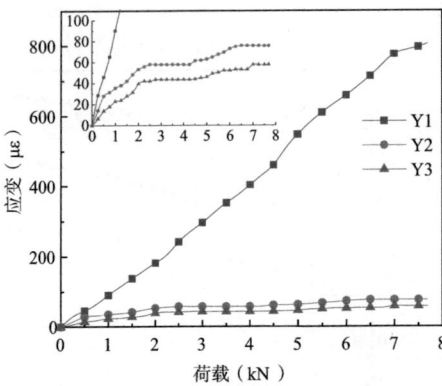
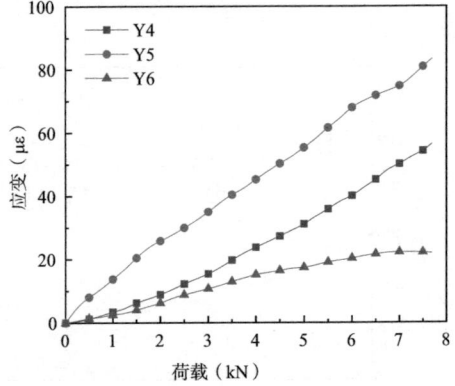

（a）锚杆   （b）灌浆体

图 4-34　A90B12C7.5DB 应变—荷载曲线

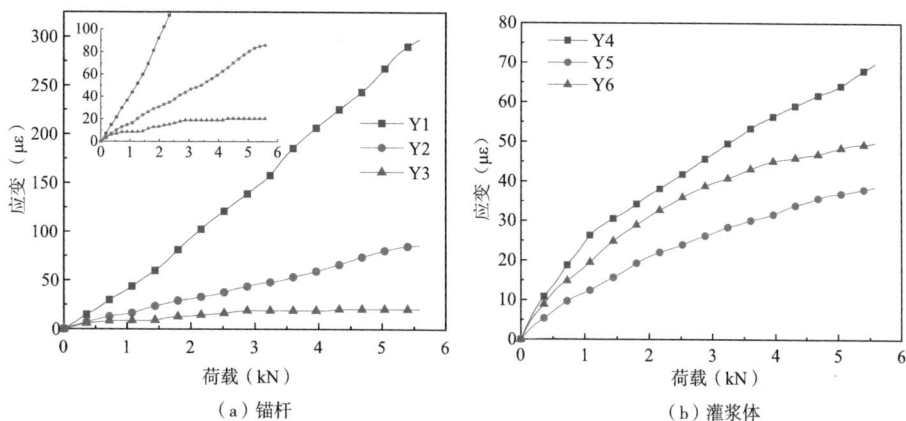

图 4-35　A80B15C5.0DH 应变—荷载曲线

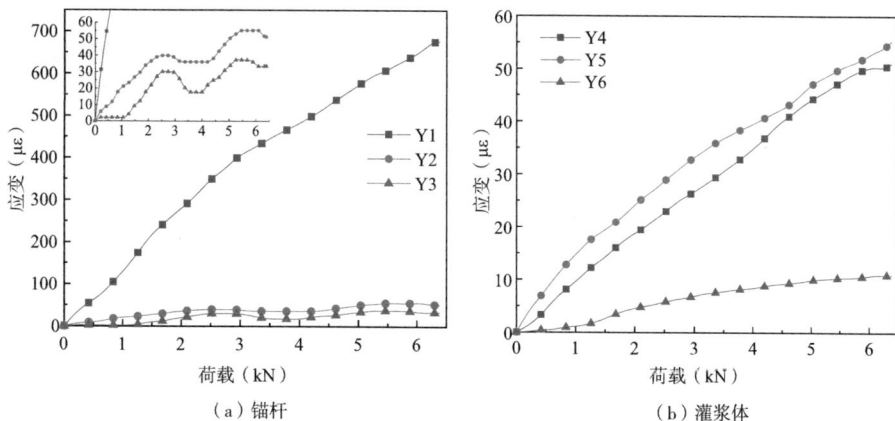

图 4-36　A90B15C5.0DG 应变—荷载曲线

以 FRP 锚杆 Y1 应变计算的抗拉荷载存在大于拉拔荷载的情况，可能的原因是：①锚杆弹性模量、截面积等存在一定误差，导致计算值误差；②锚杆表面打磨损伤及应变片粘贴失误导致数据存在误差；③锚杆径向剪力滞后效应。

采用钢制锚杆与 FRP 锚杆，灌浆体表面应变值无较大差别。部分锚杆应变最大值落于 Y5 测点，原因是土体分布不够均匀，孔口处多细颗粒土，而粗颗粒多集中于灌浆体中段（即 G5 测点处附近），增加了灌浆体中段与土粒间摩擦力。

2. 现场拉拔试验

现场采用锚固方式与室内试验相同，均为全长粘结式。通过预先对 FRP 锚杆不同位置粘贴应变片，对 HRB400 锚杆不同位置焊接钢筋计，测量在不同荷载下锚杆不同位置应力、应变变化情况。

（1）试验准备

采取在 FRP 锚杆表面粘贴应变片与在钢制锚杆焊接钢筋计的形式测定锚杆在受力过程中各点应变与应力。试验选用长 5.5m、直径 22mm3 种锚杆，其顶端留有 0.5m 以安装钢板、千斤顶、拉拔仪夹具及百分表等。锚固方式采用全长粘结式，锚固段长度为5.0m。

将应变片、钢筋计按一定位置安装在锚杆上并将导线固定好，仪器布置图如图4-37所示。

在FRP锚杆自由端粘结无缝钢管，长度300mm，钢管内径为25mm，每隔20~30mm在无缝钢管内壁车1~2mm深螺纹，壁厚5mm，外部车螺纹以安装螺母。胶粘剂采用E44环氧树脂，593固化剂，配比E44：593=4：1。无缝钢管粘结图如图4-38所示。

试验装置由钢垫板、拉拔仪、静态应变仪、综合测试仪、应变片、钢筋计、拉拔仪夹具、百分表以及磁吸底座组成。拉拔仪选用朗睿LR-50T（数显型）锚杆拉拔仪，最大拉拔力为500kN，拉拔行程可达120mm。综合测试仪（图4-39）选用JMZX-3006多弦传感器显示仪。钢筋计（图4-40）选用型号为JMZX-422A的弦式钢筋应力计，量程为±300MPa，灵敏度为0.1MPa，直径为22mm。

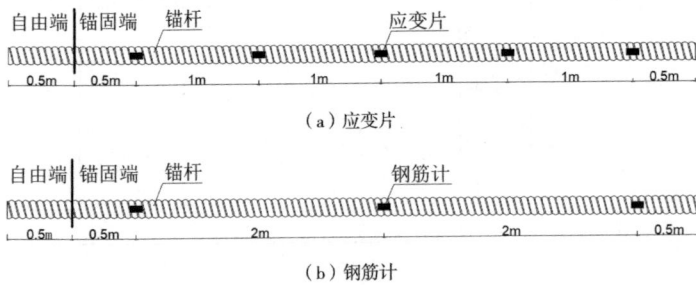

（a）应变片

（b）钢筋计

图4-37　仪器布置图

图4-38　无缝钢管粘结图

图4-39　综合测试仪

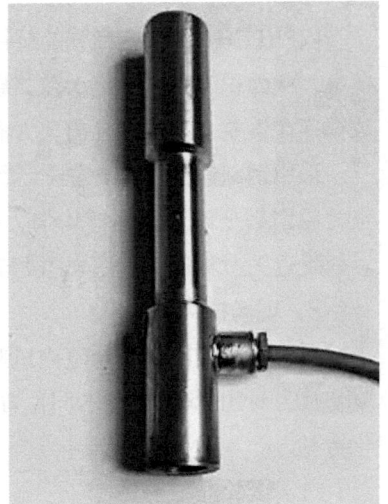

图4-40　钢筋计

（2）试验步骤

现场拉拔试验步骤如下：

1）利用钻孔机在边坡表面进行钻孔，孔径为90mm，钻孔方向垂直于坡面，钻孔深度为5.2m，大于锚杆锚固深度0.2m，并用高压空气清洁成型的孔。试验钻孔间距为2.0m，使其不会出现群锚效应。

2）将对中支架以200mm间距安装在锚杆上，并将锚杆放入钻孔中，保证锚杆位于钻孔中央。

3）锚杆安放妥当后，向孔内灌注M25水泥砂浆（水灰比为0.45~0.55）并养护28d。

4）待水泥砂浆养护完成，在锚杆自由端依次安装钢板、液压千斤顶及拉拔仪夹具（FRP锚杆无需拉拔仪夹具）。在锚杆顶端放置百分表，确定锚杆与灌浆体间拔出深度，拉拔试验布置图如图4-41所示。

5）将应变片或钢筋计接入静态应变仪或综合测试仪进行初始数据读取。

6）对拉拔仪进行加压，以1kN/s的速度进行加压，以50kN为一级分级加压，即：0→50kN→100kN→150kN→200kN→250kN→300kN……直至锚杆被拉拔破坏。当达到每级荷载时，应及时记录百分表数据，间隔5min记录一次。相邻两级荷载间隔为10min。

试验结束情形包括：后一级荷载的锚杆位移增量大于前一级荷载下的位移增量的5倍；锚头位移不收敛；锚杆杆体被拔出或破坏。

图4-41　拉拔试验布置图

（3）荷载—位移曲线

试验所得3种锚杆的拉拔荷载—位移曲线如图4-42所示。由于试验后期锚杆在加载过程中被拔断，百分表读数突增，来不及记录读数，故图中仅显示破坏前各级荷载下百分表读数。由图可知，GFRP与BFRP锚杆应变与荷载呈线性关系，而HRB400锚杆应变与荷载变化曲线呈陡变形，150kN前后出现拐点，原因是锚杆达到屈服强度发生塑性破坏，从而使位移骤增。

相对于HRB400锚杆，FRP锚杆在150kN之前位移更大，而HRB400锚杆则在锚杆达到屈服强度150kN之后位移突增，反而大于FRP锚杆。主要原因在于两者弹性模量不同。HRB400锚杆弹性模量远大于FRP锚杆，前期HRB400锚杆位移量偏小，但HRB400锚杆一旦达到屈服强度之后，其位移量增长速度远大于FRP锚杆，因而后期HRB400锚杆位移量大于两种FRP锚杆。

（4）极限破坏荷载

GFRP、BFRP、HRB400锚杆的极限破坏荷载分别为231.8kN、245.4kN、216.6kN。相比于GFRP锚杆，BFRP锚杆极限破坏荷载有所提升，但相差不大。原因是两种锚杆均为拉断破坏，其极限破坏荷载主要取决锚杆拉伸强度，而BFRP锚杆自身拉伸强度略大于GFRP锚杆。

相比HRB400锚杆，GFRP、BFRP锚杆破坏荷载分别提升了7.1%、13.3%，说明FRP锚杆可用于煤系土边坡加固可行。

（5）破坏形式

3种锚杆均为杆体破坏而终止试验，未出现因锚固力不足而使锚杆灌浆体拉出。说明充分发挥出了锚杆与灌浆体间黏结强度以及灌浆体与岩土体锚固强度，整体锚固性能达到最高强度。当FRP锚杆发生杆体破坏时，杆体会发出断裂的声音，锚杆外部纤维丝逐渐被拉断，灌浆体表面也产生了一些细微裂缝。当HRB400锚杆发生杆体破坏时，杆体会发生"嘣"的声音，随后自由端与锚固端分离，锚杆破坏形式如图4-43所示。

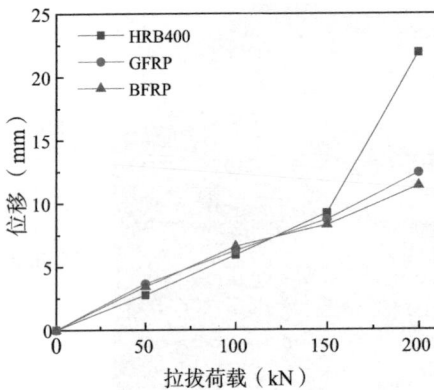

图4-42　拉拔荷载—位移曲线

图4-43　锚杆破坏形式

（6）轴力分布曲线

图4-44为3种锚杆的轴力分布曲线。可知，FRP锚杆与HRB400锚杆轴力分布曲线趋势相同，轴力均随孔口距离增大而呈衰减趋势。相比FRP锚杆，HRB400锚杆轴力衰减程度更大，可能是由于HRB400锚杆表面螺纹宽高比相较FRP锚杆更小，锚杆与水泥砂浆间机械咬合力更大，水泥砂浆对HRB400锚杆约束更好，使荷载传递受到抑制。

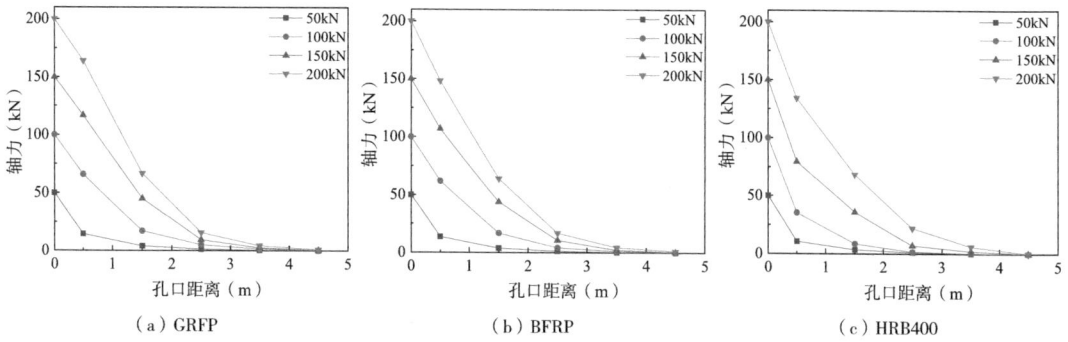

图 4-44　3 种锚杆的轴力分布曲线

相同拉拔荷载、相同位置的 FRP 锚杆轴力均大于 HRB400 锚杆。原因是 GFRP 锚杆、BFRP 锚杆弹性模量远小于 HRB400 锚杆，同荷载下位移量更大，使 FRP 锚杆与水泥砂浆更易产生裂缝，进而使荷载更易向锚固体深处传递。

4.4　FRP 筋锚杆加固煤系土边坡工程应用

4.4.1　工程概况

1. K5+225 ~ K5+418 段右侧边坡

图 4-45 为 K5+225 ~ K5+418 段右侧边坡断面设计图。该边坡为 6 级边坡，除第六级外每级边坡高均为 8m，平台宽度为 2m。前三级边坡坡度为 1:1.0，后三级边坡坡度为 1:1.25。第一级边坡采用系统锚杆与 TBS 喷草支护，其余边坡均采用 TBS 喷草。图 4-46 为 K5+225 ~ K5+418 边坡锚杆布置图，使用 HRB400 锚杆、GFRP 锚杆以及 BFRP 锚杆进行支护，图中未标注位置采用 HRB400 锚杆加固边坡。

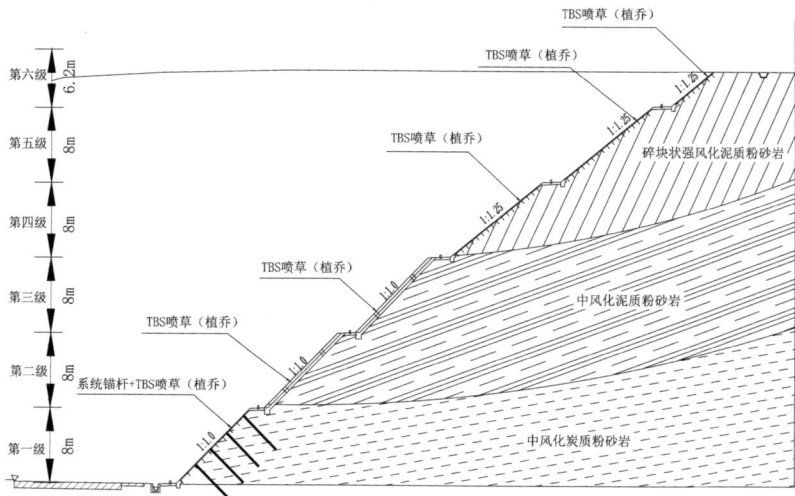

图 4-45　K5+225 ~ K5+418 段右侧边坡断面设计图

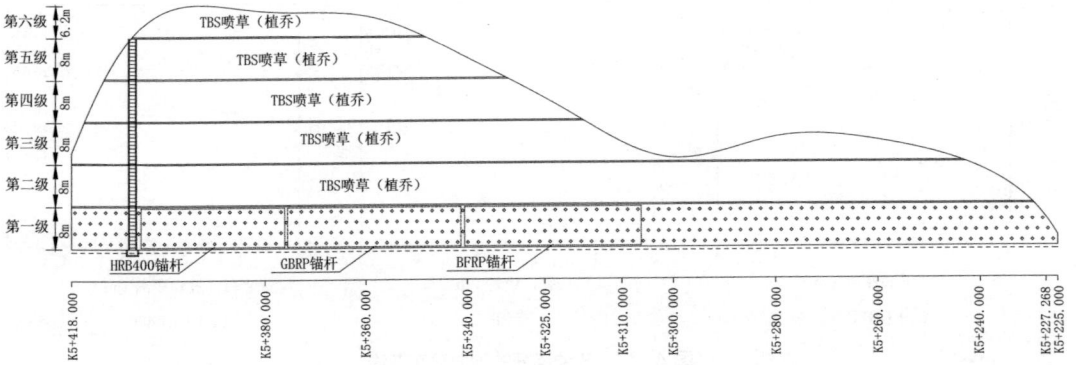

图 4-46   K5+225 ~ K5+418 边坡锚杆布置图

2. 降雨概况

降雨监测周期为2021年2月~2021年12月，降雨量监测结果如图4-47所示。可见，监测期间降雨天数达到133d，3月份降雨量最少，仅为全年的0.04%；而6月份降雨量最多，占全年降雨量的44.3%，且雨量在6月份达到最大值155.6mm；5~8月份降雨量偏大，达到全年降雨量的78.74 %。因此，龙岩地区属于多雨地区，边坡在雨季发生滑坡可能性大，易形成灾害。

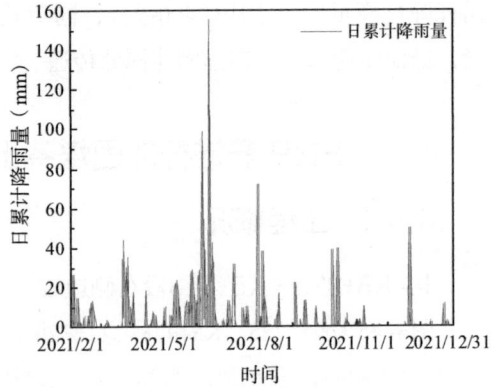

图 4-47   降雨量监测结果

4.4.2   边坡稳定性分析

1. 边坡模型与计算参数

为考虑边界效应，模型向左右延伸15m，向下延伸20m，K5+225~K5+418段右侧边坡有限无网格划分如图4-48所示。K5+225~K5+418段右侧边坡地下水位如图4-49所示，地下水位线以下，随深度增加，压力水头也逐渐增加；地下水位线以上，压力水头随着深度而逐渐减小。

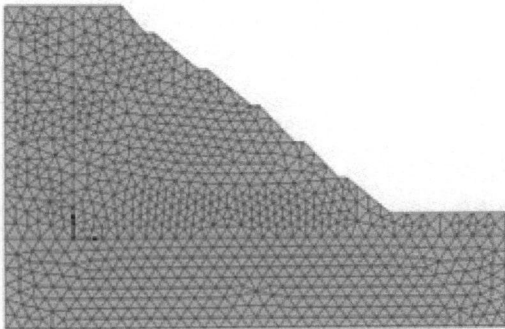

图 4-48   K5+225 ~ K5+418 段右侧边坡有限元网格划分

图 4-49   K5+225 ~ K5+418 段右侧边坡地下水位

K5+225 ~ K5+418段右侧边坡边界条件如图4-50所示，边坡表面绿线为随时间变化的变水头边界，当降雨强度小于入渗速度时，采用降雨强度；当降雨强度大于入渗速度时，采用入渗速度。模型中各层土体模型的力学参数参考相关地勘报告以及相关文献获得，如表4-16所示。

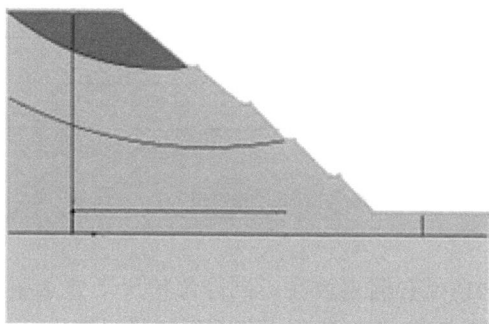

图 4-50　K5+225 ~ K5+418 段右侧边坡边界条件

各层土体模型的力学参数　　　　　　　　　　　　　　表 4-16

土层	强风化泥质粉砂岩	中风化泥质粉砂岩	中风化碳质粉砂岩
密度（kg/m³）	2100	2540	2310
黏聚力（kPa）	33	400	300
内摩擦角（°）	30	38	35
渗透系数 k（m/s）	5×10^{-7}	5.84×10^{-8}	1.9×10^{-8}
饱和含水率 θ_s	0.392	0.409	0.612
残余含水率 θ_r	0.101	0.125	0.282
a（1/m）	44.68	46.57	1.27
n	1.853	1.621	4.377
m	0.457	0.351	0.772

2. 工况设计

为了解不同状态的煤系土边坡稳定性，以未支护、有支护、未降雨、强降雨、持续性降雨进行稳定性分析，工况设计如表4-17所示。

由降雨监测可知，2021年7月29日~2021年8月9日为当地一个台风周期，降雨量大，降雨强度大，故取2021年7月29日~2021年8月9日的降雨情况进行强降雨模拟分析；2~4月为当地梅雨季节，故取2021年2月1日~2022年4月22日的降雨情况进行持续性降雨模拟分析。

工况设计　　　　　　　　　　　　　　表 4-17

工况	是否支护	降雨情况
1	否	未降雨

工况	是否支护	降雨情况
2	否	强降雨
3	否	持续性降雨
4	是	未降雨
5	是	强降雨
6	是	持续性雨

3．边坡稳定性分析

（1）渗流场分析

图4-51为K5+225～K5+418段右侧边坡在不同降雨情况下含水率分布图。可知，持续性降雨下边坡饱和浸润线更深，强降雨下坡脚土体含水率增长更快，含水率达到0.33，而持续性降雨下仅为0.287。强降雨下边坡坡面向内的水力坡度大于持续性降雨，而坡脚处呈相反趋势。

（2）最不利滑动面与安全系数

图4-52为K5+225～K5+418段右侧未支护边坡在不同降雨情况下最不利滑动面，图中黑色线条为最不利滑动面。可知，无论是否降雨，边坡最不利滑动面基本不变，均为浅层顺层滑坡，与现有资料中煤系土边坡大多为浅层滑坡一致。

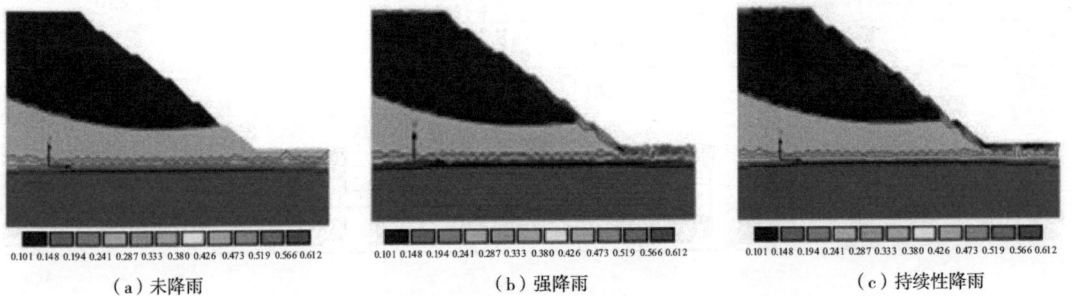

（a）未降雨　　　　　　　（b）强降雨　　　　　　　（c）持续性降雨

图4-51　K5+225～K5+418段右侧边坡在不同降雨情况下含水率分布图

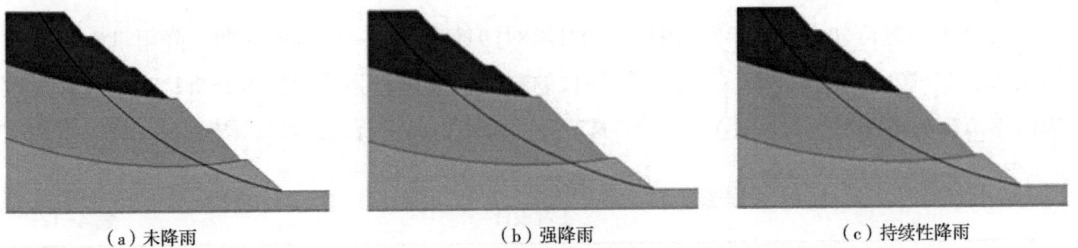

（a）未降雨　　　　　　　（b）强降雨　　　　　　　（c）持续性降雨

图4-52　K5+225～K5+418段右侧未支护边坡在不同降雨情况下最不利滑动面

边坡未降雨、强降雨、持续性降雨情况下的安全系数分别为1.15、1.07、1.05。根据《公路路基设计规范》JTG D30—2015，高速公路、一级公路路堑边坡正常工况（边坡处于天然状态下的工况）下安全系数应大于1.20，非正常工况（边坡处于暴雨或连续降雨状态下的工况）下安全系数应大于1.10。可见，该边坡在正常和非正常工况下安全系数均不满足要求。因此，需对边坡进行支护。

图4-53为K5+225 ~ K5+418段右侧支护后边坡在不同降雨情况下最不利滑动面。可知，无论是否降雨，边坡最不利滑动面基本不变，均为顺层滑坡，且为浅层滑坡，但滑动面位置发生改变。边坡最不利滑动面位置在第三至六级边坡，由于锚杆正好穿过最不利滑动面，支护有效，因此最不利滑动面上移。未降雨、强降雨、持续性降雨情况下的安全系数分别为1.53、1.32、1.28。满足《公路路基设计规范》JTG D30—2015的要求，说明边坡支护有效。对比边坡支护前后可以看出，降雨对煤系土边坡稳定性影响较大，且持续性降雨对边坡影响大于强降雨。

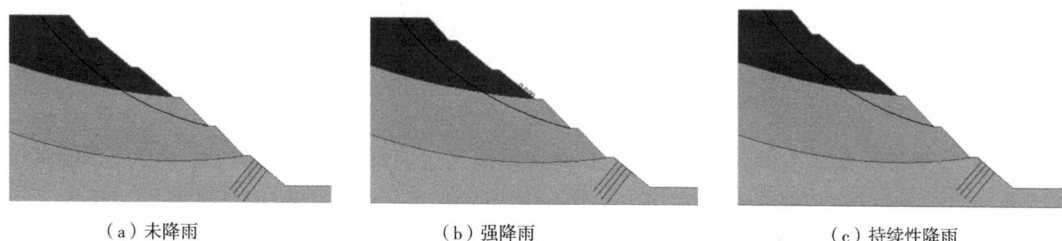

(a) 未降雨　　　　　　　　　(b) 强降雨　　　　　　　　(c) 持续性降雨

图 4-53　K5+225 ~ K5+418 段右侧支护后边坡在不同降雨情况下最不利滑动面

4.4.3　边坡监测分析

1. 监测内容与测点布置

监测的主要工作内容有：边坡外观调查、地表变形监测、边坡深部水平位移监测、锚杆（索）应力监测。监测周期：2021年1月25日 ~ 2022年1月29日，为期1年。图4-54为K5+225 ~ K5+418段右侧边坡监测点布置图。

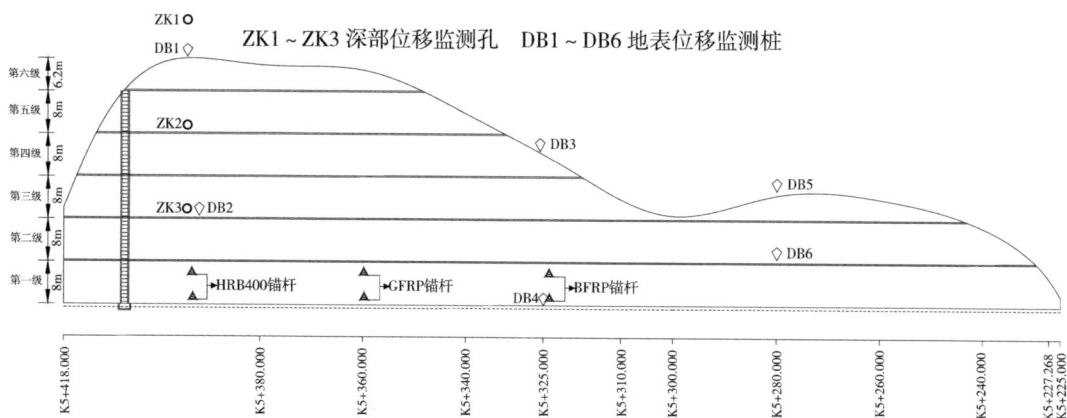

图 4-54　K5+225 ~ K5+418 段右侧边坡监测点布置图

（1）地表变形监测共6个地表位移监测桩，为图中桩号DB1～DB6。其中桩号DB1位于K5+394顶；桩号DB2位于K5+394第二级平台；桩号DB3位于K5+325顶；桩号DB4位于K5+325坡脚；桩号DB5位于K5+280顶，桩号DB6位于K5+280第一级平台。

（2）水平位移监测

共3个深孔位移监测孔，为图中桩号ZK1～ZK3，总孔深85m，钻孔成孔85.6m，所需PVC测斜管85m。其中桩号ZK1位于K5+394距顶外侧5m，孔深35m；桩号ZK2位于K5+394第四级平台，孔深30m；桩号ZK3位于K5+394第二级平台，孔深20m。

（3）锚杆应力监测

共6个锚杆监测孔，桩号为ZL1～ZL6。其中ZL1位于K5+398第一级上排的HRB400锚杆，共3个钢筋计；ZL2位于K5+398第一级下排的HRB400锚杆，共3个钢筋计；ZL3位于K5+360第一级上排的GFRP锚杆，共5个应变片；ZL4位于K5+360第一级下排的GFRP锚杆，共5个应变片；ZL5位于K5+325第一级上排的BFRP锚杆，共5个应变片；ZL5位于K5+325第一级下排的BFRP锚杆，共5个应变片。其中，钢筋计与应变片安装位置同现场拉拔试验，钢筋计按深度从浅到深分别为GJ1～GJ3，应变片分别为YB1～YB5。

2．地表位移监测结果

按照监测布置方案在相应点打入钢筋，确保钢筋与边坡不会发生相对位移，并在钢筋端部贴上反光片，保证仪器能观测到。寻找与边坡相对较远的后视点，以此为基准，进行每次地表观测。K5+225～K5+418段右侧边坡地表位移变化曲线如图4-55所示。由图可知，边坡地表位移量较小，边坡处于稳定状态。随时间推移，位移累积量相应增长，但增幅逐渐下降，趋向于0，说明边坡随时间推移逐渐稳定，支护效果明显。监测点DB2累计最大位移为26.86mm，相比其他监测点累计位移量增加不少于13.8%，需重点关注此处位移变化。图4-56为施工后K5+225～K5+418段右侧边坡，支护效果良好。

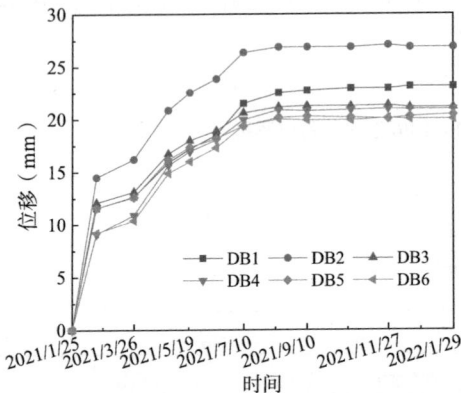

图4-55　K5+225～K5+418段右侧边坡地表位移变化曲线

图4-56　施工后K5+225～K5+418段右侧边坡

3．深部位移监测结果

测斜管延伸至底部稳定地层，将孔底初始水平位移设置为零，各点累计位移即为相对于初始水平位移的累计值，将各点位移分为 X 方向（主滑方向）位移和 Y 方向位移。设垂直公路的方向为 X 方向，地表以下方向为正，平行于公路的方向为 Y 方向，K0 方向为正。根据 X、Y 方向位移，绘制位移—深度曲线，进而推测边坡潜在滑动面以及边坡整体位移、位移速率、位移方向。

各监测点累计位移—深度曲线如图 4-57、图 4-58 所示。由图可知，随深度增加边坡变形越小，测斜曲线呈"斜线形"，沿着边坡运动而运动。边坡深孔测斜管变形正常，未超出预警值，测斜曲线均在边坡稳定范围值以内。

4．锚杆监测结果

锚杆监测期为 2021 年 9 月 10 日～2022 年 1 月 29 日。各监测点的锚杆荷载变化曲线如图 4-59～图 4-64 所示。可知，FRP 锚杆受力荷载曲线与 HRB400 锚杆相似，锚杆所受荷载均随深度增加而减小，深度 0.5m 处受到荷载最大，最大荷载为 12.59kN、16.38kN、17.05kN，FRP 锚杆受力荷载略大于 HRB400 锚杆，但相差不大。

对比 GFRP、BFRP 锚杆与 HRB400 锚杆，锚杆所受荷载较小，远小于其抗拉强度或设计抗拉强度，因此，采用 FRP 锚杆替代普通钢制锚杆用于煤系土边坡加固，效果良好。

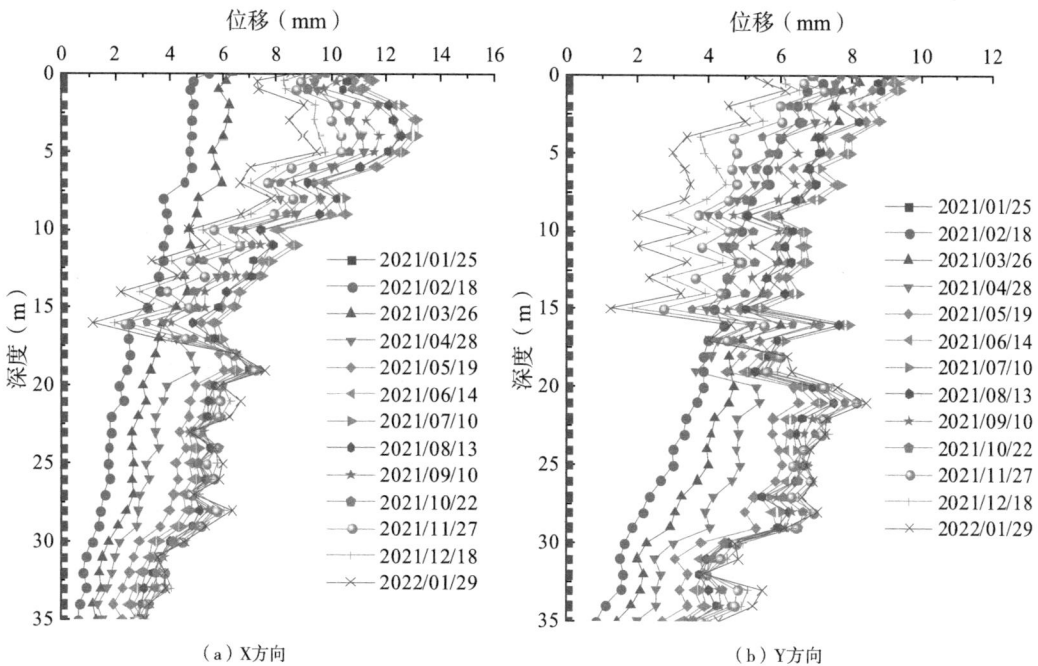

（a）X 方向　　（b）Y 方向

图 4-57　ZK1 累计位移—深度曲线

（a）X方向　　　　　　　　　　　（b）Y方向

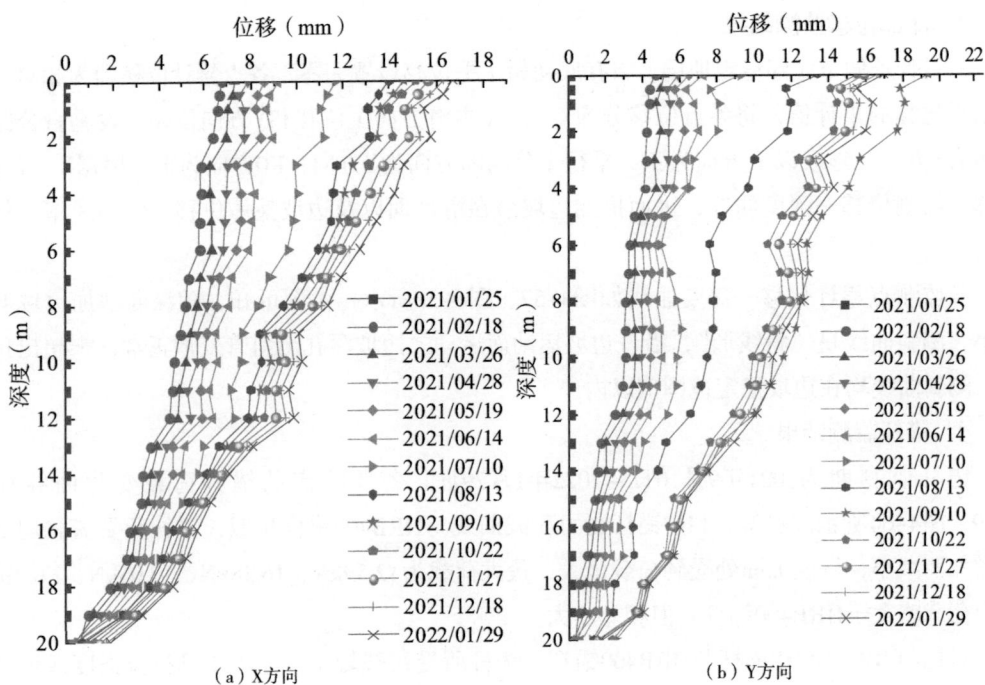

图 4-58　ZK3 累计位移—深度曲线

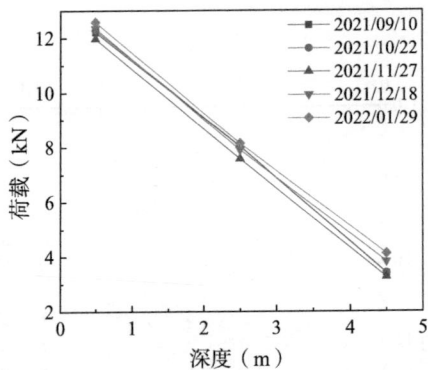

图 4-59　ZL1 锚杆荷载变化曲线（HRB400）图 4-60　ZL2 锚杆荷载变化曲线（HRB400）

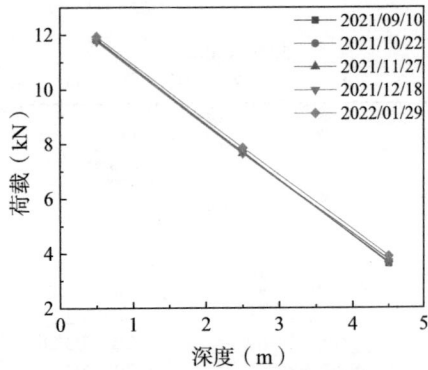

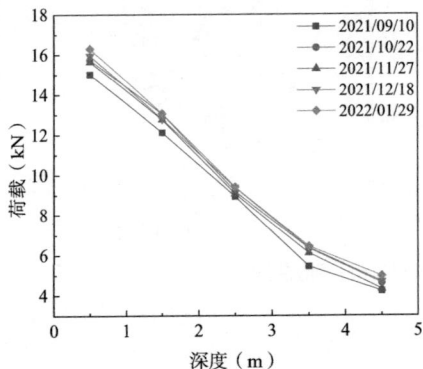

图 4-61　ZL3 锚杆荷载变化曲线（GFRP）　图 4-62　ZL4 锚杆荷载变化曲线（GFRP）

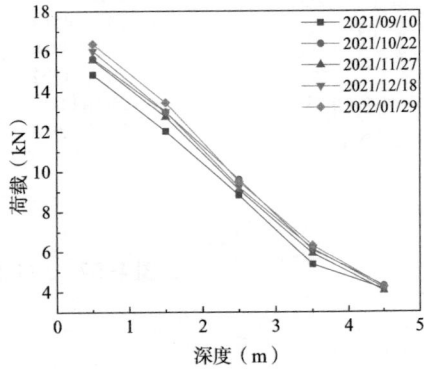

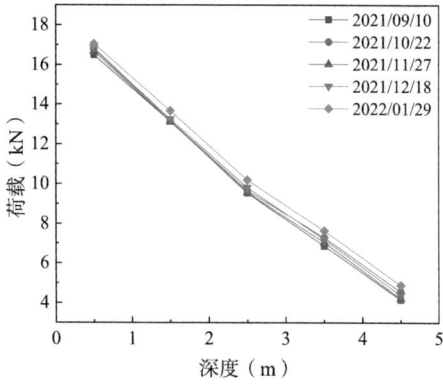

图 4-63　ZL5 锚杆荷载变化曲线（BFRP）　　图 4-64　ZL6 锚杆荷载变化曲线（BFRP）

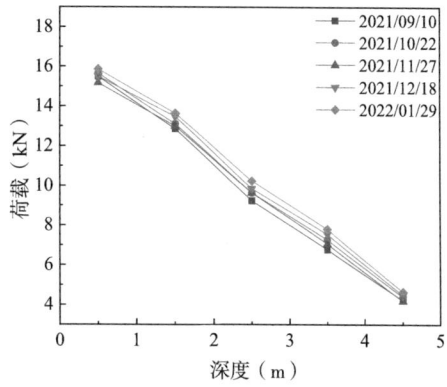

第 5 章

采空区路基处治技术

通过模型试验分析采空区路基上覆岩层破坏模式，提出考虑路基与采空区相对位置变化的顶板临界深度公式；采用数值模拟对比钢筋混凝土板和充填治理的共性和个性因素对采空区路基力学性能的影响；依托龙岩东环高速公路采空区路基进行现场试验，分析采空区路基治理效果。

5.1　采空区上覆岩层破坏模式与稳定性评价方法

5.1.1　相似材料的选取与配比试验

1．研究区地层概况

以龙岩东环高速公路K3+360处地层和煤层概况为原型开展室内物理模型试验研究，图5-1为K3+360处采空区剖面简图。该采空区埋深距地表约10m，倾角约45°，煤层处在二叠系下统的粉砂岩，根据实际工况将其划分为强风化砂岩和中风化砂岩，根据该矿区地质资料得到岩层物理力学参数，如表5-1所示。

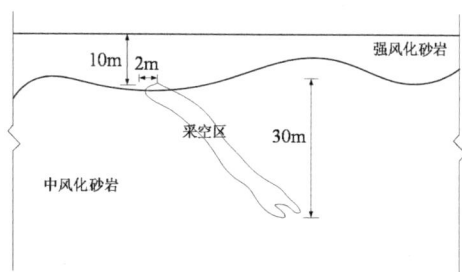

图 5-1　K3+360 处采空区剖面简图

岩层物理力学参数　　　　　　　　　　　　　　　　表5-1

岩性	密度 （kg/m³）	内摩擦角（°）	黏聚力 （MPa）	单轴抗压强度 （MPa）	弹性模量 （MPa）	泊松比
强风化砂岩	2100	28.4	1.81	11.32	734.0	0.31
中风化砂岩	2310	30.5	3.14	16.66	965.0	0.29
煤层	2050	23.0	0.62	9.80	408.0	0.30
回填土	1710	21.0	0.02	—	50.8	0.34

2．相似比确定和材料选取

在相似比物理试验中，涉及的物理力学参数主要有：位移、应力、应变、弹性模量、内摩擦角、黏聚力、泊松比等，在这些参量中，首先要确定几何相似常数，因为多数相似模型试验均通过小模型去模拟研究大尺寸模型，从而达到定性定量结果分析，故第一基本量为几何相似常数C_1，几何相似常数除了试验模型尺寸要符合实际试验精度外，还要考虑π定理所推导的其他参量相互制约关系，如$C_E = C_\gamma C_1$，$C_C = C_\gamma C_1$，可知弹性模型和黏聚力的相似比受到几何相似常数与重力密度相似常数影响，故第二基本量为C_γ。

通过文献调研，借鉴于赵建军、翟新献、廖学东等学者在煤层采空区相似模拟试验中相似比选取，最终确定本节几何相似常数C_l=100，C_γ=1.5，根据π定理，本模型试验的物理力学参数相似常数如表5-2所示。

物理力学参数相似常数 表5-2

物理量	相似关系（π项）	相似常数
弹性模型	$\pi = E/\gamma$	150
应力	$\pi = \sigma/\gamma l$	150
应变	$\pi = \varepsilon$	1
线位移	$\pi = \delta/l$	100
黏聚力	$\pi = c/\gamma l$	150
内摩擦角	$\pi = \varphi$	1
泊松比	$\pi = \nu$	1
时间	$\pi = \sqrt{l}$	10
均布面荷载	$\pi = q/\gamma l$	150

相似材料原料一般为骨料和胶结材料，胶结材料对相似材料性质起决定性作用，常用骨料有：砂、云母粉、粉煤灰等，常用胶结材料有：石膏粉、沥青等。试验选择原材料为河砂、云母粉、石膏粉、碳酸钙。由于模型试验重点研究采空区开采后且应力平衡时，采空区在持续加载后破坏状态，所以无需模拟采空区开采过程。采用提前预制法，强风化粉砂岩和中风化粉砂岩性质相似，直接选用中风化粉砂岩进行试验，相似材料物理力学参数如表5-3所示。

相似材料物理力学参数 表5-3

岩性	密度（kg/m³）	内摩擦角（°）	黏聚力（kPa）	单轴抗压强度（MPa）	弹性模量（MPa）	泊松比
中风化粉砂岩	1540	30.5	20.32	0.111	6.433	0.29
回填土	1140	21.0	0.16	—	0.338	0.34

3. 正交配比试验

（1）试验设计

在大量学者研究基础上，确定原材料掺合量区间，以河砂质量占河砂+云母粉+碳酸钙+石膏的质量之和（A）、石膏质量占石膏+碳酸钙的质量之和（B）、云母粉质量占河砂+云母粉+碳酸钙+石膏的质量之和（C）作为正交试验三个因素，每个因素设置三个水平，具体如表5-4所示。

相似材料正交试验设计水平　　　　　　　　　　　　表5-4

水平	因素A（%）	因素B（%）	因素C（%）
1	74	30	16
2	76	50	18
3	78	70	20

　　试验选取三因素三水平的正交试验设计方案，选用正交表L$_9$（3^3）进行试验，配比方案如表5-5所示，试验用水质量为试件干质量的10%，河砂质量为1000g，计算得到各原材料质量如表5-6所示。

相似材料试验配比方案　　　　　　　　　　　　　表5-5

试验编号	因素A（%）	因素B（%）	因素C（%）
1	74	30	16
2	74	50	18
3	74	70	20
4	76	30	18
5	76	50	20
6	76	70	16
7	78	30	20
8	78	50	16
9	78	70	18

各原材料质量　　　　　　　　　　　　　表5-6

试验编号	河砂（g）	云母粉（g）	石膏粉（g）	碳酸钙（g）	水（g）
1	1000	216	40.5	94.5	135
2	1000	243	54.0	54.0	135
3	1000	270	57.0	24.0	135
4	1000	237	23.0	55.0	132
5	1000	263	26.0	26.0	132
6	1000	210	73.5	31.5	132
7	1000	256	8.0	18.0	128
8	1000	205	38.5	39.5	128
9	1000	230	36.0	16.0	128

（2）试件制作

制作试块，进行力学性能试验，试验所使用模具为5cm×10cm圆柱体，高径比为2:1，试件模具与脱模试样如图5-2所示。

（3）试验结果

对9组试样进行单轴抗压试验（图5-3）和直剪试验（图5-4），正交试验结果如表5-7所示。可知，相似材料抗压强度为0.042～0.164MPa，弹性模量为2.78～11.70MPa，黏聚力为4.20～27.43kPa，内摩擦角为20.41°～34.15°。其中，第5组试件力学性能和中风化粉砂岩最为相符，因此，中风化炭质砂岩的相似材料配比如表5-8所示。

（a）制作完成的试样   （b）脱模后的试样

图5-2　试件模具与脱模试样

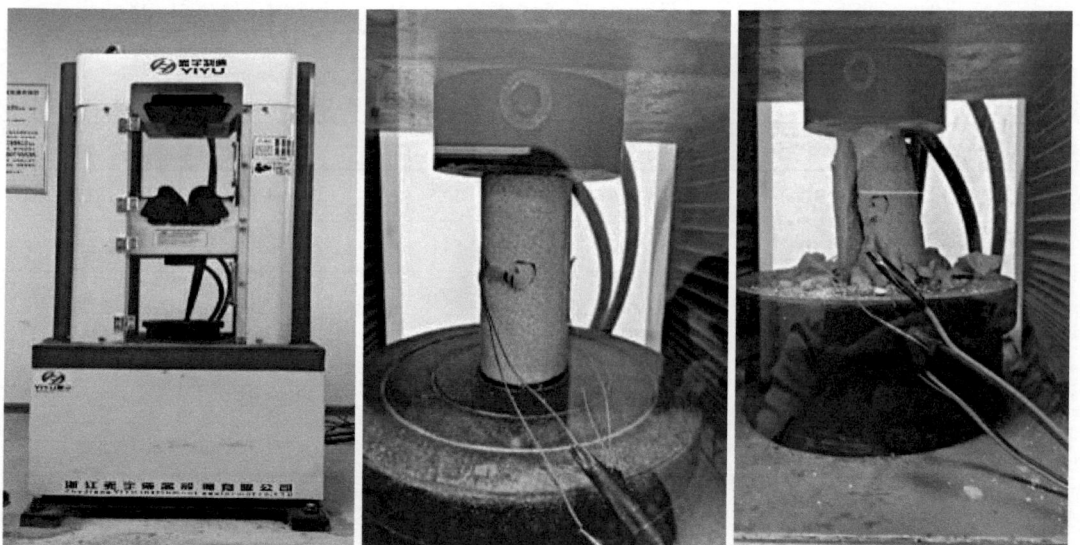

（a）试验仪器   （b）试件加载中   （c）试件破坏

图5-3　单轴抗压试验

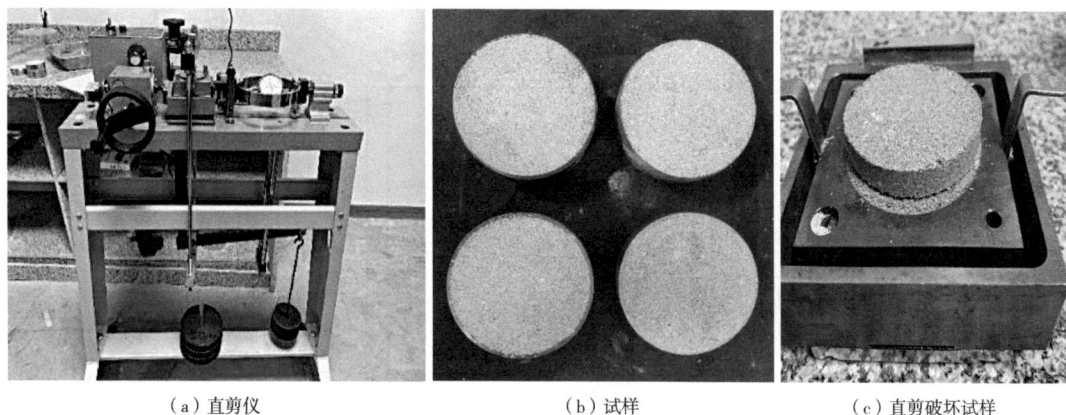

（a）直剪仪 （b）试样 （c）直剪破坏试样

图 5-4 直剪试验

正交试验结果 表5-7

试验编号	单轴抗压强度（MPa）	弹性模量 E_s（MPa）	黏聚力 c（kPa）	内摩擦角 φ（°）
1	0.142	11.45	27.43	22.37
2	0.164	10.73	26.04	20.41
3	0.153	8.74	24.62	24.31
4	0.121	11.70	23.72	27.32
5	0.118	7.21	20.06	30.12
6	0.145	10.67	22.93	31.40
7	0.042	2.78	4.20	34.15
8	0.078	5.86	13.38	27.24
9	0.095	7.78	11.23	26.37

相似材料配比 表5-8

岩层名称	各相似材料配比（%）				
	河砂	云母粉	石膏	碳酸钙	水（占总量）
中风化炭质砂岩	76	20	2	2	10

5.1.2 物理模型设计

研究不同倾角、不同采深和不同加载位置下采空区上覆岩层破坏模式，3种工况模型试验图如图5-5所示。其中，图（a）所示为倾角为0°、30°、50°时工况1采空区位置平面图；图（b）所示为采深为3cm、6cm、9cm时工况2采空区位置平面图；图（c）所示为地表路基不同加载位置时工况3采空区位置平面图。

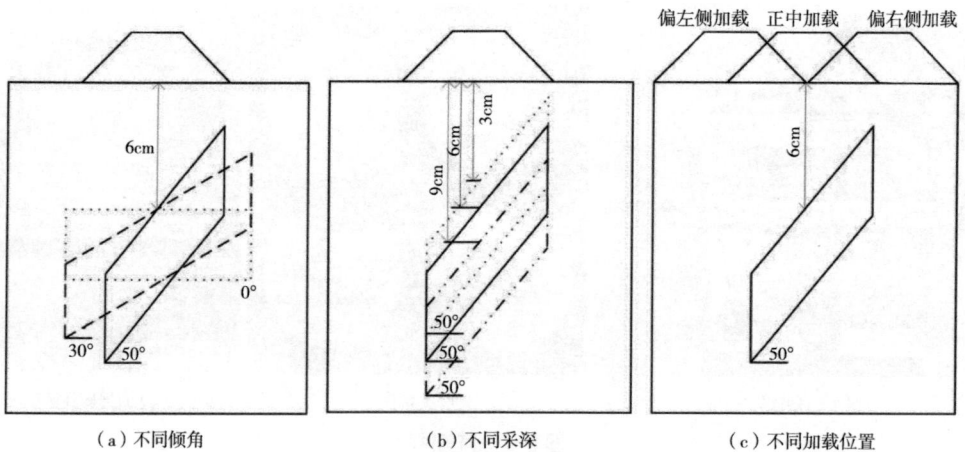

（a）不同倾角　　　　　　　　（b）不同采深　　　　　　　（c）不同加载位置

图5-5　3种工况模型试验图

1．采空区制备

模型测验对采空区制作要求较为严格，因此，考虑采空区完整性，对采空区进行提前预制。预制步骤如下所示：

（1）采用亚克力板制作尺寸为17cm×17cm×5cm模型盒，壁厚为2cm，模型盒上下两面不封闭。

（2）定制不同倾角采空区模型，采空区模型平面面积为12cm²以及厚度为5cm，倾角分别为0°、30°、50°。

（3）将模型盒固定于板上，选择倾角为50°采空区并固定于模型盒中，垂直方向上，采空区正中点距模型盒上侧6cm。

（4）按照模型尺寸计算称量一定质量混合材料，将混合材料分三次均匀填入模型盒，充填材料前需涂抹机油，减小材料与模具壁摩擦力，利于后期拆模，每次加入混合材料后均进行充分压实。

（5）将模型放入烘箱24h，待干湿度和强度达到要求后拆除模具，拆除时先拆模型盒，再拆采空区。

2．模型试验过程

预制采空区模型试件后，将预制模型放入围岩中模拟真实工况（图5-6），整个试验过程如下：

（1）模型箱尺寸为25cm×20cm×30cm，壁厚为1cm，采用亚克力板材质，便于观察试验现象。充填模型前在模型箱壁涂抹机油，减小混合材料与模型箱间摩擦。将混合材料分多次均匀填入模型箱中，每次充填后进行压实，压实过程与模型盒相同，充填高度达到12cm时，沿模型箱壁放入采空区预制模型，之后继续填入混合材料，为防止预制采空区被充填，对采空区一侧包裹保鲜膜。

（2）模型达到采空区预制模型高度后，进行平整处理，将其放置于干燥通风处48h，待其强度达到要求后继续试验。

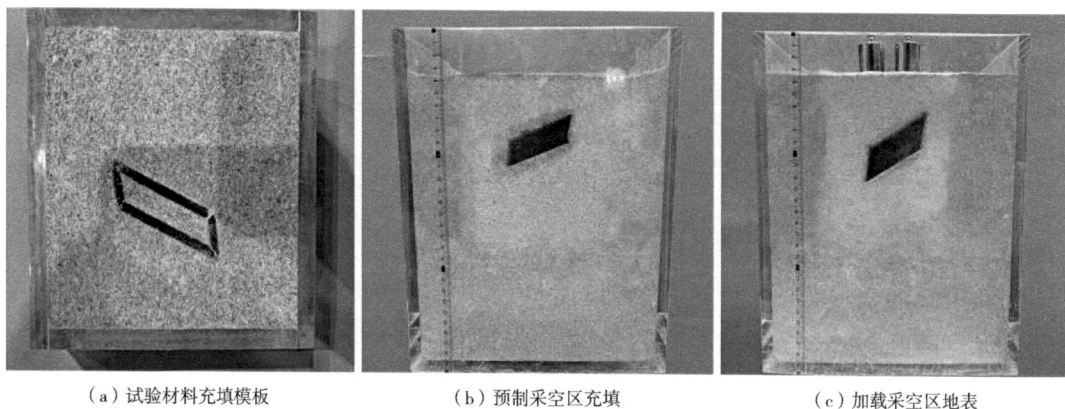

（a）试验材料充填模板　　　　　　（b）预制采空区充填　　　　　　（c）加载采空区地表

图5-6　模型试验过程图

（3）将标尺贴于模型箱一侧，直观测出地表最终沉降量。

（4）试验加载参考单轴抗压最大承载力，材料最大抗压强度为0.11MPa，极限加载荷载为200N，通过施加砝码来控制荷载分级加载，每10N为一级加载，每加载一次持续时间为60min，每隔10min记录一次，为使荷载均匀施加在地表，采用尺寸8cm×10cm亚克力板，其长边与模型箱长边平行，短边与模型箱短边平行，放置于采空区上方地表。

5.1.3　采空区倾角对上覆岩层破坏模式的影响

当采空区开采深度为6cm时，分别研究0°、30°、50°采空区倾角对加载破坏过程、地表及覆岩变形的影响。

1．加载破坏过程

（1）倾角为0°

图5-7为采空区倾角为0°时破坏过程分析图。图中裂缝编号按照裂缝出现时间先后由小到大排列。图（a）为加载50N荷载后造成采空区上表面、下表面和采空区下表面右侧出现裂缝，地表也出现两条细微裂缝。在该荷载下，2号裂缝未造成采空区变形以及覆岩和地表破坏，采空区上表面两端出现细微裂缝趋势逐渐明显，且向采空区上覆岩层延伸，分别编号为5号、6号，对比5号裂缝和6号裂缝，5号裂缝宽度更大，延伸长度更远。1号裂缝和4号裂缝变化不明显，3号裂缝的长度有所延长，靠近5号裂缝。2号裂缝的宽度继续增大，采空区上表面偏右侧部分围岩垮落，直接垮落至2号裂缝附近。5号裂缝比6号裂缝更明显的原因是2号裂缝宽度加大，采空区右侧上覆岩层垮落，所受支持力较小。

由图（b）可知，加载70N荷载后，地表出现四条裂缝，其中，B区域中2号裂缝被上部垮落围岩体充填；采空区右侧围岩因2号裂缝和5号裂缝变大，发生垮落，此时垮落体全部位于A区域，3号裂缝宽度继续加大。7号裂缝长度延伸与6号裂缝贯通，新增8号裂缝长度达到2.3cm，呈现出拉长的"S"形，呈向采空区左侧边缘延伸趋势，此时地表产生微小下沉。5号裂缝和6号裂缝贯通，形成门拱形，采空区左侧边缘变成半圆形，两边呈现明显不对称。

由图（c）可知，加载90N荷载后，地表下沉量加大，达1.0cm。由于地表压缩，造成压缩

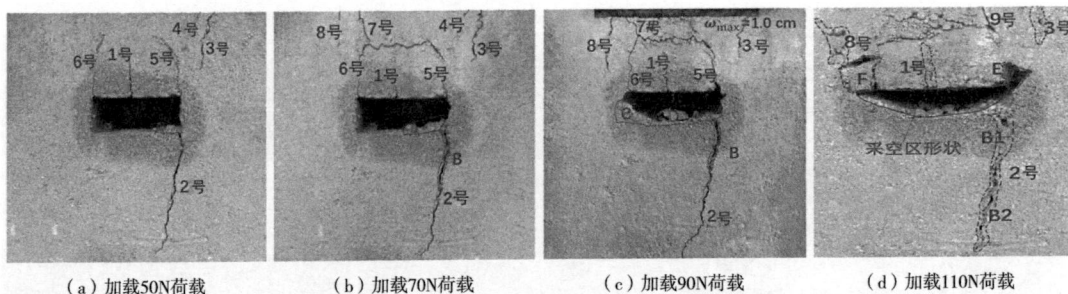

　　（a）加载50N荷载　　　　　（b）加载70N荷载　　　　　（c）加载90N荷载　　　　　（d）加载110N荷载

图5-7　采空区倾角为0°时破坏过程分析图

区域底部细微裂缝增多，碎石块直径变大，垮落至地表处。5号裂缝和6号裂缝拱尖附近受到碎石扰动最大，门拱形两侧的裂缝在地表下沉过程中被充填，1号裂缝也逐渐被充填，拱形内围岩未发生明显下沉，采空区上表面几乎水平。8号裂缝宽度随地表下沉逐渐增大。C区域为采空区左侧上表面因加载和裂缝延伸引起围岩垮落而造成。采空区左侧围岩向下发生滑移，B区域为滑移围岩块。采空区上表面正中间发生大块围岩垮落，D区域为所垮落围岩块，该部分未造成上表面明显变形。采空区形状由矩形逐渐变成半椭圆形。

　　由图（d）可知，加载110N荷载后，地表下沉量最终达1.4cm。1号裂缝被压缩充填。5号裂缝和6号裂缝被部分充填，而造成上覆岩层处门拱形整体下沉。8号裂缝变大，造成6号裂缝与8号裂缝之间F区域整体发生垮落，由于门拱形区域的围岩未垮落，对F区域起到部分支撑，使F区域围岩未能垮落，随着施加力推移，F区域沿采空区边缘滑移至采空区最底部。覆岩右侧发生大面积滑移。2号裂缝整体被充填，且靠近采空区部分被充填得更完全。随后继续观察发现，F区域和E区域一样，发生滑移，覆岩门拱形围岩未发生下沉。

　　（2）采空区倾角为30°

　　图5-8为采空区倾角为30°时破坏过程分析图。图（a）为加载60N荷载后采空区图，1号裂缝最开始产生后一直发展，扩大至0.12cm，2号裂缝由采空区覆岩右上方逐渐向地表方向延伸，3号裂缝在2号裂缝出现后发生，向采空区右侧边缘延伸至地表。4号裂缝由采空区右侧边缘处发出，延伸方向与采空区倾斜方向一致，后延伸方向发生改变，发生弯曲后向地表发生近似竖向延伸，延伸长度为2.3cm。5号裂缝向采空区左侧延伸，呈波形延伸，造成2号裂缝延伸方向发生改变可能是由于5号裂缝的产生。

　　由图（b）可知，加载90N荷载后，地表发生明显下沉，下沉量为0.3cm。1号裂缝长度变化不明显，宽度明显加大。A1段1号裂缝扩大最多，深度越大裂缝越小，直至裂缝产生尖灭。A1段裂缝宽度扩大至0.33cm，此时1号裂缝顶部成为采空区最低点，垮落的围岩块滑移至1号裂缝附近，后随裂缝增大，围岩继续垮落、滑移，使围岩块掉落至1号裂缝中，充填1号裂缝。4号裂缝进一步延伸，采空区右侧边缘处围岩继续垮落、滑移，A区域内围岩块增多；6号裂缝的产生，使采空区左侧围岩稳定性受到影响，其边缘处部分围岩垮落滑移至B区域。采空区下表面变形成弧形，采空区左侧边缘变形明显，滑移的围岩块堆积在采空区左侧，左侧变形小于右侧变形。随着地表变形，上覆岩层中裂缝被压缩，5号裂缝随着压缩，裂缝逐渐消失。其余裂

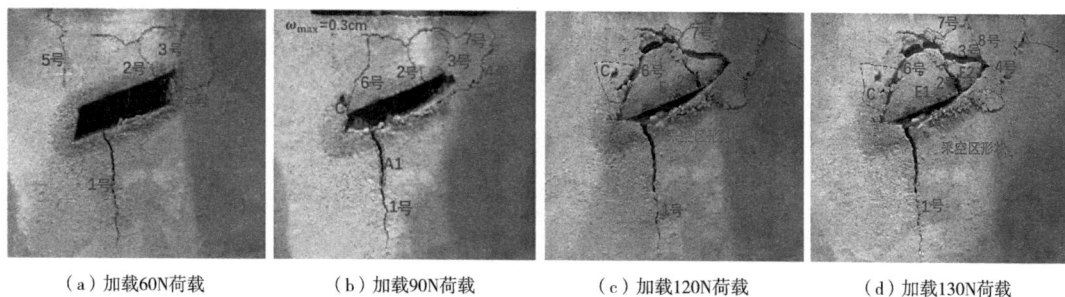

|（a）加载60N荷载|（b）加载90N荷载|（c）加载120N荷载|（d）加载130N荷载|

图5-8　采空区倾角为30°时破坏过程分析图

缝都发生不同程度弯曲，宽度发生不同程度缩小。

图（c）、（d）为加载120N和130N荷载后最终破坏形态，采空区覆岩逐渐垮落，采空区被充填。1号裂缝宽度扩大至0.5cm，地表产生的7号裂缝变化不大。2号裂缝、3号裂缝和6号裂缝变化明显，3号裂缝和6号裂缝贯通发生整体垮落，由于采空区限制，垮落距离不大，因为2号裂缝的存在，3号裂缝和6号裂缝形成的E区域发生分裂，随着时间延长，E区域在2号裂缝两侧的垮落速度不同，E区域被分成E1和E2两个部分。由于受到E区域的支撑，使得C区域发生明显垮落，上覆岩层裂缝无明显变化，地表新增一条裂缝，编号为8号，但该裂缝对地表变形影响不大。采空区形状变成对称弧形，地表最终沉降量为1.2cm，采空区部分被充填。

（3）采空区倾角为50°

图5-9为采空区倾角为50°时破坏过程分析图。其中，图（a）为加载80N荷载后采空区图，1号裂缝从开始产生后一直发展延伸至地表；2号裂缝从采空区左下角底板边缘处开始发展并向采空区内部进行延伸；采空区右侧上边缘出现一条倾斜直线裂缝，编号为3号，裂缝一开始朝着地表延伸，倾角约为150°。受到2号裂缝影响，在采空左侧下边缘交点处产生一条弯曲裂缝，编号为5号，5号裂缝与2号裂缝贯通。左侧下边缘延伸出的7号裂缝宽度达0.3cm，采空区右侧上边缘继续延伸出一条裂缝，编号为8号，8号裂缝与1号裂缝部分重合，其方向与3号裂缝的方向平行向地表延伸。在上覆岩层自重作用下，采空区左侧下边缘周围的裂缝（包括2号、5号、6号）进一步压缩，但由于采空区左侧边缘整体性良好，该部分未发生剪切破坏。

由图（b）可知，加载100N荷载后地表处下沉继续增大，达0.8cm，采空区上覆岩层没有裂缝贯通，地表下沉，采空区上覆岩层整体向下，由于采空区左侧受力更大，上覆岩层向下压缩过程中，左侧受到的破坏更大。采空区右侧上边缘交点处围岩发生大面积垮落，A区域为垮落后空洞区域，垮落的围岩滑移至B区域。

由图（c）、（d）可知，加载120N和150N荷载后，地表达到最大下沉量，下沉量为1.0cm。地表下沉造成采空区逐渐被压缩，A区域围岩继续垮落，垮落的围岩充填了采空区，采空区已经完全变形，由A1轮廓线可知，左侧变形仍大于右侧变形。3号裂缝与7号裂缝贯通，由于贯通区域靠近地表，使得上覆岩层发生整体垮落。采空区左侧边缘处裂缝最终在一定深度范围内产生尖灭。对地表施加破坏荷载，采空区上山侧垮落程度远大于下山侧，因为上山侧围岩垮落

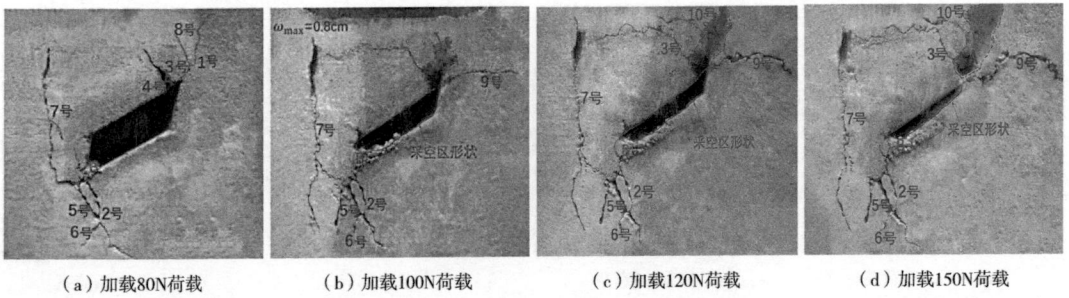

(a) 加载80N荷载　　　(b) 加载100N荷载　　　(c) 加载120N荷载　　　(d) 加载150N荷载

图 5-9　采空区倾角为 50° 时破坏过程分析图

后对下山侧起到支撑作用，减小了下山侧围岩垮落。下山侧受到上覆岩层自重应力以及荷载作用大于上山侧，使得下山侧变形大于上山侧。

2. 覆岩破坏规律分析

对比水平采空区（倾角为0°）、倾斜采空区（倾角为30°）、急倾斜采空区（倾角为50°）上部地表施加荷载后，采空区覆岩变形破坏状态和采空区最终破坏现象，如图5-10所示。由图可知：

（1）初次加载后，首先形成应力集中区，应力集中区范围随荷载增加而增大，此时应力集中区边缘为潜在剪切面。随着荷载增大水平采空区和倾斜采空区上表面两边缘点产生向上延伸裂缝，且裂缝逐渐向采空区覆岩移动，直至两条裂缝贯通，形成实际剪切面；由于急倾斜采空

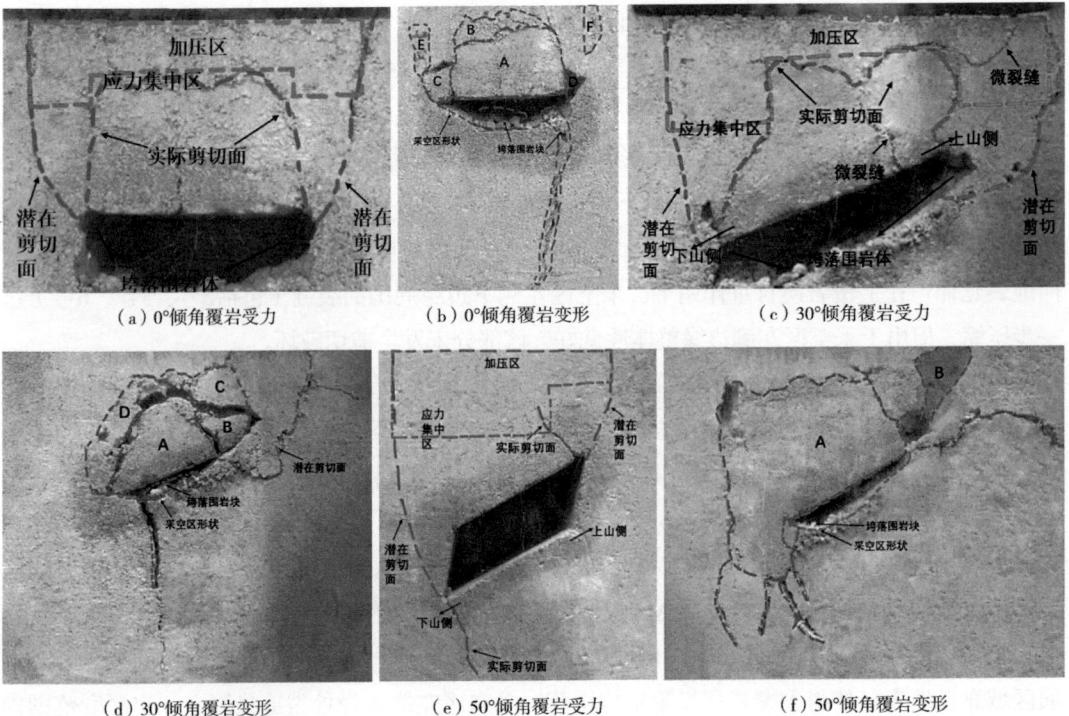

(a) 0°倾角覆岩受力　　　　　(b) 0°倾角覆岩变形　　　　　(c) 30°倾角覆岩受力

(d) 30°倾角覆岩变形　　　　　(e) 50°倾角覆岩受力　　　　　(f) 50°倾角覆岩变形

图 5-10　不同采空区倾角下覆岩受力分析和变形破坏图

区下山侧距地表深度较大，随着荷载增大，上山侧上表面最高点产生向上延伸裂缝，下山侧下表面最低点产生向下延伸裂缝，两裂缝几乎平行，均垂直于采空区倾斜方向，随着荷载增大，两裂缝分别延伸形成实际剪切面，造成围岩垮落。

（2）初次加载时，荷载均匀向下传递，随着荷载增大，不同倾角采空区裂缝发展不同，造成加压区发生变化。水平采空区由于实际剪切面的存在，加压区逐渐变成两边对称"凹"字形，倾斜采空区由于两裂缝发展形成的实际剪切面不对称，加压区逐渐变成不对称的"凹"字形，下山侧受到作用力更大；急倾斜采空区加压区先呈矩形，随着荷载作用及上山侧实际剪切面的发展，加压区范围向下山侧偏移，最终为倒台阶形。

（3）随着荷载增加，采空区最终变形破坏结果不一样。水平采空区实际剪切面内围岩发生整体垮落，实际剪切面和潜在剪切面间围岩随荷载增大发生垮落，两侧垮落应对称。倾斜采空区实际剪切面内围岩向下山侧发生垮落，由于倾角存在，采空区下山侧和上山侧顶板变形存在差异，上山侧顶板围岩在荷载作用下先于下山侧顶板围岩发生垮落，下山侧所受上部荷载和上覆岩层自重应力较大。加载过程中，采空区下山侧最低点出现一条向下延伸裂缝，随着荷载增大裂缝宽度扩大，在采空区覆岩整体垮落后，该裂缝扩大发展形成新采空区。急倾斜采空区由于荷载向下传递的特点，未在覆岩处产生实际剪切面，上山侧裂缝延伸形成实际剪切面，造成采空区上山侧顶板垮落，且荷载越大，垮落面积越大，形成大空洞，其垮落的围岩体滑移至下山侧，对下山侧围岩的垮落起到支撑作用。采空区中部顶板和下山侧顶板形成悬臂梁结构，荷载继续加大，悬臂梁整体发生垮落，采空区被充填，此时上山侧顶板垮落后留下较大封闭空间，形成了新采空区。

3．地表变形规律分析

由地表加载采空区覆岩变形破坏过程分析可知，在加载过程中，地表会产生细微裂缝，且逐渐向上延伸至地表造成地表沉降。采空区倾角不同，地表下沉量不同。比较采空区倾角对地表下沉量大小的影响，如表5-9所示。由表可知，随着采空区倾角增大，地表下沉量逐渐减小。采空区水平时，地表两侧下沉量相同，下沉量最大值发生在正中间；倾斜采空区两侧的地表下沉量不同，倾斜采空区下山侧对应的地表下沉量大于上山侧对应的地表下沉量，且随着倾斜角度增大，两侧地表下沉量差值越大。因此，急倾斜采空区需着重关注下山侧地表下沉。

不同倾角地表下沉量

表5-9

倾角	地表下沉量（cm）		
	采空区下山侧	采空区上山侧	最大值
0°	1.2	1.2	1.4
30°	0.9	0.8	1.2
50°	0.7	0.5	1.0

根据采空区倾角变化模型试验的结果分析，绘制地表变形图，如图5-11所示。采空区覆岩发生破坏后，地表变形区可划分为两个区域：连续变形区和非连续变形区。连续变形区内产生裂缝，裂缝的发展未影响到该部分地表整体稳定性。非连续变形区地表会出现较大裂缝，裂缝将影响到地表稳定性。非连续变形区的特点是出现台阶、塌陷坑等特征，在采空区覆岩发生剪切破坏后，剪切破坏区域内的围岩发生垮落，产生较大位移，进而影响到地表沉降，使地表形成较大塌陷，该部分发展成非连续变形，地表最大沉降发生在非连续变形区。

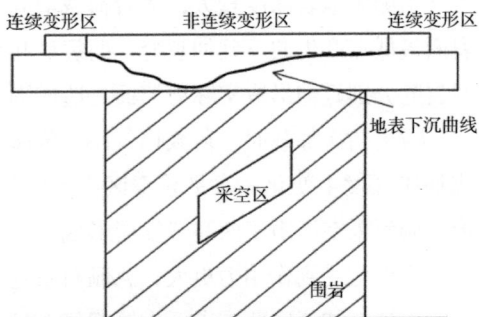

图 5-11　地表变形图

5.1.4　采空区深度对上覆岩层破坏模式的影响

本节取倾角为50°采空区为研究对象，改变采空区距离地表的采深，研究随着采深增大，地表和采空区上覆岩层变形破坏规律。

1. 加载破坏过程

（1）采深为3cm

图5-12为采空区采深为3cm时破坏过程分析图，图（a）为加载40N荷载后出现裂缝，且裂缝长度不断延伸，采空区上山侧与下山侧裂缝发展存在差异。由于采空区上山侧最高点与地表距离较小，随着加载后时间延长，上山侧最高点附近逐渐产生多条裂缝，从采空区向上散射状延伸四条裂缝，且受到采空区影响，采空区上山侧边缘所对应地表出现两条向下延伸裂缝，两部分裂缝逐渐贯通，影响上山侧围岩和地表变形。采空区下山侧最低点向右下延伸一条裂缝，编号为1号，1号裂缝与采空区倾斜方向呈90°倾角。

对比采空区上山侧和下山侧地表下沉和覆岩破坏，采空区上山侧地表沉降大于下山侧，上山侧覆岩破坏早于下山侧。采空区上表面出现一条裂缝，编号为2号裂缝，2号裂缝向采空区上覆岩层延伸，随着裂缝发展，将影响采空区上覆岩层稳定性。上山侧裂缝继续增多，裂缝与上山侧地表贯通，由于该部分地表裂缝较多且集中，地表易发生下沉以及围岩发生小面积垮落。采空区上山侧最高点附近围岩发生垮落，垮落后围岩滑移至A区域。

由图（b）可知，加载70N荷载后，地表的最大下沉量为0.4cm。采空区下山侧边缘上顶点出现一条裂缝与2号裂缝贯通，且贯通裂缝宽度增大，造成采空区上覆岩层发生垮落，B区域为采空区上覆岩层垮落。此时由垮落围岩滑移形成的A区域与B区域围岩在采空区下山侧接触，A区域围岩对B区域围岩起到支撑作用，使围岩B区域下半部分围岩无法继续垮落。采空区上山侧已存在的裂缝受到地表下沉的影响，裂缝范围扩大，且上覆岩层垮落形成垮落带，垮落带与地表之间产生多条裂缝而形成裂隙带，且垮落带面积增大，原因是采空区整体距离地表较近。

由图（c）和（d）可知，加载100N和120N荷载后，采空区上覆岩层垮落，造成垮落围岩

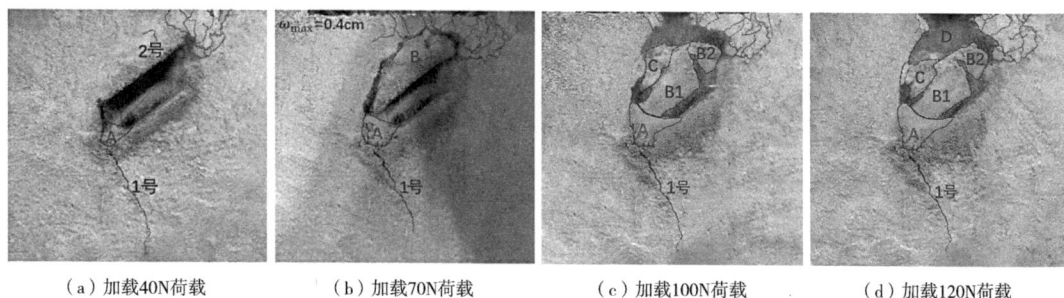

| （a）加载40N荷载 | （b）加载70N荷载 | （c）加载100N荷载 | （d）加载120N荷载 |

图 5-12　采空区采深为 3cm 时破坏过程分析图

与未垮落围岩之间产生大面积空洞。靠近地表围岩一方面受到荷载作用，裂缝宽度增大，一方面围岩失去下部支撑，发生围岩垮落，这是地表下沉形成塌陷区的开始。因为B区域内部产生裂缝，且下沉过程中受力不均匀，被分成B1区域和B2区域两部分，同时地表出现围岩垮落，影响到垮落区域裂缝变化，使C区域裂缝长度和宽度增大，导致C区域垮落，C区域垮落受到B区域支撑，B区域受到C区域的压力作用，继续发生向下垮落。随着采空区下山侧受到垮落围岩增多，受力也逐渐增大，所对应地表的不均匀沉降更明显。1号裂缝没有发生明显变化，因为A区域垮落围岩体较小，能够充填1号裂缝，减少裂缝继续扩大，最终在向下延伸的一定范围内产生尖灭。随着时间推移，B区域最终垮落至采空区最低点，地表处垮落区域进一步加大，空洞面积增大，形成新采空区。地表最大下沉量为1.2cm，地表两侧不均匀下沉达到最大。

（2）采深为9cm

图5-13为采空区采深为9cm时破坏过程图，由图（a）可知，加载100N荷载后，采空区上山侧最高点处延伸出一条裂缝，编号为1号，1号裂缝开始延伸，其延伸方向与采空区倾角方向垂直，随后1号裂缝向左上方移动，逐渐靠近地表。采空区下山侧最低点处延伸出一条裂缝，裂缝延伸方向与采空区倾角方向平行，编号为2号裂缝。在2号裂缝附近，从采空区内部延伸出一条裂缝，编号为3号，3号裂缝由垂直于采空区下表面的横断面向外延伸。由于1号裂缝在采空区上山侧最高点处裂缝宽度较大，远大于采空区下山侧2号裂缝和3号裂缝，故采空区上山侧围岩将先于下山侧围岩垮落。在采空区上山侧下表面边缘延伸出一条裂缝，编号为4号，4号裂缝向右下方延伸。采空区在下山侧和上山侧分别延伸出多条裂缝，且裂缝都靠近两侧边缘。观察已产生裂缝的发展和造成的影响，发现裂缝除了继续延伸，未造成采空区周围围岩垮落，亦未造成采空区覆岩和地表变形。4号裂缝周围产生两条裂缝，分别编号为5号裂缝、6号裂缝，其中5号裂缝位于采空区下山侧，裂缝向下延伸，6号裂缝位于采空区上山侧边缘，延伸方向向上，与7号裂缝有贯通趋势。8号裂缝和9号裂缝为地表新增裂缝，8号裂缝偏向于采空区上山侧，9号裂缝偏向于采空区下山侧。9号裂缝与1号裂缝实现贯通后裂缝产生分支，分支出的裂缝靠近采空区下山侧边缘，分支裂缝的发展可能造成下山侧围岩垮落。由于1号裂缝在靠近采空区段裂缝宽度足够大，造成裂缝附近部分围岩垮落，垮落后围岩滑移至采空区下山侧，如图中D区域。

由图（b）可知，加载120N荷载后，采空区地表无明显变形，下沉量可不计。采空上山

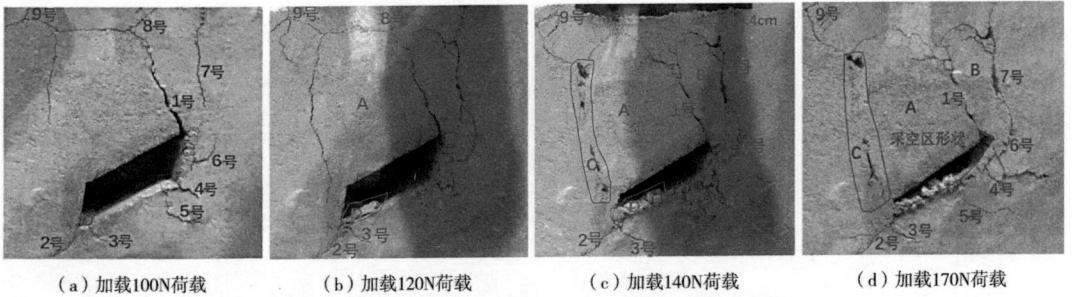

|(a) 加载100N荷载|(b) 加载120N荷载|(c) 加载140N荷载|(d) 加载170N荷载|

图 5-13　采空区采深为 9cm 时破坏过程分析图

侧和下山侧产生裂缝都无明显变化，由于上山侧裂缝较多，裂缝宽度较大，随着时间延长，上山侧垮落大块围岩体。由于上山侧裂缝的延伸，产生贯通采空区上覆岩层的裂缝，A区域为裂缝发展后极有可能发生剪切破坏后整体垮落。7号裂缝与6号裂缝贯通后，逐渐延伸出分支裂缝，分支裂缝向采空区覆岩方向延伸，与1号裂缝实现贯通，贯通后形成B区域，已垮落的围岩体为B区域围岩的一部分，随着荷载增大，B区域内围岩继续垮落，垮落围岩最终滑移至下山侧边缘，如图中D区域所示。由于受到上覆岩层自重应力和荷载较大，采空区下山侧出现破坏趋势，出现多条无序发展的裂缝。采空区上山侧附近围岩变化较小，随着荷载增大，下山侧地表受力增大，上山侧地表受力减小，使下山侧地表下沉量大于上山侧。

由图（c）可知，加载140N荷载后，地表产生较大下沉量，最大下沉量为0.4cm，且采空区下山侧所对应的地表变形大于上山侧。由于地表发生下沉，造成已产生的裂缝发生压缩。由地表向下延伸的裂缝在压缩过程中逐渐被充填后"消失"。A区域围岩向下发生整体垮落，由于A区域围岩较大，采空区面积有限，使A区域未与地表附近围岩发生分离，垮落后围岩向下山方向移动，使下山侧边缘产生完全变形。下山侧上覆岩层延伸的裂缝受到下山侧变形的影响，裂缝宽度增大，但因其裂缝由地表裂缝发展而来，受到地表沉降的压缩，使得裂缝变成C区域。B区域围岩体垮落后滑移至下山侧，B区域左侧受到A区域围岩的支撑作用，右侧受到围岩支撑作用，使B区域围岩无法向下垮落，减少了上山侧地表变形。

图（d）为加载170N荷载后，为采空区最终破坏状态。地表最终下沉量为0.8cm，此时地表不均匀变形达到最大，仍是左侧变形大于右侧。A区域围岩垮落后将采空区下山侧覆岩处产生的裂缝充填，下山侧不再产生变形。上山侧受到A区域围岩支撑作用，A区域围岩不再垮落，故B区域围岩保持稳定，不再发生围岩垮落现象。采空区被充填，但由于垮落的围岩块较大，围岩块未完全充填，因此，未充填区域不会对地表下沉和变形产生影响。

2．覆岩破坏规律分析

采空区为急倾斜采空区（倾角为50°），采空区在不同采深下，地表受力特点基本一致，采空区自重应力与采深深度成正比。图5-14为急倾斜采空区受力分析图，由图可知，由于采空区倾角较大，在下山侧和上山侧分别产生两条裂缝，裂缝延伸方向相反，随着荷载增加，裂缝逐渐发展成剪切面从而影响上覆岩层变形。随着采空区采深增加，采空区上覆岩层处加压区范围发生变化：采空区采深越大，地表附近加压区越大，此时采空区下山侧受力增大更快，加压区范围内围岩整体性越好。

图5-15为采深为3cm和9cm时采空区覆岩变形破坏图。对比采空区采深为3cm、6cm、9cm，上部地表堆填路基后，采空区覆岩变形破坏状态和采空区最终破坏现象。

（1）采空区采深不同，造成采空区覆岩的变形破坏状态存在差异。采深为3cm时，由于采空区距离地表较近，地表加载后采空区下山侧产生裂缝，随后采空区上山侧出现多条裂缝。下山侧裂缝发展影响到上表面，造成上表面变形，上

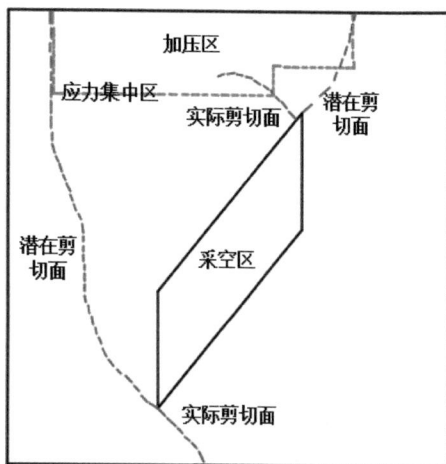

图5-14 急倾斜采空区受力分析图

山侧裂缝穿过上覆岩层，采空区上覆岩层在荷载作用下受到扰动，上山侧易发生剪切破坏，下山侧易变形坍塌，因此，荷载增加造成采空区上覆岩层垮落，垮落围岩体完全脱落，与地表岩层之间形成体积较大空洞。采深为6cm时，采空区上山侧和下山侧分别出现两条裂缝，且随着荷载增加，上山侧的裂缝发展成剪切面，上山侧由于受力特点围岩率先发生垮落，下山侧裂缝发展未影响下山侧围岩垮落，采空区顶板中部和下部围岩形成整体，荷载增大至一定值，中部和下部形成的围岩体失去平衡，发生岩体部分垮落，采空区被跨落部分充填，此时采空区上山侧上覆岩层发生垮落破坏，滑移至下山侧，上山侧和中部岩层形成的围岩发生整体垮落。采深为9cm时，采空区距离地表较远，上山侧裂缝无法延伸至地面，随着荷载增加，上山侧和下山侧裂缝发展存在局限性，使得上山侧产生小体积围岩垮落，垮落围岩未对上山侧的上覆岩层造成影响，采空区上覆岩层为一整体，根据受力特点，随着荷载增加，采空区下山侧边缘率先发生变形，造成采空区上覆岩层整体向下滑移。对比倾角相同，不同采深采空区受荷载作用后覆岩的变形状态，可见采空区距离地表越远，采空区上覆岩层整体性越好。

（2）对比不同采深，加载后采空区周围裂缝发展可发现，越靠近地表，采空区裂缝产生无

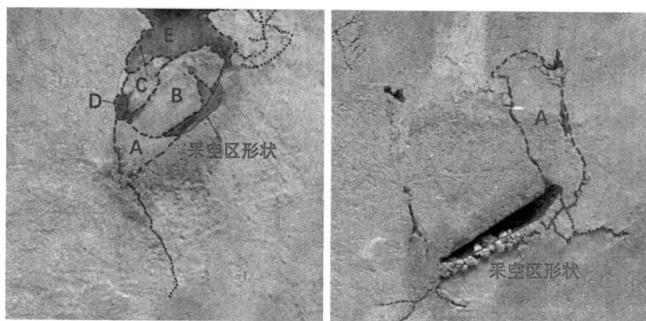

（a）采深为3cm   （b）采深为9cm

图5-15 采深为3cm和9cm时采空区覆岩变形破坏图

规律，裂缝延伸方向混乱，越远离地表，采空区裂缝较少，单一裂缝能够持续延伸，无分支裂缝产生。

（3）不同采深采空区，荷载作用后，采空区最终被充填程度不同，采深为3cm时，由于上覆岩层发生完全脱落，脱落后围岩体充填采空区，剩余体积率达到10%。采深为6cm时，由于采空区上山侧围岩垮落造成部分充填，随后中部和下部上覆岩层垮落，剩余体积率达到20%。采深为9cm时，采空区上覆岩层稳定性较好，采空区下山侧边缘破坏后，围岩整体滑移，采空区剩余体积率达到30%。随着采空区采深增加，采空区剩余体积率逐渐增大。

（4）采深为3cm时，由于裂缝发展迅速，采空区上覆顶板发生垮落，未形成悬臂梁结构。采深为6cm时，采空区上山侧上覆岩层率先垮落，由于受力特点，下山侧和中部的上覆岩层形成整体，犹如悬臂梁结构，随着荷载增加，悬臂梁结构发生破坏。采深为9cm时，采空区上覆岩层未发生大面积的垮落，上覆岩层整体性较好，无悬臂梁结构产生。对于采空区上覆岩层，需要在一定采深，才能形成悬臂梁结构。

3. 地表变形规律分析

对比采空区采深不同，采空区覆岩破坏状态。采空区覆岩的变形破坏，影响到地表的变形和下沉量。表5-10为不同采深地表下沉量。

不同采深地表下沉量

表5-10

采深（cm）	地表下沉量（cm）		
	采空区下山侧	采空区上山侧	最大值
3	1.0	0.9	1.2
6	0.7	0.5	1.0
9	0.6	0.4	0.8

由表可知，地表下沉量大小和煤层采空区采深呈反比。采空区距离地表越远，采空区覆岩整体性越好，覆岩下移量越小，地表下沉量越小。随着荷载增大，采空区上山侧垮落围岩体越小，采空区下山侧覆岩逐渐与采空区中部覆岩形成整体，上山侧围岩受到支撑作用，不再出现大块围岩下移，因此，采深越大，采空区两侧地表下沉量差值减小。

根据模型试验，得到不同采深下地表裂隙发展和移动简图，如图5-16所示。可见，对于向下延伸出裂缝条数，采深越小，即采空区距离地面越近，由地表延伸出的裂缝数越多，随着荷载增加，裂缝继续延伸并影响地表下沉量，因此，随着采深增大，地表最终下沉量减小。裂缝数较多造成地表变形程度加深，使非连续变形区更大，地表出现大面积塌陷区。

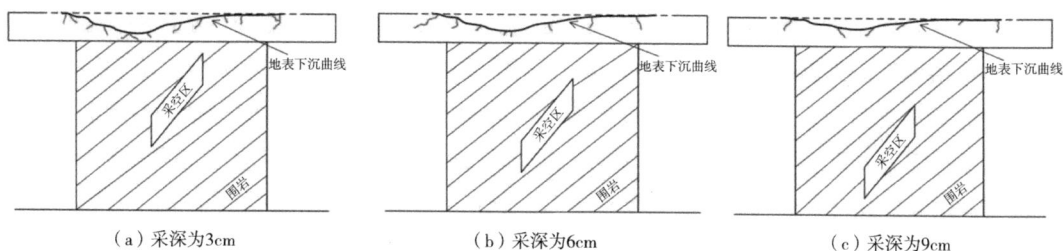

（a）采深为3cm   （b）采深为6cm   （c）采深为9cm

图 5-16   不同采深下地表裂隙发展和移动简图

5.1.5   路基堆载位置对上覆岩层破坏模式的影响

改变路基堆填加载位置，分析地表下沉量变化趋势，地表下沉差异原因，以及采空区覆岩的破坏状态。采用加载的方式模拟路基堆填，改变施加荷载位置模拟路基堆填位置变化。本节模型试验荷载施加位置分别为以采空区下山侧边缘、采空区正中心、采空区上山侧边缘对应地表为中心线施加荷载，采用急倾斜采空区（倾角为50°）为研究对象，上节对以采空区正中心对应地表为中心加载时采空区覆岩和地表变形规律进行了分析，本节对其他两种情况进行分析。

1．采空区上方路基不同加载位置破坏过程

（1）下山侧边缘对应地表处

图5-17为采空区下山侧边缘加载破坏过程分析图。由图（a）可知，加载70N荷载后，采空区下山侧边缘最低点产生一条裂缝，编号为1号，1号裂缝延伸方向与采空区方向垂直，逐渐向下延伸。采空区顶板底面产生一条裂缝，编号为2号，2号裂缝接近于采空区上表面正中间，方向垂直于采空区倾斜方向，并向上延伸至地表，对地表变形产生影响。采空区上山侧对应的地表产生一条裂缝，编号为3号，3号裂缝竖直向下延伸，逐渐向采空区上山侧边缘靠近。在采空区下山侧边缘附近，产生一条裂缝，编号为4号，4号裂缝由采空区附近向上延伸，由于力的传递极快，此时4号裂缝从产生到发展过程也极快。因为4号裂缝位置的特殊性以及裂缝延伸方向，对采空区破坏起到一定作用。

由图（b）可知，为加载90N荷载后，4号裂缝两端差距较明显，靠近采空区段裂缝条数继

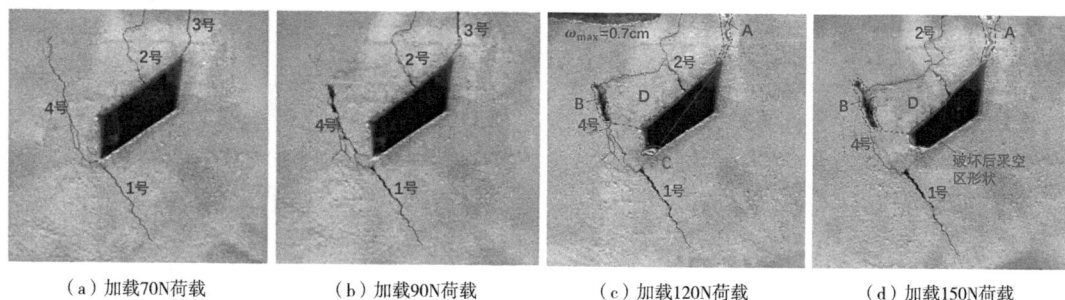

（a）加载70N荷载   （b）加载90N荷载   （c）加载120N荷载   （d）加载150N荷载

图 5-17   采空区下山侧边缘加载破坏过程分析图

续增大，且裂缝逐渐混乱，部分裂缝与1号裂缝连通，4号裂缝上半部分裂缝宽度明显增大，其原因是下山侧对应上覆岩层继续向下滑移，滑移后围岩全部荷载施加在采空区下山侧边缘附近，使该部分裂缝受拉力作用，其宽度增大。荷载和上覆岩层的作用使4号裂缝整体向下倾斜明显，上半部分裂缝继续增大形成小范围空洞，1号裂缝宽度增大，2号裂缝在采空区附近的宽度也明显增大，此时采空区覆岩层未发生变形，地表变形不明显。

由图（c）可知，加载120N荷载后，地表发生明显变形，加载两侧变形程度不一致，靠近采空区地表的变形更大，最大下沉量为0.7cm。3号裂缝围岩宽度发展较快，变成A区域的凹槽，4号裂缝上半部分裂缝在受力影响下，裂缝发展成空洞，如图中B区域所示，空洞全封闭，空洞仍存在无序延伸的裂缝。4号裂缝变形原因是D区域围岩整体向下滑移。采空区下山侧边缘发生变形，C区域垮落围岩来自采空区上山侧和D区域。

由图（d）可知，加载150N荷载后，A区域凹槽范围和B区域空洞范围增大，1号裂缝靠近采空区段被围岩滑移充填，裂缝向下延伸发生尖灭，对采空区下山侧影响有限。采空区下山侧边缘完全破坏，变成半圆形，上山侧边缘形状保持不变，对上山侧上覆岩层起到一定支撑，且上山侧无荷载作用，2号裂缝和A区域之间围岩未发生垮落。

（2）上山侧边缘对应地表处

图5-18为采空区上山侧边缘加载破坏过程分析图。由图（a）可知，加载50N荷载后，在加载处由地表延伸出一条裂缝，编号为1号，裂缝向采空区方向延伸。2号裂缝为位于靠近采空区下山方向对应地表处，裂缝向上山方向延伸，延伸速度快。2号裂缝与1号裂缝连接，两裂缝连接形成完整裂缝贯通，由于1号和2号裂缝宽度较小，对地表变形和下沉未产生较大影响，且两裂缝未与采空区直接接触，对采空区稳定性无影响。采空区下山侧边缘最低点延伸出一条裂缝，编号为3号，裂缝延伸方向与采空区倾斜方向平行。由于采空区附近以及地表产生的裂缝宽度较小，未造成采空区和地表变形。

由图（b）可知，加载70N荷载后，1号裂缝附近由地表延伸出一条裂缝，编号为4号，裂缝向下延伸与采空区下表面连接。荷载向下传递，使采空区下山侧边缘应力更大，3号裂缝受围岩影响，裂缝宽度继续增大，影响采空区下山侧边缘稳定性，引起下山侧边缘围岩的变形、垮落，下山侧边缘下表面变形影响上表面，产生5号裂缝，裂缝产生后向上覆岩层方向移动。B区域为采空区上覆岩层，1号和2号裂缝贯通未造成采空区上覆岩层脱落，但5号裂缝的存

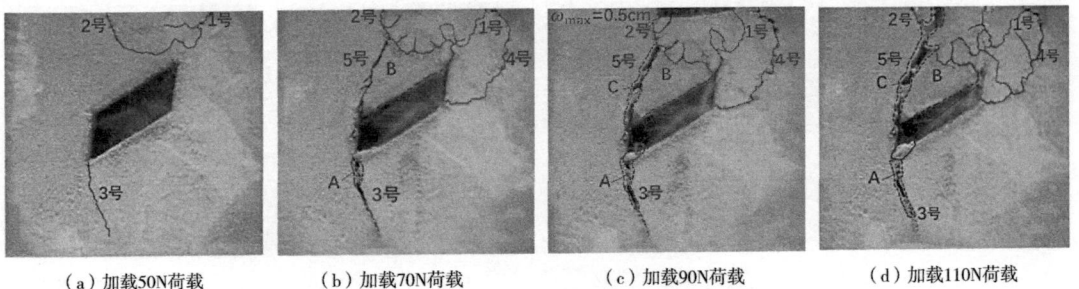

（a）加载50N荷载　　　（b）加载70N荷载　　　（c）加载90N荷载　　　（d）加载110N荷载

图5-18　采空区上山侧边缘加载破坏过程分析图

在，使采空区上覆岩层（B区域）发生明显脱落，5号裂缝宽度迅速增大至0.2cm。3号裂缝受到
垮落围岩体充填，使3号裂缝对下山侧影响程度减小，A区域为充填区域。采空区下山侧边缘
外侧围岩未受到加载直接作用，变形极小。

由图（c）可知，加载90N荷载后，地表下沉量增大明显，地表最大下沉量为0.5cm，因为
加载两侧围岩状态不同，采空区对应地表下沉量大于无采空区。B区域围岩继续向下垮落，但
1号和2号裂缝宽度较小，使B区域与上覆岩层继续连接，未发生完全垮落，5号裂缝受到B区域
垮落影响，裂缝宽度增大形成C区域，此时采空区下山侧边缘发生变形，边缘围岩发生垮落。
4号裂缝宽度增大，但由于上山侧围岩整体性较好，未造成围岩垮落，相比上山侧边缘，下山
侧边缘变形破坏更严重，因为下山侧受到荷载和上覆岩层的作用应力更大，3号裂缝发展快于1
号和2号裂缝，造成的破坏也更大。

由图（d）可知，加载110N荷载后，地表最大下沉量增大至0.9cm。5号裂缝形成的C区域
范围继续增大，B区域继续向下垮落。采空区上山侧围岩受裂缝错综贯通，但围岩仍保持整
体，上山侧围岩受荷载和上覆岩层作用有限，加载初期，易产生裂缝，且裂缝发展较快，但加
载稳定后，易产生的裂缝发展逐渐减缓，裂缝宽度变化不明显，使采空区上山侧裂缝数量远大
于下山侧，但裂缝造成的变形破坏远小于下山侧。

2. 覆岩破坏规律分析

图5-19为不同堆填位置受力分析图。可知，加载位置不同，加载后由于裂缝发展，造成地
表以下围岩的加压区发生变化。以采空区下山侧边缘对应地表为中心加载时，采空区上表面正中
间向上延伸出一条潜在裂缝，后发展为实际剪切面，此时，两剪切面之间为加压区。随着荷载增
大，实际剪切面发展造成上山侧围岩变形破坏。以采空区上山侧边缘对应地表为中心加载时，应
力集中区影响范围发生变化，下山侧潜在剪切面边界为采空区下山侧边缘，上山侧潜在剪切面为
采空区上山侧下表面，采空区上山侧最高点向地表方向延伸出一条裂缝，加压区位于两剪切面之
间，下山侧边缘延伸出的潜在剪切面在受力过程中发展成实际剪切面，后对采空区覆岩的变形破
坏起到重要作用。以采空区正中间为中心加载，造成的地表以下围岩受力区域最大，随着荷载增
大，该位置造成的采空区覆岩变形破坏最明显，地表下沉最大。

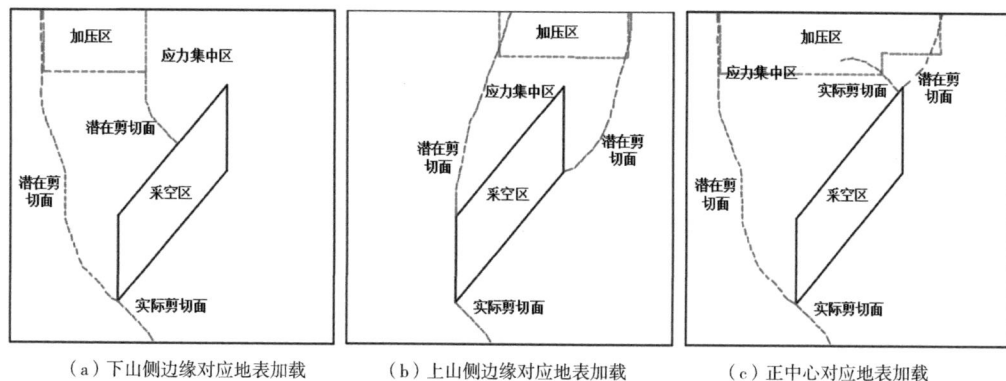

（a）下山侧边缘对应地表加载　　　　（b）上山侧边缘对应地表加载　　　　（c）正中心对应地表加载

图5-19　不同堆填位置受力分析图

3. 地表变形规律分析

研究荷载施加位置（以采空区下山侧边缘、采空区正中心以及以采空区上山侧边缘对应地表为加载中心）对地表下沉量的影响，得出地表沉降规律，分析造成下沉量差异原因。表5-11为不同加载位置地表下沉量。

不同加载位置地表下沉量　　　　　　　　　　　　　　表5-11

加载位置	地表下沉量（cm）		
	采空区下山侧	采空区上山侧	最大值
采空区下山侧边缘对应地表	0.65	0.4	0.7
采空区正中心对应地表	0.7	0.5	1.0
采空区上山侧边缘对应地表	0.9	0.4	0.9

由表可知，以采空区正中心对应地表为加载中心时，地表下沉量最大，最大下沉量为1.0cm，以采空区上山侧边缘对应地表为加载中心造成的下沉量次之，以采空区下山侧边缘对应地表为加载中心造成下沉量最小。采空区上山侧和下山侧对应地表造成下沉量存在差异是因为采空区为急倾斜采空区，加载位置不同，力分布不同。在采空区上方对应地表加载，荷载向下传递至采空区两边缘，产生裂缝后，采空区上覆岩层发生扰动，随着荷载增大，围岩垮落可能性大于其他位置加载，采空区覆岩垮落造成地表变形，使地表发生下沉，垮落的程度越大，地表下沉量越大。对比以采空区上山侧边缘对应地表为中心加载与以采空区下山侧边缘对应地表为中心加载，荷载分别传递至采空区上山侧边缘、采空区下山侧边缘，由于上山侧距离地表较近，直接受荷载作用，随荷载增大，地表下沉量增大；而下山侧距离地表较远，对其加载，荷载向下传递过程中产生力的削弱，使采空区下山侧边缘变形较小。因此，而急倾斜采空区上山侧和下山侧距地表距离不同，受荷载影响不同，且由于受力特点，以采空区下山侧边缘对应地表为中心加载采空区覆岩的整体性更好。

5.1.6　采空区上覆岩层稳定性评价方法

1. 均布荷载作用下采空区顶板临界深度公式

《工程地质手册》中采用极限平衡分析法评价采空区上覆岩层稳定性。图5-20为均布荷载作用下采空区上覆岩层受力分析图。A区域为采空区上方垮落区域，B、C区域为对采空区稳定性有影响的区域。

可知，A区域自重应力沿采空区开采范围的线荷载用G（$G=2a\gamma H$）表示。A区域内岩层向下垮落，B和C区域对A区域两侧作用向上侧摩阻力F（由侧压力P引起）。A、B、C区域以外的围岩对采空区稳定性影响较小，此处不考虑。根据《工程地质手册》给定的计算公式：

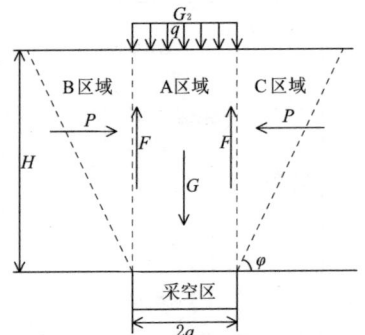

图5-20　均布荷载作用下采空区上覆岩层受力分析图

$$P = \frac{1}{2} \gamma H^2 \tan^2\left(45° - \frac{\varphi}{2}\right) \tag{5-1}$$

$$F = \frac{1}{2} \gamma H^2 \tan^2\left(45° - \frac{\varphi}{2}\right) \tan \varphi \tag{5-2}$$

式中　H——采空区的实际采深（m）；

　　　γ——围岩重力密度（N/m³）；

　　　φ——内摩擦角（°）。

采空区上方地表有荷载作用，其宽度与采空区开采范围相等。均布荷载对采空区顶作用力用 G_2 表示（方向向下）：

$$G_2 = 2aq \tag{5-3}$$

式中　G_2——路基作用在采空区上方线荷载（N/m）；

　　　$2a$——采空区开采范围（m）；

　　　q——作用于地表的均布荷载（Pa）。

根据围岩内部受力平衡可知，水平方向两侧压力 P 大小相等、方向相反、力作用在同一条直线上，则水平方向受力平衡。竖向合力用 Q 表示：

$$Q = 2a\gamma H + 2aq - \gamma H^2 \tan^2\left(45° - \frac{\varphi}{2}\right) \tan \varphi \tag{5-4}$$

式中　Q——沿采空区开采范围分布的竖向合力（N/m）。

当 $Q=0$ 时，采空区顶板竖向受力平衡，得出采空区上覆岩层稳定的临界深度 H_{cr}：

$$H_{cr} = \frac{2a\gamma + \sqrt{4a^2\gamma^2 + 8aq\gamma \tan^2\left(45° - \frac{\varphi}{2}\right) \tan \varphi}}{2\gamma \tan^2\left(45° - \frac{\varphi}{2}\right) \tan \varphi} \tag{5-5}$$

《工程地质手册》将采空区顶板稳定性划分为三个阶段：不稳定、稳定性差、稳定，如表5-12所示。

采空区稳定性评价划分　　　　　　　　　　　　表5-12

实际采深 H 与临界采深 H_{cr} 关系	采空区顶板稳定性评价
$H < H_{cr}$	不稳定
$H_{cr} < H < 1.5H_{cr}$	稳定性差
$1.5H_{cr} < H$	稳定

2. 考虑相对位置变化的采空区顶板临界深度公式

基于《工程地质手册》中极限平衡分析方法，将地表均布荷载改为路基荷载，改进其临界深度计算公式。从路基与采空区相对位置、路基宽度两种角度切入，依据工况扩展路基荷载作用下顶板临界深度计算公式。

（1）路基位于A区域上方

图5-21为路基作用于A区域上方时采空区上覆岩层受力分析图。可知，采空区顶板受A区域自重应力沿采空区开采范围分布的线荷载G和路基沿采空区开采范围分布的线荷载G_2作用，如式（5-6）所示。两侧受B和C区域向上的侧摩阻力F作用，如式（5-7）所示。

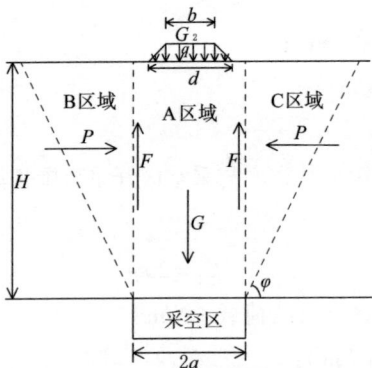

图5-21　路基作用于A区域上方时采空区上覆岩层受力分析图

$$G_2 = \frac{(b+d)}{2}q \qquad (5-6)$$

式中　G_2——公路沿采空区开采范围分布的线荷载（N/m）；

　　　　b——路基截面上边长（m）；

　　　　d——路基下边长（m）；

　　　　q——公路作用于地表的面荷载（Pa）。

$$2F = \gamma H^2 K \qquad (5-7)$$

式中 $K = \tan^2(45° - \varphi/2)\tan\varphi$。

竖向合力Q的表达式为：

$$Q = 2a\gamma H + \frac{(b+d)}{2}q - \gamma H^2 K \qquad (5-8)$$

对式（5-8）进行整理得到简化计算式，当竖直向下和向上的应力大小相等，即当Q=0时得到临界深度H_{cr}的简化计算式为：

$$H_{cr} = \frac{2a\gamma + \sqrt{4a^2\gamma^2 + 4q\gamma\dfrac{(b+d)}{2}K}}{2\gamma K} \qquad (5-9)$$

（2）采空区顶板临界深度计算公式汇总

将路基加载宽度与采空区开采范围分为四个类型：$0 < d \leq 2a$；$2a < d \leq 2a + H/\tan\varphi$；$2a + H/\tan\varphi < d \leq 2a + 2H/\tan\varphi$；$2a + 2H/\tan\varphi \leq d$。表5-13为改进公式的工况列表及所对应的公式。其中，$H/\tan\varphi$为围岩内摩擦角在地表的作用范围，m；x为路基截面左侧边缘偏移采空区左侧边缘的距离，m；b_1为路基截面坡度的水平方向投影长度，m。

表5-13

改进公式的工况列表及所对应的公式

类型	工况	改进公式	简图
	路基位于A区域上方	$①H_{cr} = \dfrac{2a\gamma + \sqrt{4a^2\gamma^2 + 4q\gamma\frac{(b+d)}{2}K}}{2\gamma K}$	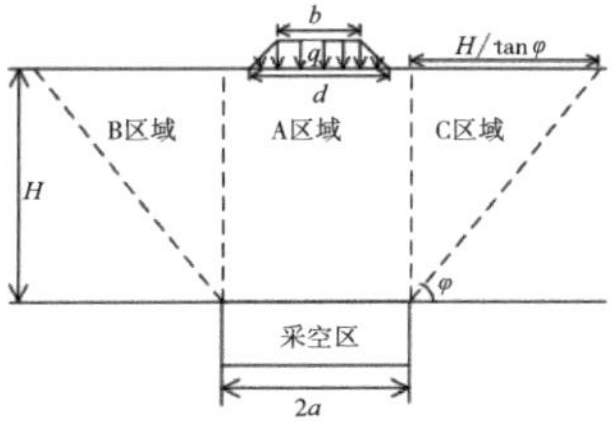
	路基部分位于A区域上方	$②H_{cr} = \dfrac{2a\gamma + \sqrt{4a^2\gamma^2 + 4q\gamma K[\frac{2(d-x)-b_1}{2} - xK\tan(45°+\frac{\varphi}{2})]}}{2\gamma K}$	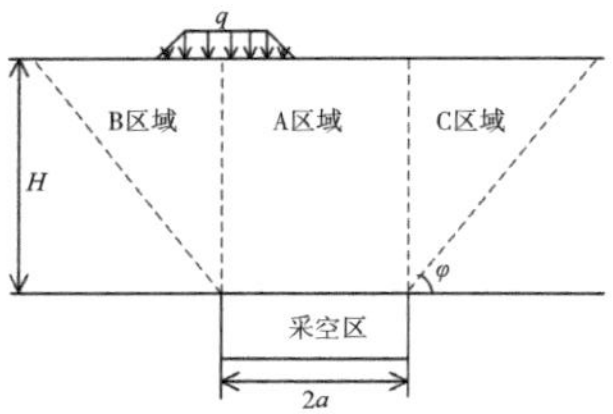
	路基位于B区域上方	$③H_{cr} = \dfrac{2a\gamma + \sqrt{4a^2\gamma^2 - 4q\gamma dK^2\tan(45°+\frac{\varphi}{2})}}{2\gamma K}$	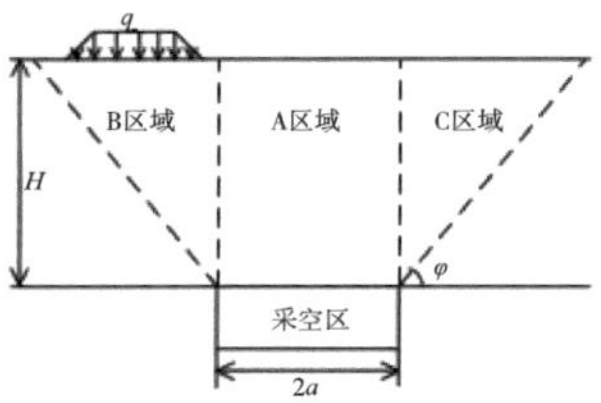
$0<d\leqslant 2a$	路基部分位于B区域上方	$④H_{cr} = \dfrac{2a\gamma - \frac{qK}{\tan\varphi}\tan(45°+\frac{\varphi}{2}) + \sqrt{[2a\gamma - \frac{qK}{\tan\varphi}\tan(45°+\frac{\varphi}{2})]^2 - 4q\gamma(2d-2x)K^2\tan(45°+\frac{\varphi}{2})}}{2\gamma K}$	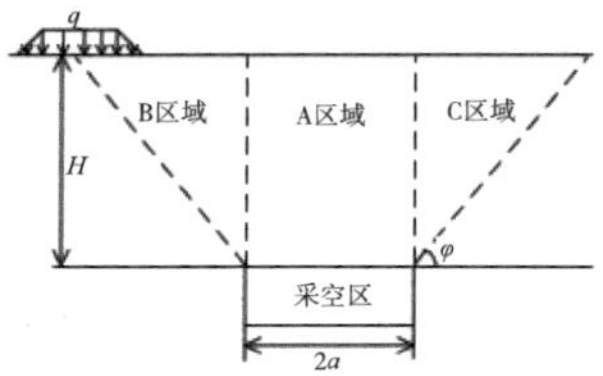

续表

类型	工况	改进公式	简图
$0 < d \leqslant 2a$	路基完全位于B区域上方以外	⑤$H_{cr} = \dfrac{2a}{\tan^2(45° - \frac{\varphi}{2})\tan\varphi}$	
$2a < d \leqslant 2a + H/\tan\varphi$	路基满布于A区域上方	⑥$H_{cr} = \dfrac{2a\gamma + \sqrt{4a^2\gamma^2 + 4q\gamma K[2a - (x+y)K\tan(45° + \frac{\varphi}{2})]}}{2\gamma K}$	
	路基满布于B区域上方	⑦$H_{cr} = \dfrac{2a\gamma - \dfrac{qK}{\tan\varphi}\tan(45° + \frac{\varphi}{2}) + \sqrt{[2a\gamma - \dfrac{qK}{\tan\varphi}\tan(45° + \frac{\varphi}{2})]^2 + 2q\gamma K(2d - 3b_1)}}{2\gamma K}$	
	路基部分位于B区域上方	同④	

续表

类型	工况	改进公式	简图
$\dfrac{2a+Hl}{\tan\varphi} < d \leq 2a+\dfrac{2Hl}{\tan\varphi}$	路基满布于 A 区域上方且部分位于 B、C 区域上方	同⑥	
	路基满布于 A、B 区域上方	⑧ $H_{cr}=\dfrac{2a\gamma-\dfrac{qK\tan(45°+\frac{\varphi}{2})}{\tan\varphi}+\sqrt{\left[2a\gamma-\dfrac{qK\tan(45°+\frac{\varphi}{2})}{\tan\varphi}\right]^2-4q\gamma K^2 y\tan(45°+\frac{\varphi}{2})}}{2\gamma K}$	
	路基满布于 B 区域上方且部分位于 A 区域上方	同⑦	
	路基部分位于 B 区域上方	同④	

续表

类型	工况	改进公式	简图
$2a+2H/\tan\varphi \leq d$	路基满布于A、B、C区域上方	⑨ $H_{cr} = \dfrac{2a\gamma - \dfrac{2qK\tan(45°+\frac{\varphi}{2})}{\tan\varphi} + \sqrt{[2a\gamma - \dfrac{2qK\tan(45°+\frac{\varphi}{2})}{\tan\varphi}]^2 + 8aq\gamma K}}{2\gamma K}$	
	路基满布于A、B区域上方	同⑧	
	路基满布于B区域上方	同⑦	
	路基部分位于B区域上方	同④	

5.2　不同技术治理采空区路基的数值模拟受力变形对比

5.2.1　采空区数值模型

1．模型概况

数值模拟中采空区为沿 X 轴贯通的水平巷道，尺寸为96m×6m×6m。围岩尺寸为96m×96m×50m，将围岩划分为两层，上层为强风化粉砂岩，下层为中风化粉砂岩。路基高度为5m，其坡度为1∶1.5。路基上表面宽度为32m。路面承受车辆均布荷载大小为20kPa，图5-22为FLAC 3D数值模拟模型简图。

采空区治理技术包括路基土中放置钢筋混凝土板和充填采空区。钢筋混凝土板治理：钢筋混凝土板直接放置于采空区上方地表，其沿采空区走向满布。板宽取12m，略大于采空区开采范围，板厚取20cm。其中混凝土采用C30，钢筋采用HRB400。图5-23为钢筋混凝土板铺设位置图。充填治理：选取C30混凝土进行充填，数值模拟时实现100%充填。

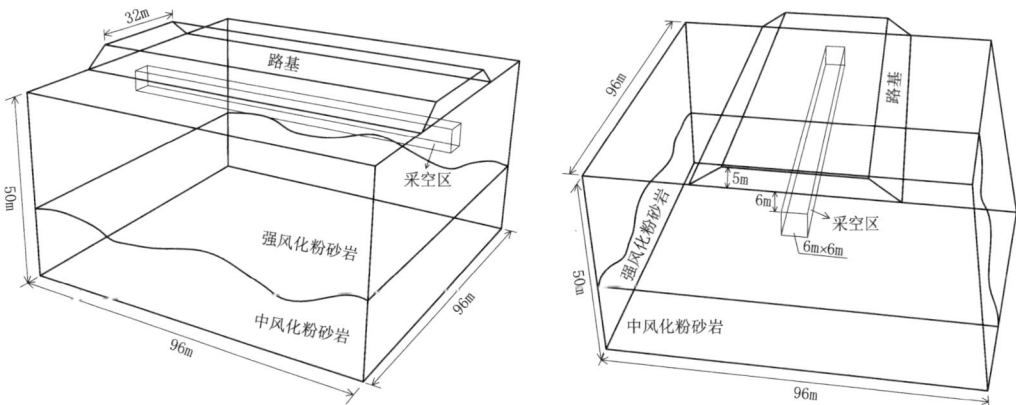

图 5-22　FLAC 3D 数值模拟模型简图

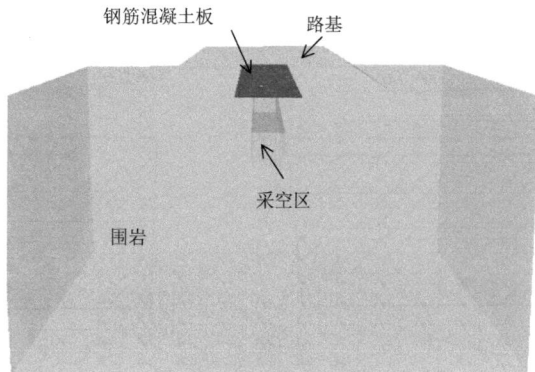

图 5-23　钢筋混凝土板铺设位置图

2. 材料力学参数与边界条件

围岩、煤层、路基土均采用Mohr-Coulomb本构。模拟煤层开挖形成采空区是将煤层Mohr-Coulomb本构重新赋予空模型（Null）本构，实现煤层100%开挖。混凝土填料采用弹性本构，钢筋混凝土板采用实体单元，赋予弹性本构。表5-14为采空区路基各层材料力学参数。

模型整体进行初始地应力平衡后模拟煤层开挖，对煤层赋予空模型。煤层区域形成采空区后位移清零，作为采空区治理前初始状态。将模型四周和底部设置为固定边界，不考虑位移，只考虑模型上表面发生位移。

采空区路基各层材料力学参数   表5-14

层位	密度 （kg/m³）	体积模量 （MPa）	剪切模量 （MPa）	黏聚力 （MPa）	内摩擦角（°）	抗拉强度 （MPa）
中风化粉砂岩	2270	117	54	0.130	33	0.07
强风化粉砂岩	2170	100	48	0.100	30	0.042
煤层	1710	67	31	0.040	20	0.05
普通路基土	1810	56	19	0.030	21	—
钢筋混凝土板	2500	16700	12500	—	—	—
混凝土填料	2420	5190	3240	—	—	—

3. 模拟施工过程与监测点布置

钢筋混凝土板治理施工步骤：首先在采空区上方地表放置钢筋混凝土板，随后堆填路基。充填治理施工步骤：首先采用混凝土填料充填采空区，随后堆填路基。

图5-24为1-1截面，2-2截面监测点布置图。其中1-1截面为Y=48m；2-2截面为X=48m。1-1截面沿X轴在地表和路面间隔10m布置监测点，首个监测点位置为（10，48，50）、（10，48，55），共布置9个监测点。2-2截面沿Y轴在地表间隔6m布置监测点，首个监测点位置为（48，25，50），共布置9个监测点；沿Y轴在路面间隔4m布置监测点，首个监测点位置为（48，32，55），共布置9个监测点。

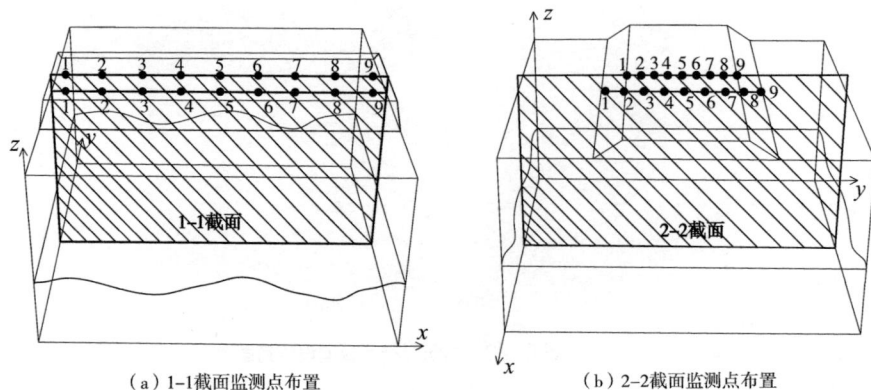

（a）1-1截面监测点布置   （b）2-2截面监测点布置

图5-24   监测点布置图

5.2.2　采空区路基力学性能分析

1.竖向位移分析

图5-25为治理前后采空区路基竖向位移云图。图5-26为治理前后采空区路基沿Z方向变形图。可知，治理前，路基发生的最大沉降为3.84cm。通过钢筋混凝土板、充填治理后，路基发生最大沉降为3.06cm、3.12cm。相比治理前沉降减小20.3%、18.8%。钢筋混凝土板对改善采空区路基竖向变形治理效果最优，充填治理后地下围岩的整体性更强，路基沉降更均匀。

图5-27为治理前后地表和2-2截面路基竖向位移曲线图。可知，2种治理技术对地表和路面沉降影响表现为钢筋混凝土板治理效果最强，充填治理次之。钢筋混凝土板、充填治理后，与治理前相比地表沉降量分别减少25.4%、23.8%；路面沉降量分别减少22.3%、18.1%。

2.应力分析

图5-28为治理前后采空区路基最小主应力云图。可知，路基最小主应力表现为压应力。治理前，路基压应力最大值为0.02MPa，采空区顶板压应力最大值为0.2MPa。表5-14中强风化粉砂岩抗拉强度为0.042MPa。通常抗拉强度/抗压强度为1/20~1/10，本节取1/10，即强风化粉砂岩的抗压强度为0.42MPa。对比采空区顶板最大压应力值与围岩极限抗压强度，采空区顶板稳定，但采空区两侧出现应力集中，压应力最大值为0.5MPa，两侧易发生破坏。钢筋混凝土板治理后，采空区两侧应力集中得到缓解，应力重分布。充填治理后，围岩应力变化更均匀，混凝土充填对采空区两侧起支撑作用，减缓了采空区两侧剪切破坏。

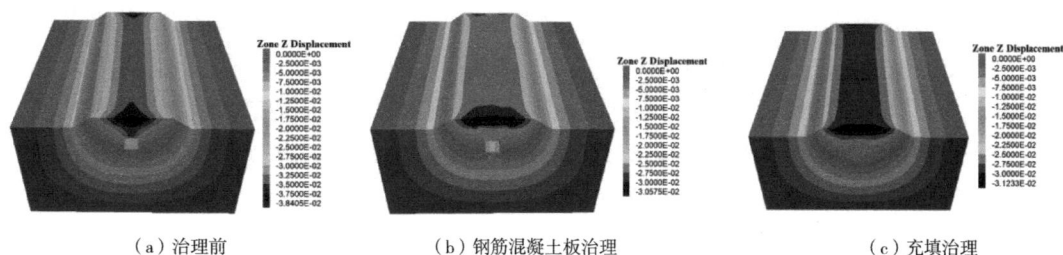

（a）治理前　　　　　　　　（b）钢筋混凝土板治理　　　　　　　　（c）充填治理

图5-25　治理前后采空区路基竖向位移云图（单位：m）

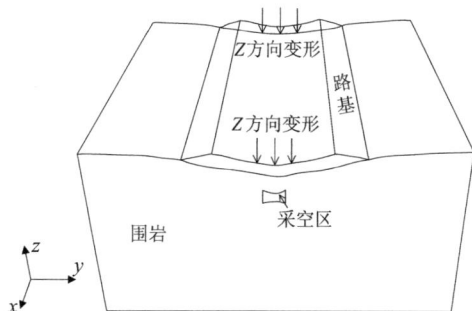

图5-26　治理前采空区路基沿Z方向变形图

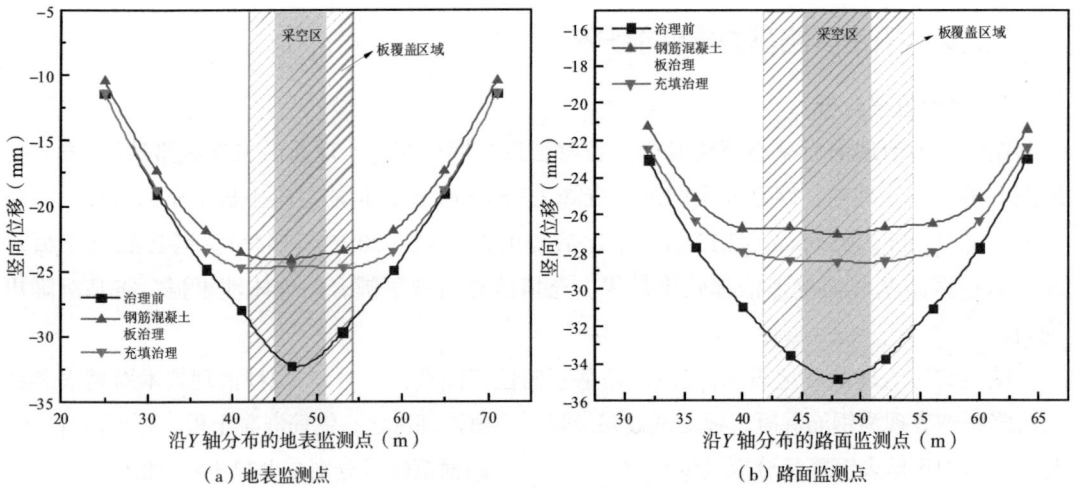

(a) 地表监测点

(b) 路面监测点

图 5-27 治理前后地表和 2-2 截面路基竖向位移曲线图

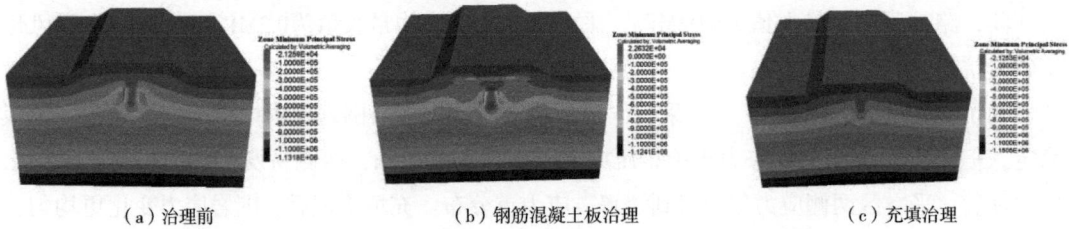

(a) 治理前

(b) 钢筋混凝土板治理

(c) 充填治理

图 5-28 治理前后采空区路基最小主应力云图（单位：Pa）

图 5-29 为治理前后采空区路基最大主应力云图。可知，路基最大主应力表现为拉应力。治理前，路基拉应力最大值为 0.01MPa，采空区顶板受压应力作用，压应力最大值为 0.05MPa，未发生拉伸破坏。钢筋混凝土板治理后，采空区顶板压应力最大值增大为 0.1MPa。钢筋混凝土板自重作用造成采空区顶板压应力增大，但未造成采空区垮落破坏。充填治理后，路基所受拉应力减小，充填区域受压应力作用，压应力最大值为 0.07MPa。

3. 塑性区分析

图 5-30 为治理前后采空区路基塑性区分布图。可知，治理前采空区顶板无塑性区，与应力变化分析结果一致。采空区两侧出现剪切破坏区域。钢筋混凝土板和充填治理后，采空区路基未出现塑性区，尤其充填治理后，地下围岩整体性强，应力分布更均匀。

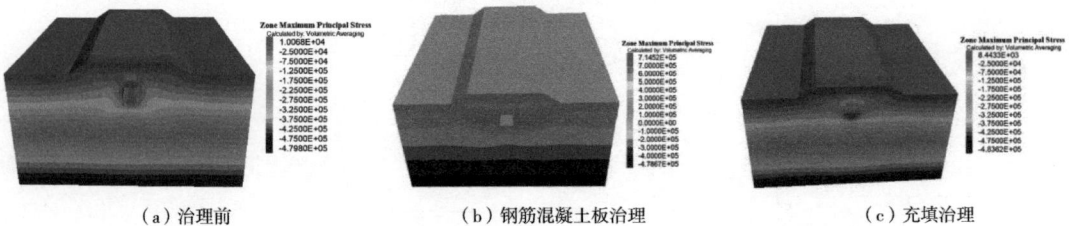

(a) 治理前

(b) 钢筋混凝土板治理

(c) 充填治理

图 5-29 治理前后采空区路基最大主应力云图（单位：Pa）

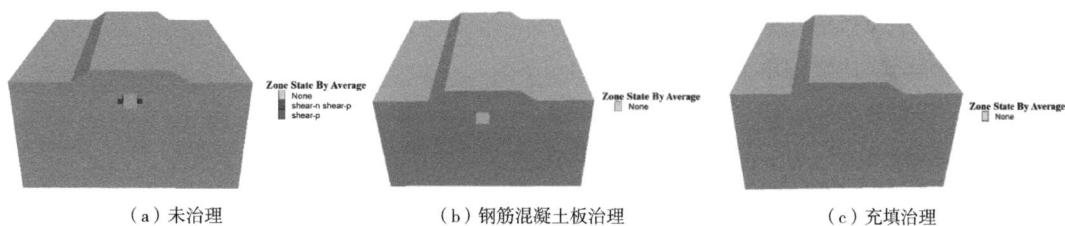

（a）未治理　　　　　　　　　（b）钢筋混凝土板治理　　　　　　　　（c）充填治理

图 5-30　治理前后采空区路基塑性区分布图

5.2.3　治理技术共性因素对采空区路基力学性能的影响

图 5-31 为采空区顶板和两侧监测点布置图。下文将根据模型的采空区角度不同选取对应的顶板和两侧监测点布置图。利用 FLAC 3D 软件模拟两种技术在共性因素变化下治理效果和受力特点。表 5-15 为共性因素变化工况表。

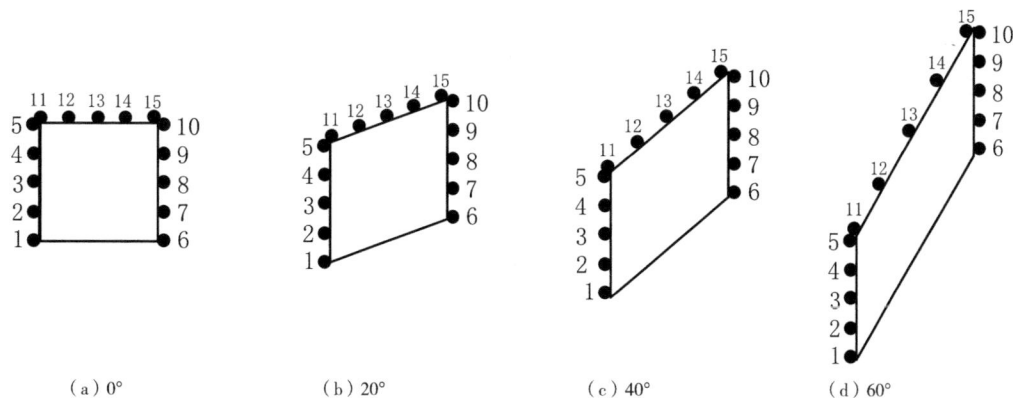

（a）0°　　　　　　　　　（b）20°　　　　　　　　　（c）40°　　　　　　　　　（d）60°

图 5-31　采空区顶板和两侧监测点布置图

共性因素变化工况表　　　　　　　　　　　　　　　表 5-15

影响因素	工况
采空区倾角（°）	0、20、40、60
采空区深厚比	1:1、2:1、4:1、6:1
路基高度（m）	5、6、7、8
采空区与路基相对位置（m）	沿 Y 轴正向偏移 0、10、20、30

利用式（5-10）计算采空区两侧监测点的抗剪安全系数 K_a：

$$K_a = \frac{c\cos\varphi - 0.5(\sigma_1 + \sigma_3)\sin\varphi}{0.5(\sigma_1 - \sigma_3)} \geqslant [K_a] = 1.2 \tag{5-10}$$

式中　K_a——岩石抗剪安全系数；

　　　φ——计算内摩擦角（°）；

　　　c——黏聚力（kPa）；

　σ_1、σ_3——最大主应力、最小主应力（kPa）。

1．采空区倾角

（1）治理前

1）竖向位移分析

图5-32为治理前不同采空区倾角下地表和路面竖向位移曲线图。可知，路基发生最大沉降位置随采空区倾角增大向其左侧移动。以采空区路基正中为界，采空区倾角越大，路基左侧发生沉降越大，路基右侧发生沉降越小。采空区倾角为0°、20°、40°、60°，地表最大沉降量分别为3.23cm、3.34cm、3.41cm、3.89cm；路面最大沉降量分别为3.48cm、3.56cm、3.58cm、3.98cm。

2）应力分析

表5-16为治理前不同采空区倾角下顶板应力统计表。根据采空区破坏状态，采空区顶板破坏形式主要为压坏，上部荷载作用造成采空区顶板垮落。可知，强风化粉砂岩极限抗压强度为420kPa。不同倾角采空区顶板所受压应力均小于围岩极限抗压强度，采空区顶板稳定。随采空区倾角增大，其下山侧顶板所受最小主应力增大，上山侧顶板所受最小主应力减小。采空区上山侧顶板越靠近地表，顶板最大主应力表现为拉应力，拉应力增大。

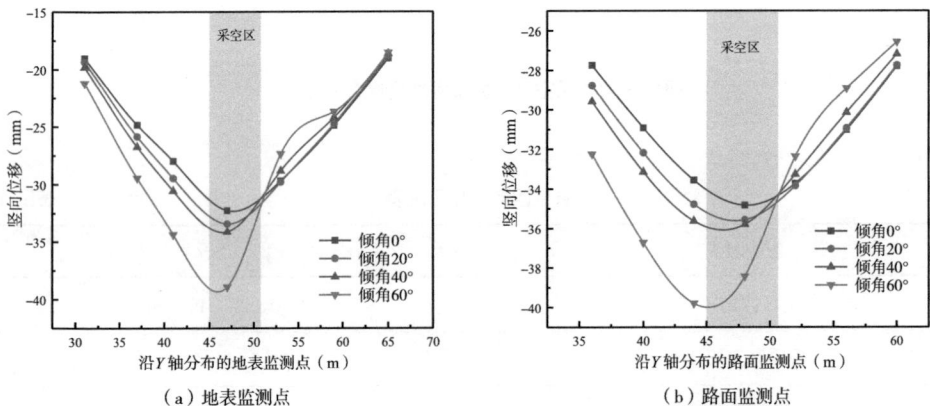

（a）地表监测点　　　　　　　（b）路面监测点

图5-32　治理前不同采空区倾角下地表和路面竖向位移曲线图

治理前不同采空区倾角下顶板应力统计表（kPa）　　　　　表5-16

监测点		倾角 0°	倾角 20°	倾角 40°	倾角 60°	围岩抗压强度
11	最小主应力	−255.1	−327.8	−390.0	−418.2	420
	最大主应力	−45.1	−16.5	−32.9	−30.0	

	监测点	倾角 0°	倾角 20°	倾角 40°	倾角 60°	围岩抗压强度
12	最小主应力	−181.7	−89.9	−97.8	−253.9	
	最大主应力	−10.6	27.6	13.6	4.7	
13	最小主应力	−71.4	−80.7	−35.2	−105.4	
	最大主应力	−28.2	25.4	26.6	7.1	420
14	最小主应力	−181.9	−126.9	−62.7	−62.1	
	最大主应力	−14.4	39.0	31.0	13.7	
15	最小主应力	−255.4	−252.2	−210.2	−377.9	
	最大主应力	−54.7	11.8	36.9	76.5	

3）塑性区分析

表5-17为治理前不同采空区倾角下两侧边缘监测点抗剪安全系数表。利用式（5-10）计算抗剪安全系数K_a。可知，治理前，采空区两侧监测点抗剪安全系数K_a均小于1.2，采空区易发生剪切破坏。采空区倾角越大，其两侧K_a相差越大，采空区下山侧边缘越容易出现剪切破坏。

治理前不同采空区倾角下两侧边缘抗剪安全系数表   表5-17

监测点		倾角 0°	倾角 20°	倾角 40°	倾角 60°
采空区左侧边缘	1	1.379	1.055	1.056	1.061
	2	1.097	1.002	0.917	1.003
	3	1.001	1.008	1.000	1.014
	4	1.121	1.001	1.002	1.000
	5	1.539	1.041	1.027	1.011
采空区右侧边缘	6	1.378	1.037	1.047	1.096
	7	1.097	1.001	1.001	1.082
	8	1.002	1.007	1.000	1.135
	9	1.121	1.001	1.002	1.148
	10	1.635	1.079	1.117	1.135

图5-33为治理前不同采空区倾角下采空区路基塑性区分布图。可知，采空区倾角越大，塑性区分布范围越大，且主要分布在其两侧，采空区两侧主要发生剪切破坏。采空区顶板无塑性区分布，基本稳定。

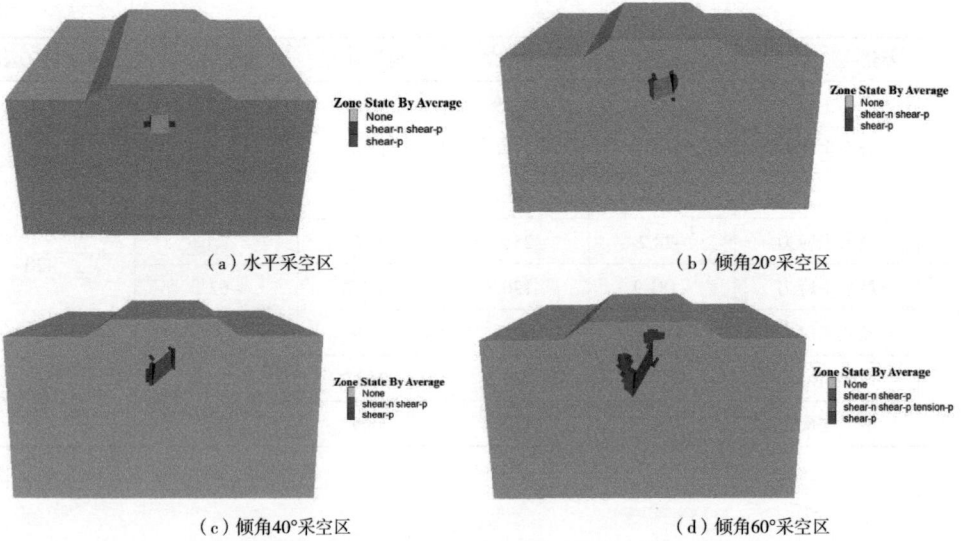

（a）水平采空区　　　　　　　　　　　　　（b）倾角20°采空区

（c）倾角40°采空区　　　　　　　　　　　　（d）倾角60°采空区

图5-33　治理前不同采空区倾角下采空区路基塑性区分布图

（2）钢筋混凝土板治理

图5-34为钢筋混凝土板治理后不同采空区倾角下地表和路面竖向位移曲线图。可知，采空区倾角越大，其下山侧路基沉降越大，上山侧路基沉降越小。由于板厚不可忽略，钢筋混凝土板边缘产生边端效应造成地表和路面中靠近板边缘监测点沉降增大。采空区倾角为0°、20°、40°、60°时，钢筋混凝土板治理后地表沉降分别减小25.4%、26.9%、28.2%、32.6%；路面沉降分别减小22.1%、23.3%、23.5%、27.6%。综上，随采空区倾角增大，地表和路面沉降变化越大，治理效果越好。

表5-18为钢筋混凝土板治理后不同采空区倾角下顶板应力统计表。可知，钢筋混凝土板治理后，采空区顶板所受压应力略有增大，拉应力减小。

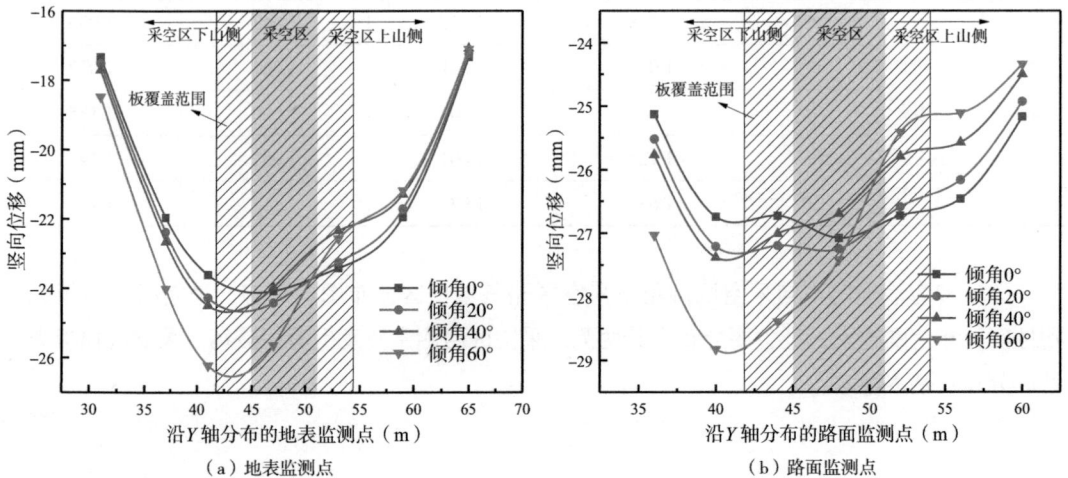

（a）地表监测点　　　　　　　　　　　　　　（b）路面监测点

图5-34　钢筋混凝土板治理后不同采空区倾角下地表和路面竖向位移曲线图

钢筋混凝土板治理后不同采空区倾角下顶板应力统计表（kPa）　　表5-18

	监测点	倾角 0°	倾角 20°	倾角 40°	倾角 60°	围岩抗压强度
11	最小主应力	−269.7	−279.6	−287.5	−359.7	
	最大主应力	−63.4	−37.5	−129.7	−11.4	
12	最小主应力	−206.5	−161.8	−192.6	−219.9	
	最大主应力	−6.4	−15.2	−3.5	9.1	
13	最小主应力	−115.9	−130.4	−117.7	−65.3	420
	最大主应力	18.9	18.8	19.2	12.1	
14	最小主应力	−206.5	−49.5	−38.6	−14.4	
	最大主应力	−10.1	−7.6	14.6	35.0	
15	最小主应力	−270.6	−176.9	−167.2	−85.2	
	最大主应力	−62.5	−67.1	−83.2	51.5	

表5-19为钢筋混凝土板治理后不同采空区倾角下两侧边缘监测点的抗剪安全系数表。由表可知，钢筋混凝土板治理后，采空区两侧基本稳定。倾角40°和60°采空区下山侧边缘由于采深较大，部分区域K_a小于1.2。

钢筋混凝土板治理后不同采空区倾角下两侧边缘抗剪安全系数表　　表5-19

监测点		倾角 0°	倾角 20°	倾角 40°	倾角 60°
采空区左侧边缘	1	1.468	1.563	1.818	1.897
	2	1.369	1.326	1.349	1.232
	3	1.201	1.217	1.121	1.045
	4	1.358	1.246	1.090	1.061
	5	1.614	1.371	1.161	0.943
采空区右侧边缘	6	1.413	1.331	1.236	1.212
	7	1.357	1.360	1.282	1.260
	8	1.214	1.238	1.328	1.325
	9	1.394	1.248	1.421	1.633
	10	1.633	1.639	1.585	2.995

图5-35为不同采空区倾角下钢筋混凝土板竖向应力曲线图。可知，以钢筋混凝土板正中为界，板左侧压应力略小于板右侧。采空区倾角大于20°时，随采空区倾角增大，钢筋混凝土板所受压应力增大。采空区倾角为0°、20°、40°、60°，其上方板所受最大竖向应力分别为81kPa、105.7kPa、108kPa、139.7kPa，且最大竖向应力出现在采空区上山侧对应板。综上，

采空区倾角越大，造成钢筋混凝土板所受竖向应力增大。钢筋混凝土板抗压强度可达到30MPa以上，板所受压应力远小于极限抗压强度，因此，板不会发生破坏。

（3）充填治理

图5-36为充填治理后不同采空区倾角下地表和路面竖向位移曲线图。可知，充填治理后，随采空区倾角增大，地表和路面沉降越小。地表和路基沉降曲线呈"U"形。采空区倾角为0°、20°、40°、60°时，治理前后地表沉降分别减少23.2%、27.5%、29.9%、40.9%；路面沉降分别减少18.1%、21.3%、22.9%、31.2%。综上，采空区倾角增大，充填治理效果越好。

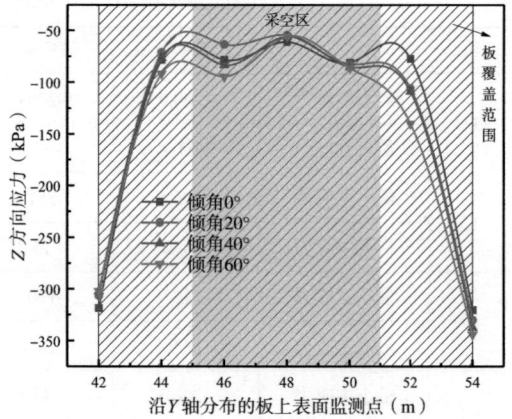

图5-35   不同采空区倾角下钢筋混凝土板竖向应力曲线图

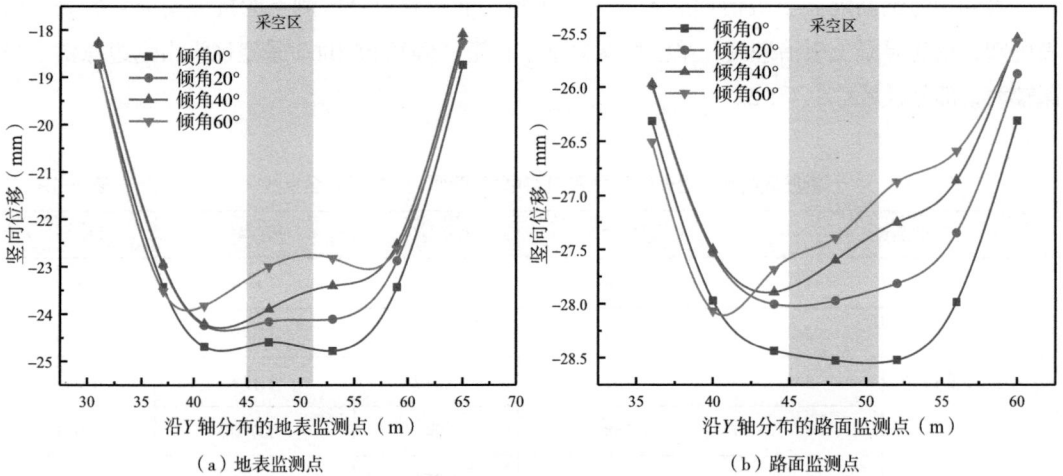

（a）地表监测点

（b）路面监测点

图5-36   充填治理后不同采空区倾角下地表和路面竖向位移曲线图

图5-37为充填治理后不同采空区倾角下2-2截面采空区周围最小主应力云图。可知，充填治理后，充填区域最小主应力为压应力。采空区顶板压应力对比治理前有所增大，且作用范围延伸至充填区域内部。采空区两侧由于充填材料支撑作用，应力集中现象消失，充填区域应力分布更均匀。随采空区倾角增大，采空区两侧边缘压应力差距增大。采空区下山侧边缘所受压应力在0.3～0.4MPa之间，上山侧边缘所受压应力在0.1～0.3MPa之间。

图5-38为充填治理后不同采空区倾角下2-2截面采空区周围最大主应力云图。可知，充填治理后，充填区域外部受压，内部受拉。对比治理前，充填材料对外部压应力起一定抵消作用，减少了采空区两侧受力变形，保证其稳定性。

（a）水平采空区　　　　　　　　　　　　　（b）倾角20°采空区

（c）倾角40°采空区　　　　　　　　　　　　（d）倾角60°采空区

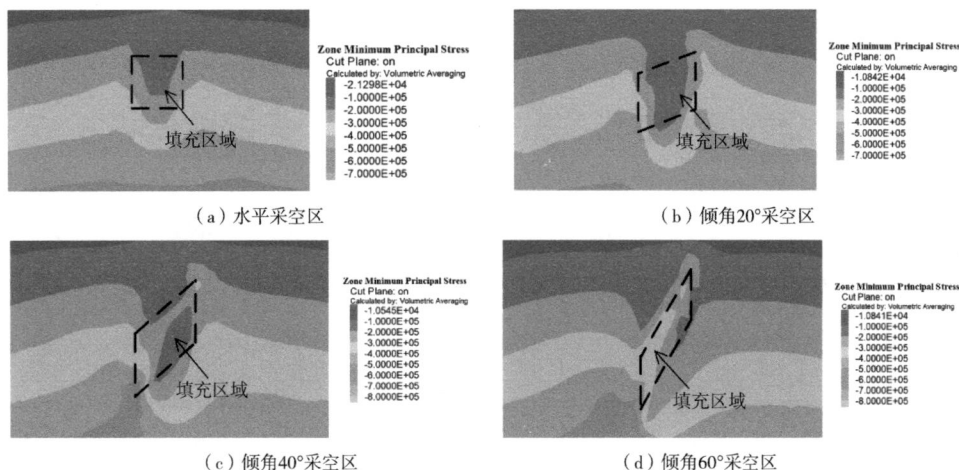

图 5-37　充填治理后不同采空区倾角下 2-2 截面最小主应力云图（单位：Pa）

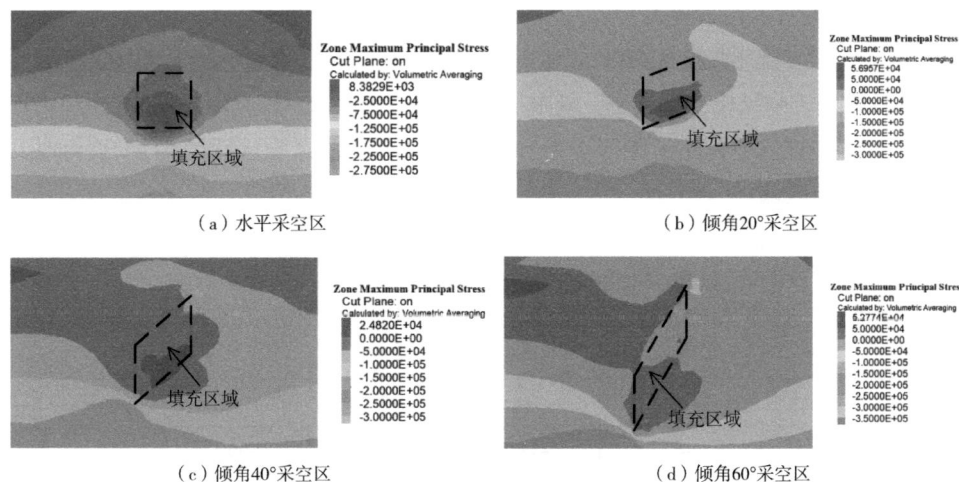

（a）水平采空区　　　　　　　　　　　　　（b）倾角20°采空区

（c）倾角40°采空区　　　　　　　　　　　　（d）倾角60°采空区

图 5-38　充填治理后不同采空区倾角下 2-2 截面最大主应力云图（单位：Pa）

2. 采空区深厚比

（1）治理前

1）位移分析

图5-39为治理前不同采空区深厚比下地表和路面竖向位移曲线图。可知，地表和路面沉降曲线呈"U"形。采空区深厚比小于2∶1时，地表和路面沉降随深厚比增大而增大。采空区深厚比大于2∶1，地表和路面沉降随深厚比增大而减小。采空区深厚比为1∶1、2∶1、4∶1、6∶1时，地表最大沉降量分别为3.23cm、3.27cm、3.09cm、2.88cm；路面最大沉降量分别为3.48cm、3.55cm、3.41cm、3.22cm。

2）应力分析

表5-20为治理前不同采空区深厚比下顶板应力统计表。可知，随采空区深厚比增大，采空区顶板所受压应力增大，拉应力呈先增大后减小趋势。采空区深厚比为4∶1时，其顶板两

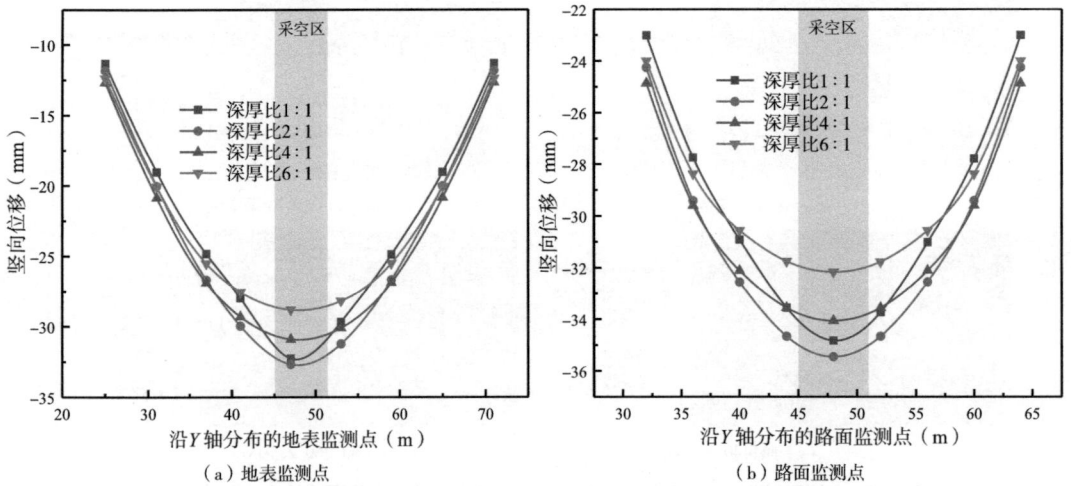

（a）地表监测点   （b）路面监测点

图 5-39　治理前不同采空区深厚比下地表和路面竖向位移曲线图

端压应力略大于围岩抗压强度（420kPa），采空区顶板边缘易出现对称压坏。采空区深厚比为6∶1时，其顶板位于中风化粉砂岩层，极限抗压强度为700kPa，此时采空区顶板边缘出现对称压坏。综上，采空区深厚比小于或等于2∶1时，其顶板稳定；采空区深厚比大于2∶1时，其顶板两端存在不稳定区域。

治理前不同采空区深厚比下顶板应力统计表（kPa）　　　　　　　表5-20

监测点		深厚比1∶1	深厚比2∶1	深厚比4∶1	深厚比6∶1	围岩抗压强度/极限抗压强度
11	最小主应力	−255.1	−346.9	−439.8	−742.2	
	最大主应力	−45.1	−11.2	−35.8	−90.6	
12	最小主应力	−181.7	−200.5	−286.3	−508.1	
	最大主应力	−10.6	37.4	36.1	33.9	
13	最小主应力	−71.4	−105.4	−168.1	−331.2	420/700
	最大主应力	−28.2	23.3	7.1	−6.1	
14	最小主应力	−181.9	−200.5	−286.1	−504.5	
	最大主应力	−14.4	37.4	36.7	31.3	
15	最小主应力	−255.4	−346.9	−436.8	−741.9	
	最大主应力	−54.7	−11.2	−34.8	−91.7	

3）塑性区分析

根据采空区周围最小、最大主应力值，判断采空区深厚比变化对其稳定性的影响。采空区位于路基正下方，两侧所受应力沿其正中对称分布，因此，只计算采空区左侧边缘监测点抗剪安全系数 K_a，如表5-21所示。可知，治理前，采空区深厚比为1∶1时，其左侧边缘部分监测点K_a小于1.2，采空区两侧剪切破坏区域主要集中在两侧腹部。采空区深厚比大于1：1时，其两侧完全剪切破坏。随采空区深厚比增大，其两侧K_a减小，且远小于1.2，易发生剪切破坏。

治理前不同采空区深厚比下左侧边缘抗剪安全系数表　　　　　　　表5-21

监测点	深厚比1：1	深厚比2：1	深厚比4：1	深厚比6：1
1	1.379	1.037	1.038	0.928
2	1.097	1.002	1.001	0.872
3	1.001	1.009	1.003	0.869
4	1.121	1.001	1.000	0.872
5	1.539	1.036	1.029	0.932

（2）钢筋混凝土板治理

图5-40为钢筋混凝土板治理后不同采空区深厚比下地表和路面竖向位移曲线图。可知，治理后，地表和路面沉降随采空区深厚比增大先增大后减小。采空区深厚比大于2：1，地表和路面沉降开始减小。采空区深厚比为1：1、2：1、4：1、6：1时，治理后地表沉降分别减小25.4%、21.1%、19.7%、15.6%；路面沉降分别减小22.1%、19.2%、17.9%、15.5%。综上，钢筋混凝土板治理后，采空区深厚比为1：1时，地表和路面沉降变化最明显。

表5-22为钢筋混凝土板治理后不同采空区深厚比下顶板应力统计表。可知，钢筋混凝土板治理后，采空区顶板所受压应力增大。采深越大，压应力增大越明显。采空区深厚比小于或等于2：1时，采空区顶板稳定。采空区深厚比大于2：1时，采空区顶板两端压应力增大，不稳定状态加剧。

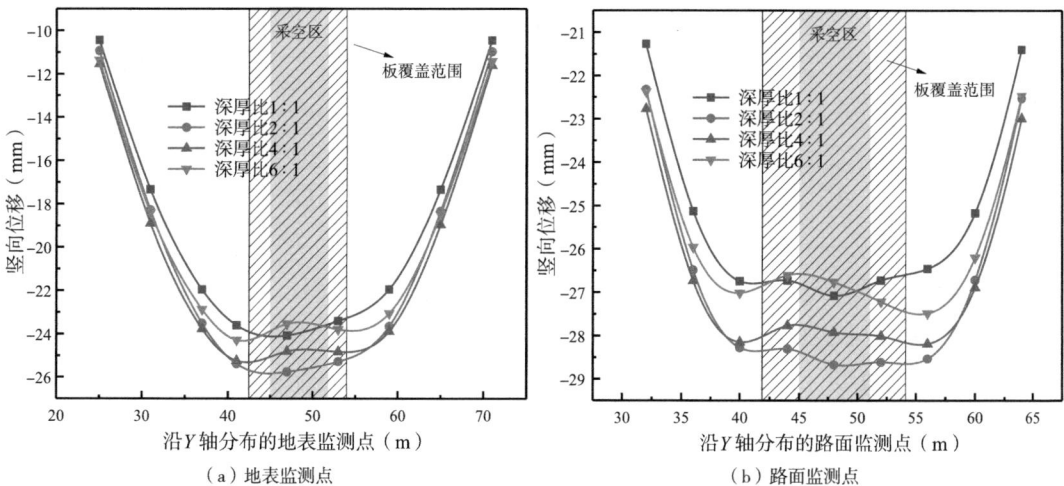

（a）地表监测点　　　　　　　　　　　　（b）路面监测点

图5-40　钢筋混凝土板治理后不同采空区深厚比下地表和路面竖向位移曲线图

钢筋混凝土板治理后不同采空区深厚比下顶板应力统计表（kPa）   表5-22

监测点		深厚比1∶1	深厚比2∶1	深厚比4∶1	深厚比6∶1	围岩抗压强度/极限抗压强度
11	最小主应力	−269.7	−396.4	−620.1	−906.9	
	最大主应力	−63.4	−72.1	−97.9	−166.9	
12	最小主应力	−206.5	−282.0	−400.8	−645.3	
	最大主应力	−6.4	−18.9	−37.8	−88.9	
13	最小主应力	−115.9	−160.7	−275.5	−481.0	420/700
	最大主应力	18.9	18.0	17.1	−7.7	
14	最小主应力	−206.5	−281.9	−398.1	−619.0	
	最大主应力	−10.1	−18.1	−36.9	−82.8	
15	最小主应力	−270.6	−399.1	−620.1	−939.4	
	最大主应力	−62.5	−71.7	−97.4	−186.8	

表5-23为钢筋混凝土板治理后不同采空区深厚比下左侧边缘抗剪安全系数表。可知，采空区深厚比越大，钢筋混凝土板对采空区治理效果越弱。深厚比为4∶1和6∶1时，采空区两侧K_a基本小于1.2，发生剪切破坏。综上，采空区深厚比大于2∶1时，钢筋混凝土板治理效果不佳，对采空区两侧稳定性的影响减小。

钢筋混凝土板治理后不同采空区深厚比下左侧边缘抗剪安全系数表   表5-23

监测点	深厚比1∶1	深厚比2∶1	深厚比4∶1	深厚比6∶1
1	1.468	1.207	1.013	1.112
2	1.369	1.221	1.065	1.018
3	1.201	1.202	1.040	0.903
4	1.358	1.236	1.228	1.055
5	1.614	1.406	1.257	1.098

图5-41为不同采空区深厚比下钢筋混凝土板竖向应力曲线图。可知，采空区深厚比为1∶1时，钢筋混凝土板竖向应力最大值为81.0kPa。随采空区深厚比增大，竖向应力逐渐增大，但增大趋势有所放缓。采空区深厚比为6∶1时，板中竖向应力最大值为105kPa。

（3）充填治理

图5-42为充填治理后不同采空区深厚比下地表和路面竖向位移曲线图。可知，地表和路面沉降曲线呈"U"形。充填治理后，采空区深厚比越大，地表和路面沉降越大。采空区深厚比为1∶1、2∶1、4∶1、6∶1时，地表沉降对比治理前分别减小23.8%、21.7%、15.9%、8.7%；

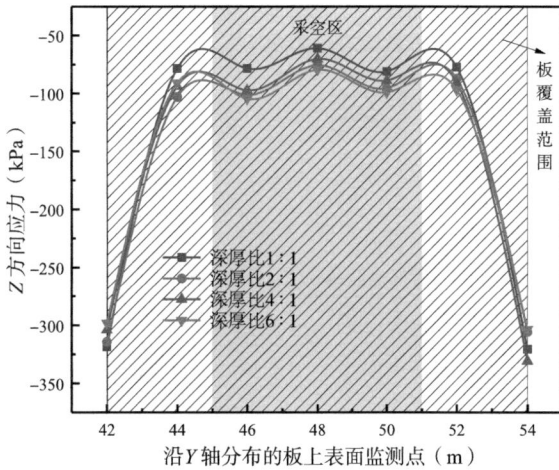

图 5-41　不同采空区深厚比下钢筋混凝土板竖向应力曲线图

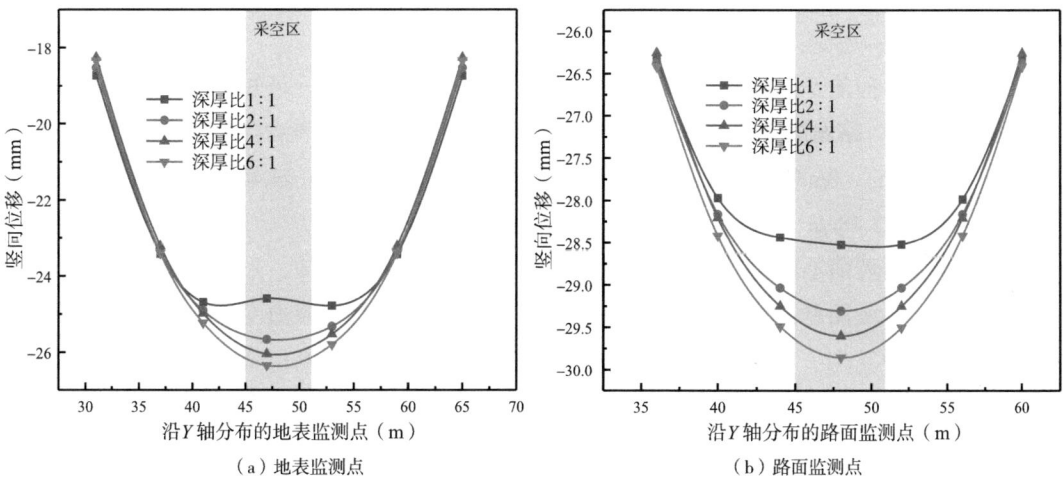

（a）地表监测点　　　　　　　　　　（b）路面监测点

图 5-42　充填治理后不同采空区深厚比下地表和路面竖向位移曲线图

路面沉降对比治理前分别减小18.1%、17.4%、13.2%、7.4%。综上，随采空区深厚比增大，充填对路基沉降减少效果不断减弱。采空区深厚比为1∶1时，路基沉降对比治理前改善最明显。

图5-43为充填治理后不同采空区深厚比下2-2截面最小主应力云图。可知，充填治理后，充填区域最小主应力主要表现为压应力。采空区深厚比越大，采空区压应力越大。对比治理前，采空区顶板压应力受充填材料自重作用影响略有增大。采空区两侧压应力受充填材料支撑作用影响有所减小，尤其在采空区顶板和底板边缘。充填区域内部压应力最小，充填材料由内向外逐渐发挥材料强度，保证充填区域稳定。

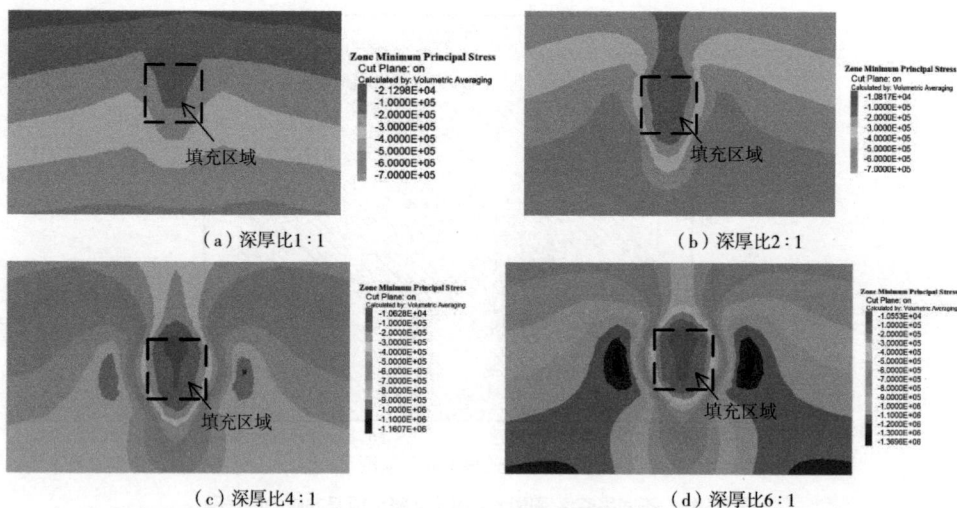

（a）深厚比1:1   （b）深厚比2:1

（c）深厚比4:1   （d）深厚比6:1

图5-43   充填治理后不同采空区深厚比下2-2截面最小主应力云图（单位：Pa）

3. 路基高度

（1）治理前

图5-44为治理前不同路基高度下地表和路面竖向位移曲线图。可知，治理前，地表沉降曲线呈"V"形，路面沉降曲线呈"U"形。随路基高度增大，地表和路面沉降增大。路基高度为5m、6m、7m、8m时，地表最大沉降量分别为3.23cm、3.89cm、4.46cm、5.04cm；路面最大沉降量分别为3.48cm、4.21cm、4.89cm、5.60cm。

表5-24为治理前不同路基高度下采空区顶板应力统计表。可知，采空区顶板最小主应力表现为压应力。随路基高度增大，采空区顶板压应力增大，且压应力变化主要位于顶板正中处。路基高度为5m时，采空区顶板最大主应力为压应力。随路基高度增大，采空区顶板最大主应力为拉应力，且拉应力随路基高度增大而逐渐增大。对比各监测点压应力与极限抗压强度，采空区顶板未达到极限状态，顶板稳定。

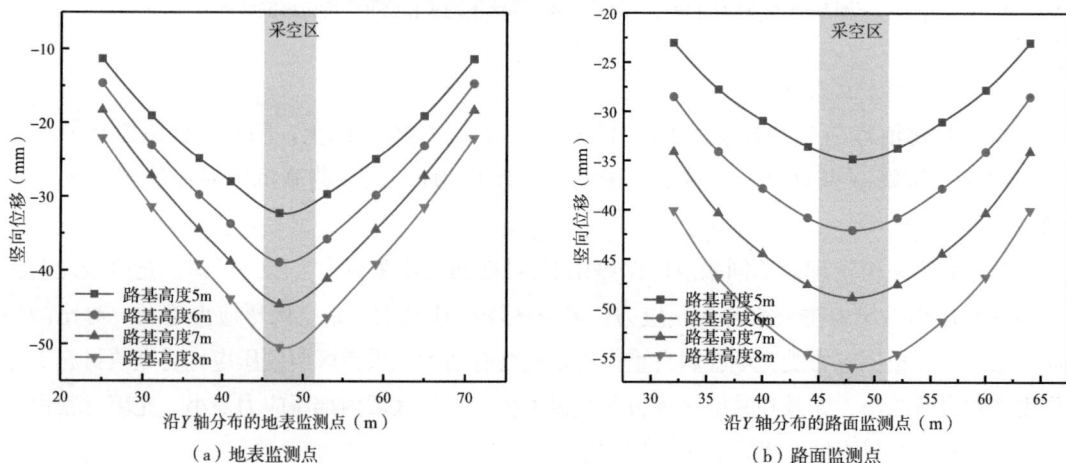

（a）地表监测点   （b）路面监测点

图5-44   治理前不同路基高度下地表和路面竖向位移曲线图

治理前不同路基高度下采空区顶板应力统计表（kPa） 表5-24

监测点		路基高度 5m	路基高度 6m	路基高度 7m	路基高度 8m	围岩抗压强度
11	最小主应力	−255.1	−314.1	−326.8	−324.5	
	最大主应力	−45.1	−4.5	−7.0	−1.0	
12	最小主应力	−181.7	−187.0	−184.6	−188.6	
	最大主应力	−10.6	38.3	41.5	42.1	
13	最小主应力	−71.4	−90.2	−92.7	−92.5	420
	最大主应力	−28.2	30.1	33.9	37.8	
14	最小主应力	−181.9	−187.0	−186.9	−188.7	
	最大主应力	−14.4	38.4	41.3	42.0	
15	最小主应力	−255.4	−314.1	−326.4	−324.1	
	最大主应力	−54.7	−4.5	−6.4	−1.0	

表5-25为治理前不同路基高度下采空区左侧边缘抗剪安全系数表。由表可知，治理前，随路基高度增大，采空区两侧发生剪切破坏。路基高度大于5m时，采空区两侧监测点K_a均小于1.2，采空区两侧不稳定。

治理前不同路基高度下采空区左侧边缘抗剪安全系数表 表5-25

监测点	路基高度 5m	路基高度 6m	路基高度 7m	路基高度 8m
1	1.379	1.037	1.032	1.029
2	1.097	1.001	1.002	1.002
3	1.001	1.009	1.008	1.008
4	1.121	1.001	1.001	1.001
5	1.539	1.049	1.044	1.036

（2）钢筋混凝土板治理

图5-45为钢筋混凝土板治理后不同路基高度下地表和路面竖向位移曲线图。可知，钢筋混凝土板治理后，路基高度越大，地表和路面沉降越大。对比治理前，路基高度为5m、6m、7m、8m时，地表沉降分别减小25.4%、28.7%、31.6%、32.1%；路面沉降分别减小22.1%、24.2%、25.1%、26.6%。综上，路基高度越大，地表和路面沉降对比治理前减小越明显。

表5-26为钢筋混凝土板治理后不同路基高度下采空区顶板应力统计表。可知，钢筋混凝土板治理后，采空区顶板所受压应力增大，拉应力减小。应力变化最明显位置位于采空区顶板

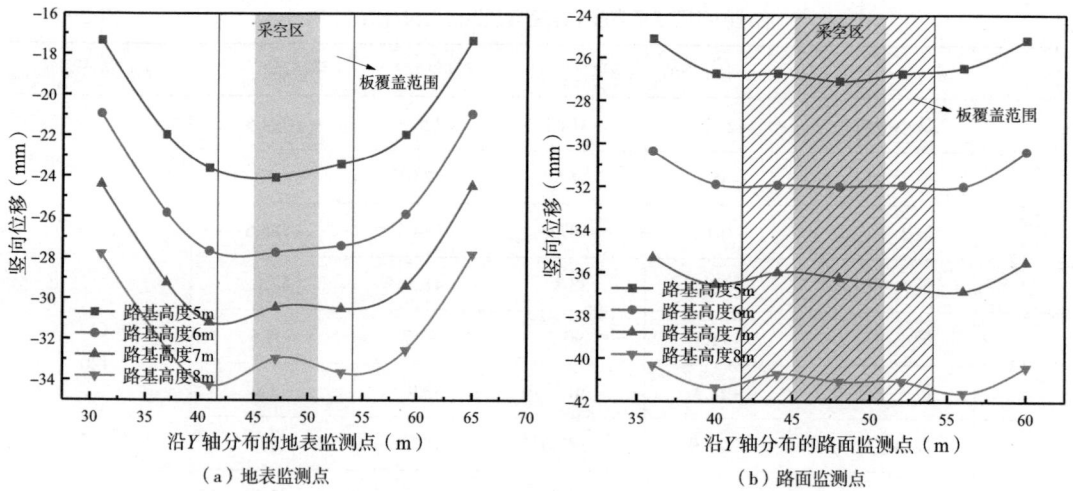

（a）地表监测点　　　　　　　　（b）路面监测点

图5-45　钢筋混凝土板治理后不同路基高度下地表和路面竖向位移曲线图

正中处。对比表中压应力与围岩极限抗压强度，采空区顶板压应力均小于围岩极限抗压强度，采空区顶板稳定。

钢筋混凝土板治理后不同路基高度下采空区顶板应力统计表（kPa）　　　表5-26

监测点		路基高度5m	路基高度6m	路基高度7m	路基高度8m	围岩抗压强度
11	最小主应力	−269.7	−271.4	−281.3	−276.6	
	最大主应力	−63.4	−65.1	−71.1	−70.3	
12	最小主应力	−206.5	−228.4	−212.7	−231.9	
	最大主应力	−6.4	−12.4	−6.7	−19.7	
13	最小主应力	−115.9	−124.4	−126.5	−127.3	420
	最大主应力	18.9	0.5	5.7	4.3	
14	最小主应力	−206.5	−216.5	−213.2	−234.2	
	最大主应力	−10.1	−12.0	−14.5	−22.6	
15	最小主应力	−270.6	−268.1	−277.9	−280.3	
	最大主应力	−62.5	−64.8	−63.4	−68.8	

表5-27为钢筋混凝土板治理后不同路基高度下采空区左侧边缘抗剪安全系数表。可知，钢筋混凝土板治理后，采空区两侧 K_a 均大于1.2，采空区两侧稳定。

钢筋混凝土板治理后不同路基高度下采空区左侧边缘抗剪安全系数表　　　表5-27

监测点	路基高度5m	路基高度6m	路基高度7m	路基高度8m
1	1.468	1.378	1.359	1.342

续表

监测点	路基高度 5m	路基高度 6m	路基高度 7m	路基高度 8m
2	1.369	1.321	1.295	1.274
3	1.201	1.207	1.206	1.207
4	1.358	1.331	1.323	1.255
5	1.614	1.655	1.663	1.681

图5-46为不同路基高度下钢筋混凝土板竖向应力曲线图。可知，随路基高度增大，钢筋混凝土板所受竖向压应力呈先增大后减小趋势。路基高度过大，车辆荷载向下传递过程中被路基土减弱，使钢筋混凝土板压应力减小。路基高度为7m时，钢筋混凝土板压应力最大，最大值达到146kPa。

（3）充填治理

图5-47为充填治理后不同路基高度下地表和路面竖向位移曲线图。由图可知，充填治理后，地表和路面沉降随路基高度增大而增大。路基高度为5m、6m、7m、8m时，地表沉降分别减少23.8%、27.1%、26.5%、25.5%；路面沉降分别减少18.1%、20.1%、19.0%、18.0%。综上，路基高度为6m时，地表和路面沉降对比治理前减小最明显。

图5-48为充填治理后不同路基高度下2-2截面最小主应力云图。可知，充填治理

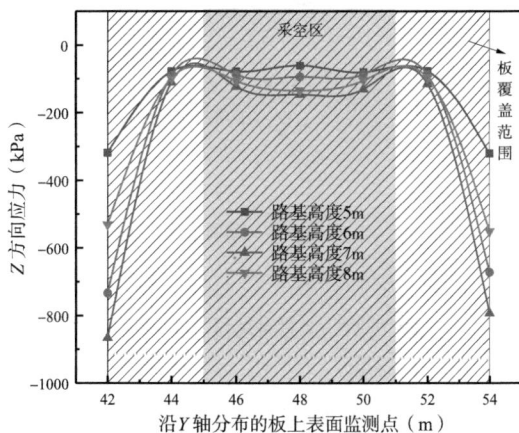

图 5-46 不同路基高度下钢筋混凝土板竖向应力曲线图

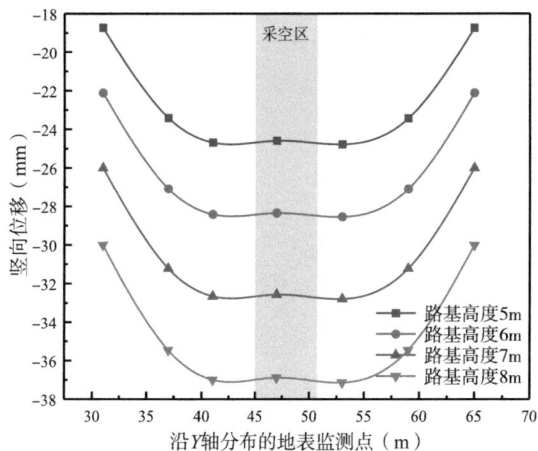

（a）地表监测点

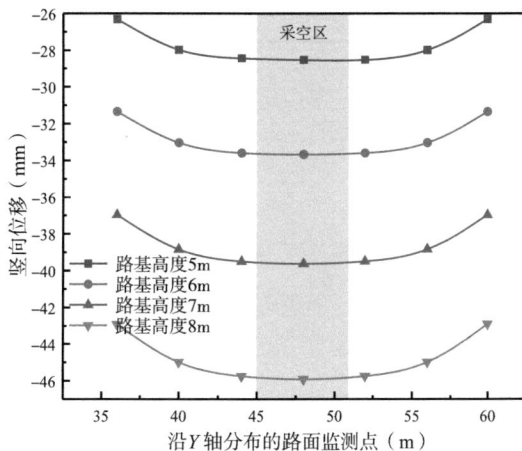

（b）路面监测点

图 5-47 充填治理后不同路基高度下地表和路面竖向位移曲线图

后，充填区域最小主应力为压应力，充填区域内部压应力小于外部。充填治理后，路基高度变化，充填区域周围无塑性区，地下围岩整体性强，充填区域稳定。对比治理前，充填区域两侧所受压应力减小。路基高度越大，充填区域内部所受压应力越大。

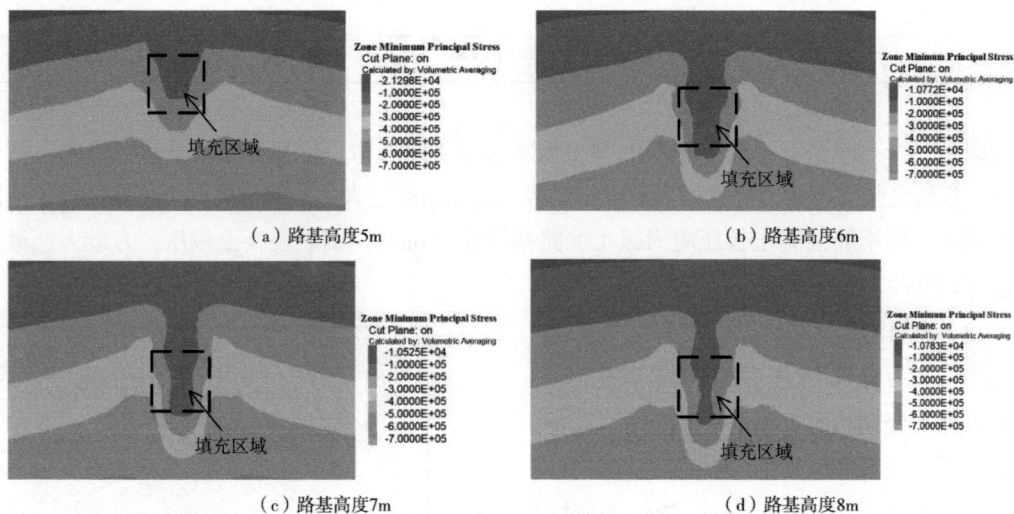

（a）路基高度5m　　　　　　　　　　　（b）路基高度6m

（c）路基高度7m　　　　　　　　　　　（d）路基高度8m

图5-48　充填治理后不同路基高度下2-2截面最小主应力云图（单位：Pa）

4. 采空区与路基相对位置

（1）治理前

图5-49为治理前不同采空区位置下地表和路面竖向位移曲线图。可知，采空区位于路基正下方和采空区右移10m，地表和路面最大沉降位置仍处于采空区正上方。采空区右移20m和30m，地表和路面沉降明显减小。采空区偏移距离越大，地表和路面沉降越小。治理前，采空

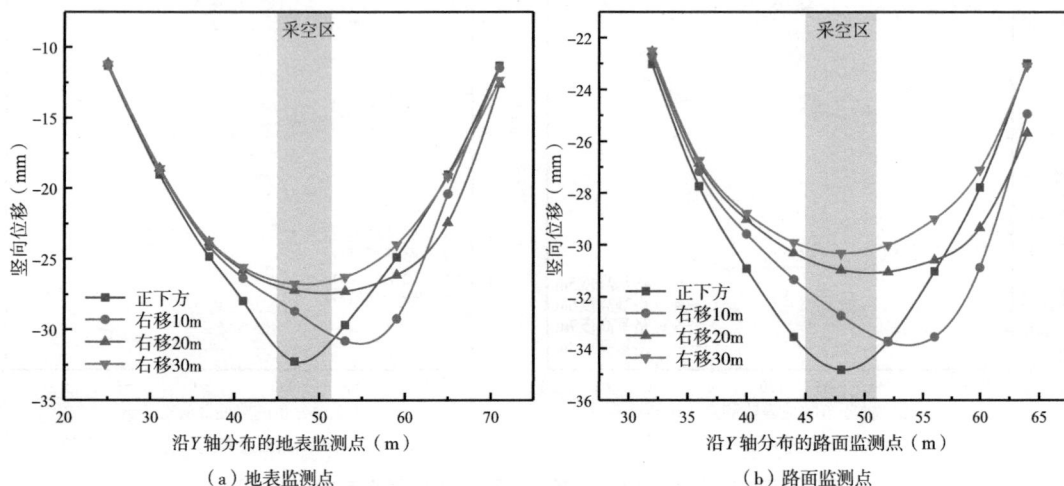

（a）地表监测点　　　　　　　　　　　（b）路面监测点

图5-49　治理前不同采空区位置下地表和路面竖向位移曲线图

区右移0m、10m、20m、30m时，地表最大沉降量分别为3.23cm、3.08cm、2.73cm、2.67cm；路面最大沉降量分别为3.48cm、3.37cm、3.10cm、3.03cm。

表5-28为治理前不同采空区位置下顶板应力统计表。由表可知，采空区偏移路基正下方越远，其顶板所受压应力和拉应力越小。表中采空区顶板所受压应力小于围岩极限抗压强度，采空区顶板稳定。

治理前不同采空区位置下顶板应力统计表（kPa）　　　　表5-28

监测点		正下方	右移10m	右移20m	右移30m	围岩抗压强度
11	最小主应力	−255.1	−269.8	−199.8	−185.8	420
	最大主应力	−45.1	3.9	4.9	−16.4	
12	最小主应力	−181.7	−145.0	−102.6	−99.7	
	最大主应力	−10.6	36.5	22.4	11.6	
13	最小主应力	−71.4	−73.6	−72.2	−70.4	
	最大主应力	−28.2	30.6	18.7	7.5	
14	最小主应力	−181.9	−193.5	−198.1	−135.9	
	最大主应力	−14.4	39.9	32.2	16.4	
15	最小主应力	−255.4	−344.5	−357.3	−262.1	
	最大主应力	−54.7	8.4	12.6	7.2	

表5-29为治理前不同采空区位置下两侧抗剪安全系数表。可知，采空区偏移路基正下方越远，采空区两侧边缘K_a越大。采空区两侧随采空区右移仍存在剪切破坏，但采空区偏移路基正下方越远，其两侧稳定性越强。

治理前不同采空区位置下两侧抗剪安全系数表　　　　表5-29

监测点		正下方	右移10m	右移20m	右移30m
采空区左侧边缘	1	1.379	1.042	1.055	1.113
	2	1.097	1.001	1.002	1.002
	3	1.001	1.013	1.024	1.131
	4	1.121	1.001	1.004	1.158
	5	1.539	1.071	1.168	1.374
采空区右侧边缘	6	1.378	1.052	1.143	1.204
	7	1.097	1.001	1.003	1.053
	8	1.002	1.000	1.051	1.145
	9	1.121	1.001	1.020	1.107
	10	1.635	1.066	1.191	1.291

（2）钢筋混凝土板治理

图5-50为钢筋混凝土板治理后不同采空区位置下地表和路面竖向位移曲线图。可知，保持钢筋混凝土板位置不变，改变采空区位置，无钢筋混凝土板覆盖区域，监测点沉降增大。钢筋混凝土板对路基沉降治理效果，取决于钢筋混凝土板覆盖区域的沉降变化。地表沉降相对治理前随偏移距离增大分别减小25.4%、15.9%、11.3%、12.3%；路面沉降分别减小22.1%、13.9%、10.3%、12.2%。综上，采空区位于路基正下方，地表和路面沉降减小最明显。

表5-30为钢筋混凝土板治理后不同采空区位置下顶板应力统计表。可知，钢筋混凝土板治理后，采空区顶板压应力增大，拉应力减小，对比表中压应力与围岩极限抗压强度，采空区顶板稳定。

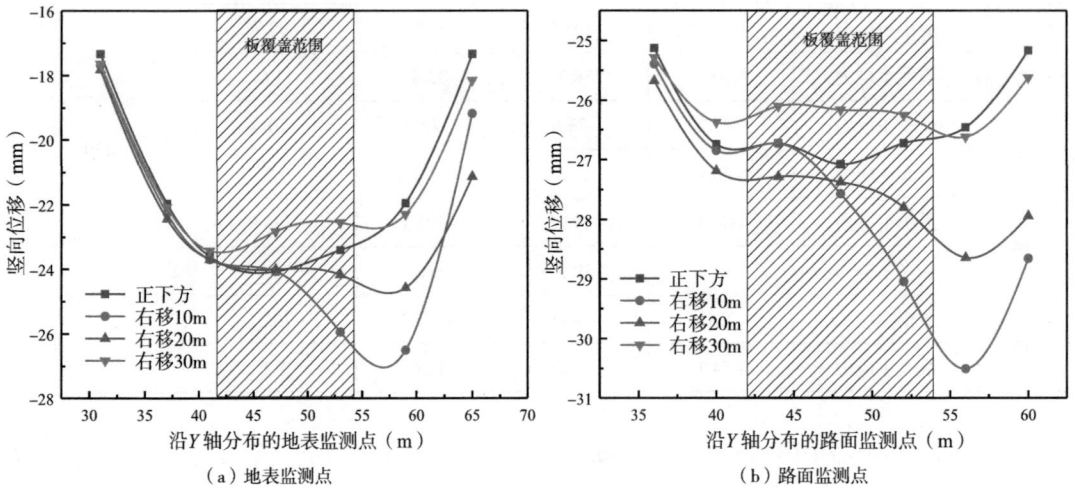

（a）地表监测点　　　　　　　　（b）路面监测点

图5-50　钢筋混凝土板治理后不同采空区位置下地表和路面竖向位移曲线图

钢筋混凝土板治理后不同采空区位置下顶板应力统计表（kPa）　　　表5-30

监测点		正下方	右移 10m	右移 20m	右移 30m	围岩抗压强度
11	最小主应力	−269.7	−289.3	−228.4	−161.0	
	最大主应力	−63.4	−48.6	−35.7	−43.9	
12	最小主应力	−206.5	−214.5	−144.1	−130.4	
	最大主应力	−6.4	4.5	−8.8	−13.8	
13	最小主应力	−115.9	−162.3	−138.9	−82.4	420
	最大主应力	18.9	10.6	20.1	13.7	
14	最小主应力	−206.5	−232.2	−250.1	−178.8	
	最大主应力	−10.1	6.8	−2.4	10.7	
15	最小主应力	−270.6	−300.3	−246.3	−171.1	
	最大主应力	−62.5	−52.7	−68.3	−46.4	

表5-31为钢筋混凝土板治理后不同采空区位置下两侧抗剪安全系数表。可知，钢筋混凝土板治理后，采空区偏移路基正下方越远，两侧监测点K_a越大，且均大于1.2，采空区两侧稳定。

钢筋混凝土板治理后不同采空区位置下两侧抗剪安全系数表　　　　表5-31

监测点		正下方	右移10m	右移20m	右移30m
采空区左侧边缘	1	1.468	1.377	1.458	1.654
	2	1.369	1.341	1.409	1.562
	3	1.201	1.249	1.310	1.209
	4	1.358	1.367	1.216	1.431
	5	1.614	1.422	1.584	2.354
采空区右侧边缘	6	1.413	1.414	1.608	1.790
	7	1.357	1.340	1.502	1.644
	8	1.214	1.228	1.278	1.238
	9	1.394	1.469	1.246	1.432
	10	1.633	1.413	1.858	2.261

图5-51为不同采空区位置下钢筋混凝土板竖向应力曲线图。可知，采空区位于路基正下方，板压应力最大值为81kPa（不考虑板两侧集中力作用产生的边端效应）。采空区偏移路基正下方，板中压应力略有增大，随采空区逐渐偏移路基作用范围外，板所受压应力变化不大。采空区右移20m时，板中压应力达到最大，最大值为126kPa，板不会发生破坏。

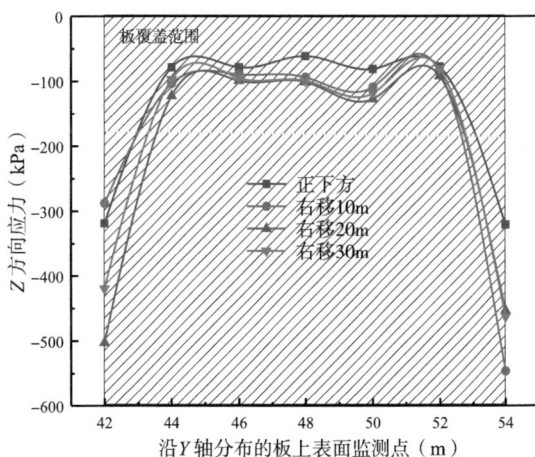

图5-51　不同采空区位置下钢筋混凝土板竖向应力曲线图

（3）充填治理

图5-52为充填治理后不同采空区位置下地表和路面竖向位移曲线图。可知，采空区位于路基正下方，充填治理后地表和路面沉降最大。随采空区偏移距离增大，地表和路面逐渐减小。采空区右移0m、10m、20m、30m时，对比治理前地表沉降分别减少23.8%、14.6%、5.5%、2.2%；路面沉降分别减少18.1%、12.5%、4.8%、1.7%。综上，采空区偏移路基正下方越远，充填技术对地表和路面沉降治理效果越弱。

图5-53为充填治理后不同采空区位置下2-2截面最小主应力云图。可知，充填治理后，充填区域最小主应力为压应力。采空区偏移路基正上方越远，其顶板压应力越小。混凝土材料充填后，充填区域内部受压应力作用小于外部，充填材料具有一定支撑作用，使两侧所受压应力减小。采空区偏移路基正上方越远，充填区域内部压应力越小，充填区域稳定性越强。

（a）地表监测点　　　　　　　　　　　（b）路面监测点

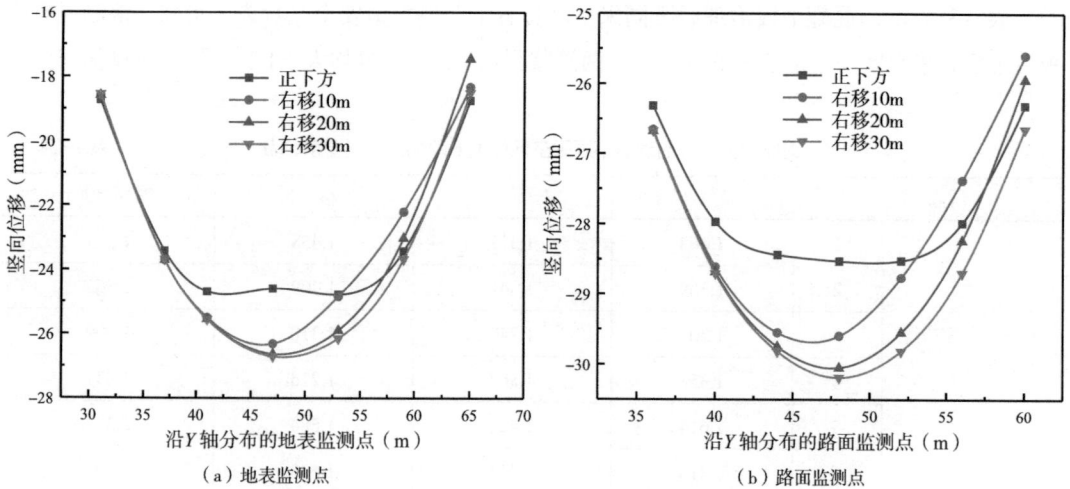

图 5-52　充填治理后不同采空区位置下地表和路面竖向位移曲线图

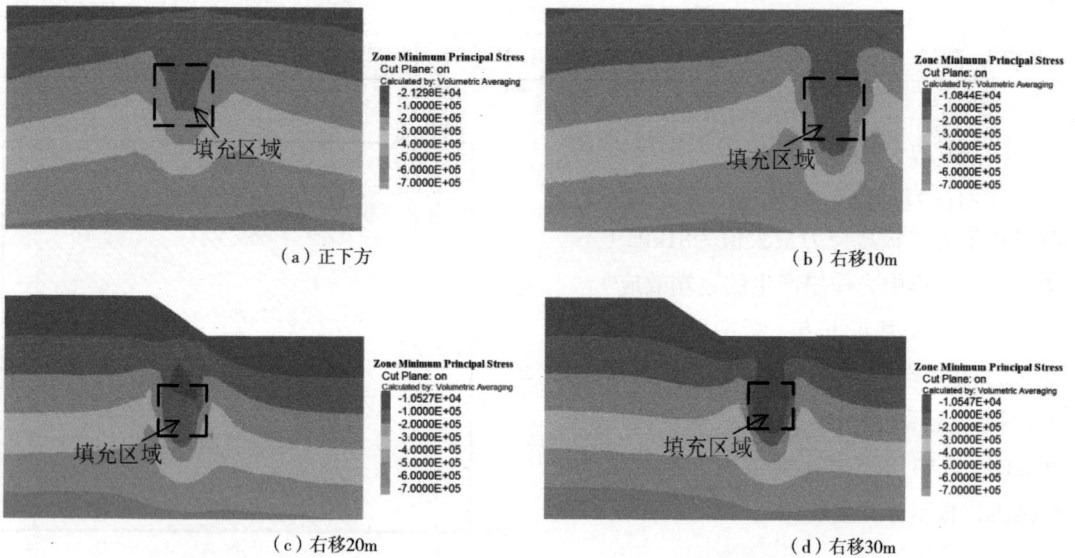

（a）正下方　　　　　　　　　　　　　（b）右移10m

（c）右移20m　　　　　　　　　　　　（d）右移30m

图 5-53　充填治理后不同采空区位置下 2-2 截面最小主应力云图（单位：Pa）

5.2.4　治理技术个性因素对采空区路基力学性能的影响

1．钢筋混凝土板尺寸

以采空区倾角60°、深厚比1∶1、路基高度8m、路基位于采空区正下方为例，研究钢筋混凝土板个性因素变化对采空区路基受力变形影响，表5-32为钢筋混凝土板个性因素变化工况表。

钢筋混凝土板个性因素变化工况表 表5-32

工况	板厚（cm）	板宽（m）
工况1	15、20、25、30	12
工况2	20	12、14、16、18

（1）钢筋混凝土板厚度

1）位移分析

图5-54为不同钢筋混凝土板厚下地表和路面竖向位移曲线图。可知，随板厚增大，地表和路面沉降呈先增大后减小趋势，板厚为25cm的钢筋混凝土板时，地表和路面沉降达到最大。治理前，地表和路面最大沉降分别为5.58cm、5.91cm。15cm、20cm、25cm、30cm厚板治理后，地表沉降对比治理前分别减少33.6%、33.5%、27.1%、28.1%；路面沉降分别减少25.7%、25.5%、20.8%、22.3%。综上，随钢筋混凝土板厚增大，其对采空区路基沉降的治理效果呈先减小后增大变化特点。因此，当超过一定厚度后，再增大板厚，其治理效果已不明显。

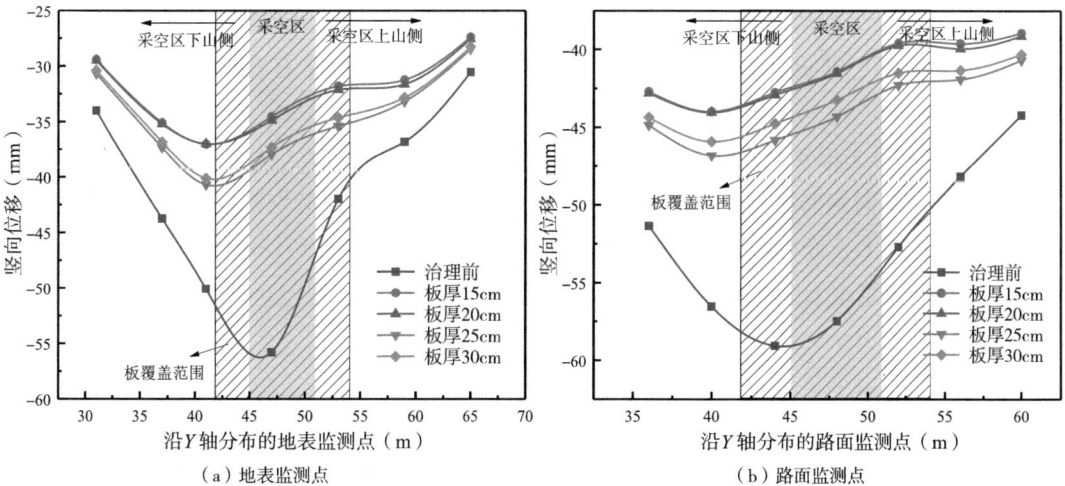

图5-54 不同钢筋混凝土板厚下地表和路面竖向位移曲线图

2）应力分析

表5-33为不同钢筋混凝土板厚下采空区顶板应力统计表。可知，钢筋混凝土板治理后，采空区顶板压应力和拉应力减小。随板厚增大，采空区顶板压应力略有增大。表中采空区顶板所受压应力小于围岩极限抗压强度，未发生破坏。治理前，采空区顶板下山侧边缘压应力较大，有压坏趋势，治理后，采空区顶板整体压应力减小，抗压能力增强。

不同钢筋混凝土板厚下采空区顶板应力统计表（kPa）   表5-33

监测点		治理前	板厚15cm	板厚20cm	板厚25cm	板厚30cm	围岩抗压强度
11	最小主应力	−410.9	−362.6	−370.9	−383.1	−372.2	
	最大主应力	−23.5	−12.9	−12.8	−15.4	−11.0	
12	最小主应力	−273.9	−220.2	−226.1	−239.8	−224.4	
	最大主应力	17.5	9.6	12.2	9.7	12.8	
13	最小主应力	−107.7	−73.8	−79.1	−80.1	−68.7	420
	最大主应力	18.2	7.9	16.2	7.4	12.9	
14	最小主应力	−55.9	−25.2	−39.3	−47.2	−47.1	
	最大主应力	21.7	5.3	6.4	14.6	7.4	
15	最小主应力	−16.8	−9.0	−10.3	−15.1	−8.1	
	最大主应力	50.2	17.0	13.0	23.6	27.9	

3）塑性区分析

图5-55为不同钢筋混凝土板厚下采空区路基塑性区分布图。可知，治理前，采空区下山侧边缘整体发生剪切破坏，且破坏范围较大。采空区上山侧边缘出现部分塑性区。钢筋混凝土板治理后，随板厚增大，采空区下山侧塑性区作用范围略有减小，但剪切破坏状态未变。

4）钢筋混凝土板受力分析

图5-56为不同钢筋混凝土板厚下板表面受力云图。可知，急倾斜采空区造成钢筋混凝土板左侧受压应力大于板右侧，发生非对称变形。随板厚增大，板左侧压应力呈先增大后减小，板右侧压应力逐渐增大。治理后板压应力最大值达到1.2MPa。

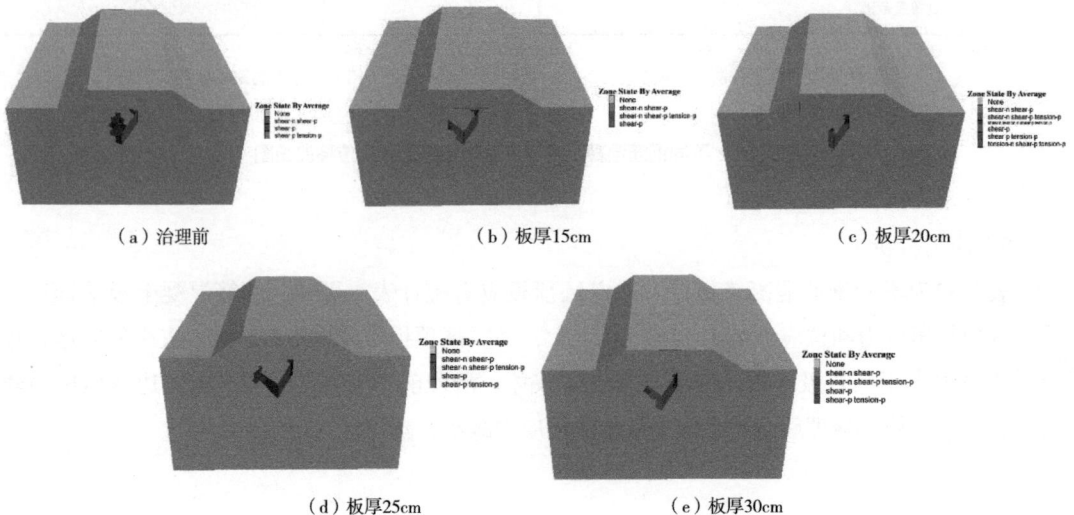

（a）治理前　　　　　　（b）板厚15cm　　　　　　（c）板厚20cm

（d）板厚25cm　　　　　　（e）板厚30cm

图5-55　不同钢筋混凝土板厚下采空区路基塑性区分布图

（a）板厚15cm　　　　　　　　　　　　　　（b）板厚20cm

（c）板厚25cm　　　　　　　　　　　　　　（d）板厚30cm

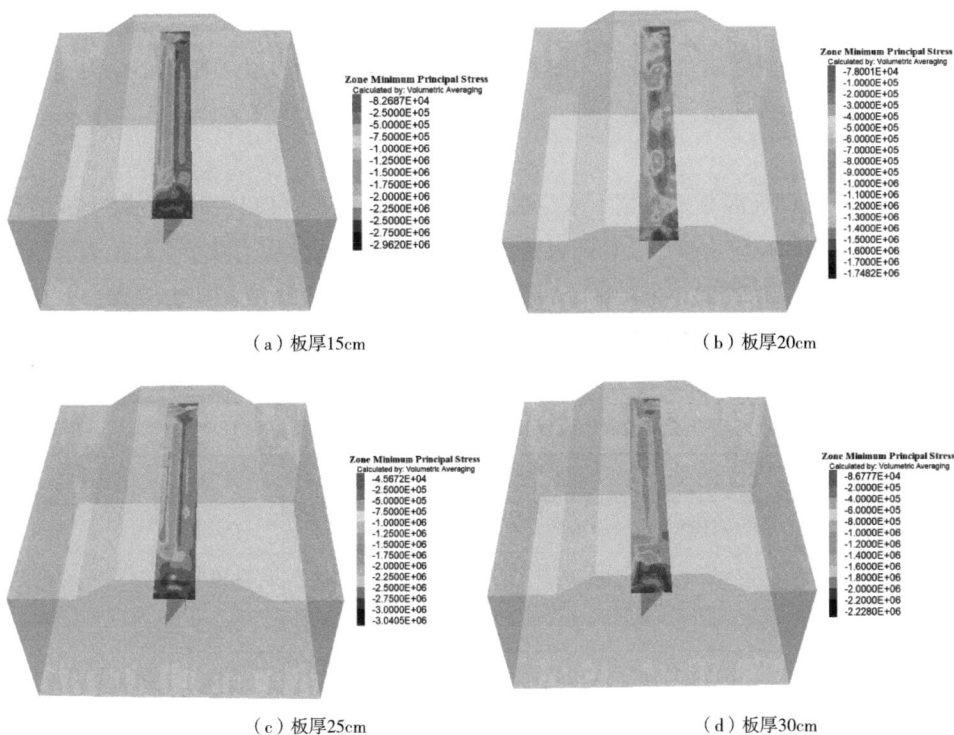

图5-56　不同钢筋混凝土板厚下板表面受力云图（单位：Pa）

（2）钢筋混凝土板宽度

1）位移分析

图5-57为不同钢筋混凝土板宽下地表和路面竖向位移曲线图。可知，板宽在12～18m之间时，随板宽增大，治理后地表和路面沉降逐渐减小，且趋势逐渐放缓。治理前，地表和路面最大沉降分别为5.58cm、5.91cm。板宽12m、14m、16m、18m时，地表沉降对比治理

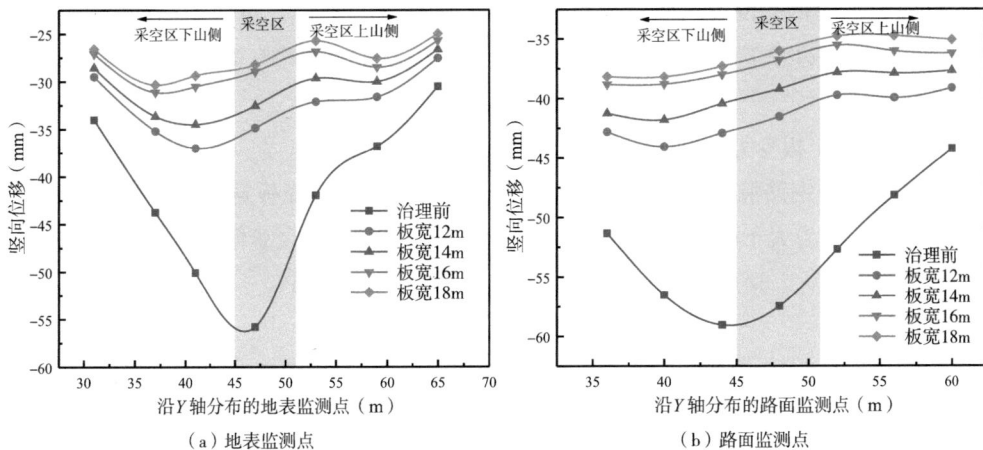

（a）地表监测点　　　　　　　　　　　　　（b）路面监测点

图5-57　不同钢筋混凝土板宽下地表和路面竖向位移曲线图

前分别减少33.5%、38.2%、44.3%、45.7%；路面沉降对比治理前分别减少25.5%、29.4%、34.3%、35.5%。板宽为16m和18m时，治理后地表和路面的沉降变化差距较小，治理效果变化不大。

2）应力分析

表5-34为不同钢筋混凝土板宽下采空区顶板应力统计表。可知，钢筋混凝土板治理后，采空区顶板压应力和拉应力减小，且随板宽增大，采空区顶板压应力减小。对比表中压应力与围岩极限抗压强度，治理前，采空区顶板下山侧靠近边缘位置所受压应力较大，存在压坏风险；治理后，采空区顶板整体压应力减小，抗压能力增强。

不同钢筋混凝土板宽下采空区顶板应力统计表（kPa）   表5-34

监测点		治理前	板宽12m	板宽14m	板宽16m	板宽18m	围岩抗压强度
11	最小主应力	−410.9	−370.9	−364.6	−361.3	−355.3	
	最大主应力	−23.5	−12.8	−10.8	−10.5	−10.0	
12	最小主应力	−273.9	−226.1	−220.7	−216.4	−213.8	
	最大主应力	17.5	12.2	7.8	7.0	7.2	
13	最小主应力	−107.7	−79.1	−74.3	−63.7	−60.7	420
	最大主应力	18.2	10.2	11.7	17.2	17.4	
14	最小主应力	−55.9	−39.3	−27.4	−16.5	−13.6	
	最大主应力	21.7	6.4	10.0	20.7	20.9	
15	最小主应力	−16.8	−10.3	−10.1	−9.7	−8.2	
	最大主应力	50.2	13.0	13.8	23.6	36.1	

3）塑性区分析

图5-58为不同钢筋混凝土板宽下采空区路基塑性区分布图。可知，钢筋混凝土板治理后，采空区下山侧边缘塑性区分布范围略有减小，采空区稳定性略有提高，但下山侧边缘的剪切破坏状态不变。

4）钢筋混凝土板受力分析

图5-59为不同钢筋混凝土板宽下板表面受力云图。可知，随板宽增大，钢筋混凝土板压应力从板左侧压应力大于板右侧转变为板中压应力小于板两侧。受急倾斜采空区影响，采空区下山板变形始终更大。通过治理，板所受压应力最大值达到1.0MPa。

2. 充填条件

以采空区倾角60°、深厚比1:1、路基高度6m、路基位于采空区正下方为例，研究充填治理个性因素变化对采空区路基受力变形的影响，表5-35为充填治理个性因素变化工况表。表5-36为充填材料力学参数。

（a）治理前　　　　　　　　（b）板宽12m　　　　　　　　（c）板宽14m

（d）板宽16m　　　　　　　　（e）板宽18m

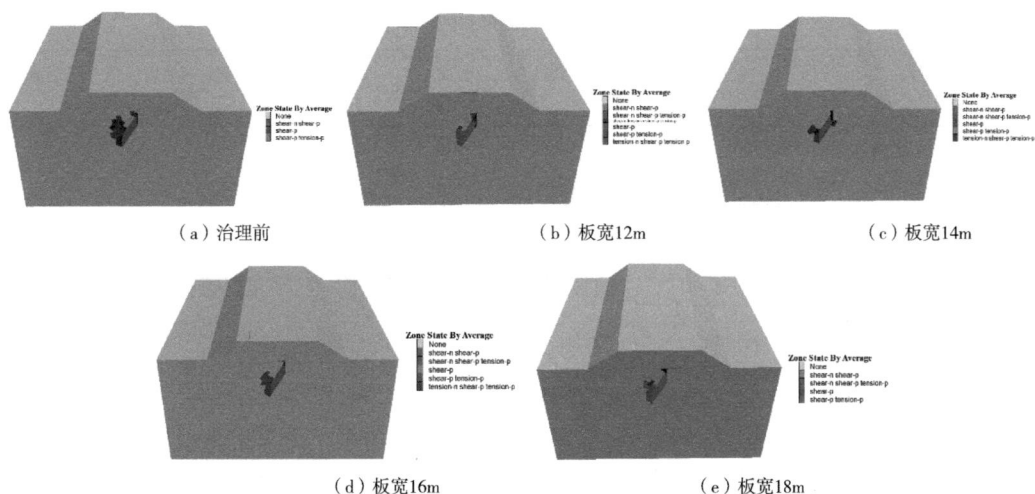

图 5-58　不同钢筋混凝土板宽下采空区路基塑性区分布图

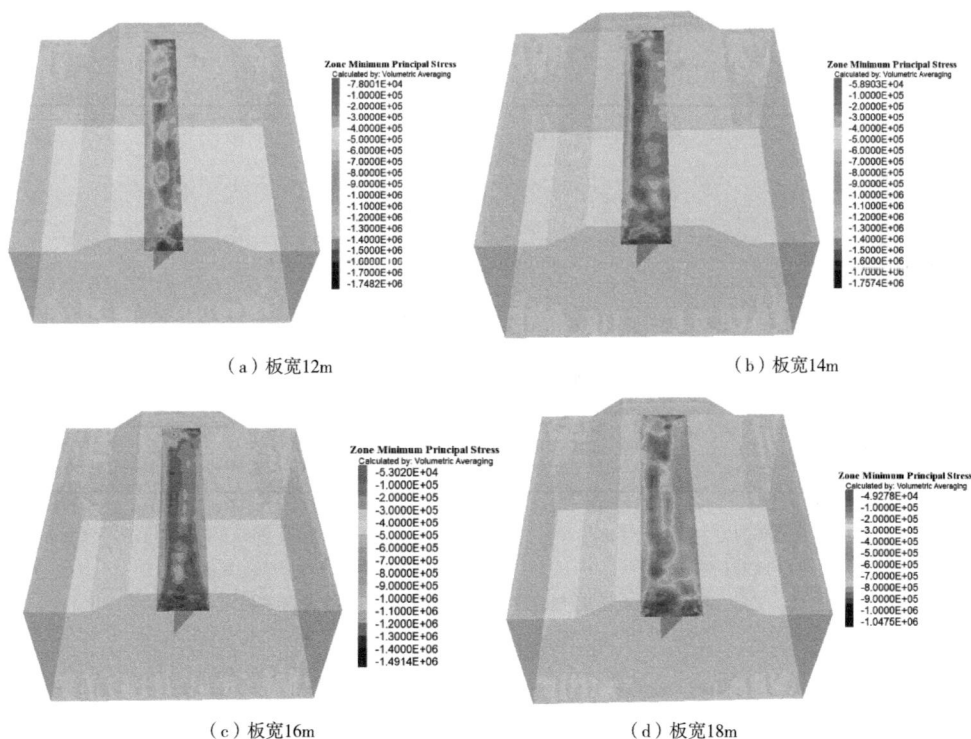

（a）板宽12m　　　　　　　　　　　　　　（b）板宽14m

（c）板宽16m　　　　　　　　　　　　　　（d）板宽18m

图 5-59　不同钢筋混凝土板宽下板表面受力云图（单位：Pa）

充填治理个性因素变化工况表　　　　　　　　表5-35

工况	充填率	充填材料（MPa）
工况1	25%、50%、75%、100%	混凝土填料
工况2	100%	混凝土填料、煤矸石、水泥粉煤灰、尾砂胶结充填体

充填材料力学参数   5-36

岩性	密度（kg/m³）	体积模量（MPa）	剪切模量（MPa）	黏聚力（kPa）	内摩擦角（°）	抗拉强度（MPa）
水泥粉煤灰浆液	1700	20	8.4	100	34.5	0.43
煤矸石	1950	70	30	47	36.6	0.60
尾砂胶结充填体	1820	1050	268	870	26	0.25

（1）充填率

1）位移分析

图5-60为不同充填率下地表和路面竖向位移曲线图。可知，充填治理前后，地表和路面沉降曲线均呈"V"形。充填率越大，地表和路面沉降曲线越平缓。采空区下山侧路面出现最大沉降，路面沉降曲线整体向左偏移。治理前，地表和路面最大沉降分别为4.42cm、4.58cm。充填率为25%、50%、75%、100%，充填治理后地表沉降对比治理前分别减少11.1%、22.4%、29.9%、34.6%；路面沉降对比治理前分别减少9.6%、17.5%、22.3%、26.4%。

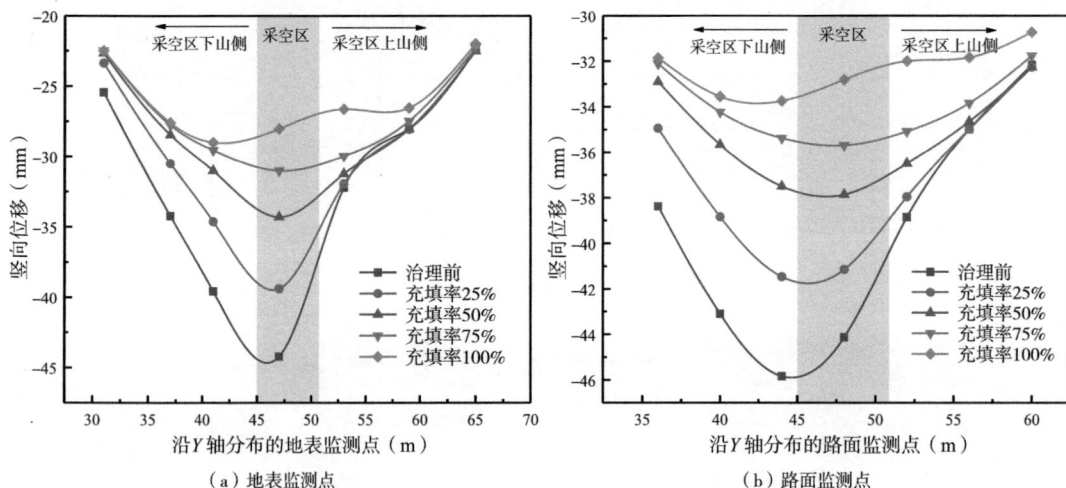

（a）地表监测点

（b）路面监测点

图5-60　不同充填率下地表和路面竖向位移曲线图

2）应力分析

图5-61为不同充填率下2-2截面最小主应力云图。可知，充填治理前，路基压应力最大值为6.7kPa。采空区上山侧顶板靠近路基，压应力较小，压应力最大值为0.2MPa。由于底板开挖卸荷作用，采空区两侧压应力较顶板更大，其下山侧边缘压应力最大值为0.5MPa，采空区下山侧不稳定。充填率为25%时，采空区底板压应力减小，压应力最大值为0.4MPa。充填率为50%时，采空区顶板压应力减小影响到采空区上山侧边缘，该处压应力减小为0.3MPa。充填率为75%时，未充填区域靠近地表，压应力为0.1MPa，充填材料发挥支撑作用，充填区域内部受压小于外部。充填率为100%时，充填区域顶部压应力最小，其内部压应力略大于顶部，底部

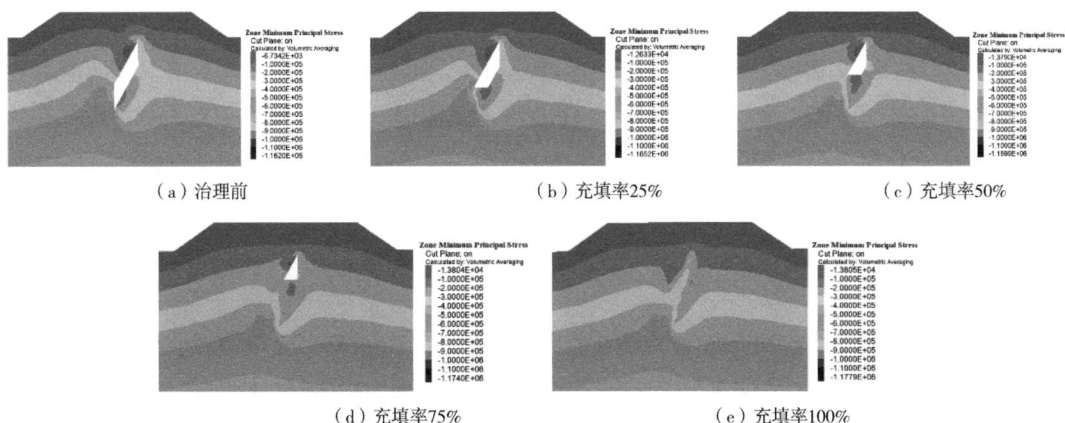

（a）治理前　　　　　　　（b）充填率25%　　　　　　　（c）充填率50%

（d）充填率75%　　　　　　　（e）充填率100%

图 5-61　不同充填率下 2-2 截面最小主应力云图（单位：Pa）

压应力最大。综上，急倾斜采空区充填治理后，随着充填率增加，其下山侧压应力先减小，使底板压应力减小，随后上山侧边缘压应力减小，最后充填区域压应力整体减小，实现充填治理。

图5-62为不同充填率下2-2截面最大主应力云图。可知，充填治理前后，路基最大主应力为压应力，采空区顶板最大主应力为拉应力。最大主应力分析主要针对拉应力，充填治理前，采空区顶板拉应力最大值为70.9kPa。充填率为25%时，采空区顶板拉应力减小为58.9kPa。充填率为50%时，采空区顶板压应力减小为18.7kPa，充填区域内部受压应力小于外部，充填材料自重应力对采空区下山侧顶板产生影响，促使采空区顶板拉应力减小。充填率为75%时，采空区顶板拉应力最大值为11.5kPa，拉应力范围明显减小，充填区域压应力最大值为50kPa。充填率为100%时，充填区域整体受压，压应力最大值为50kPa。综上，充填治理对采空区顶板拉应力产生减少作用。

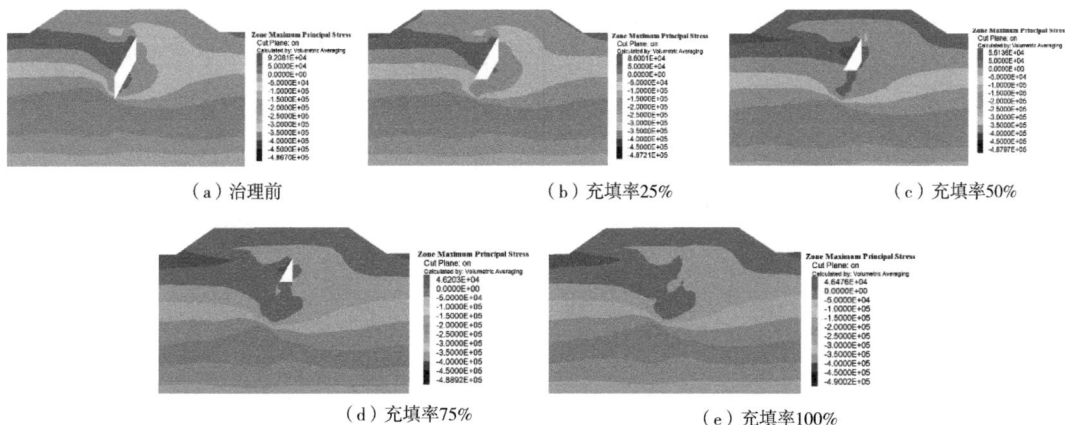

（a）治理前　　　　　　　（b）充填率25%　　　　　　　（c）充填率50%

（d）充填率75%　　　　　　　（e）充填率100%

图 5-62　不同充填率下 2-2 截面最大主应力云图（单位：Pa）

3）塑性区分析

图5-63为不同充填率下采空区路基塑性区分布图。可知，充填治理前，采空区两侧存在塑性区，发生剪切破坏。充填率为25%时，采空区下山侧仍出现剪切破坏，上山侧边缘存在的塑性区对比治理前未得到缓解，说明充填率为25%对采空区上山侧影响较小。充填率为50%及以上，充填区域无塑性区，采空区稳定。

（2）充填材料

1）位移分析

图5-64为不同充填材料下地表和路面竖向位移曲线图。可知，充填治理前后，地表和路面沉降曲线呈"V"形。治理前，地表和路面最大沉降分别为4.42cm、4.58cm。采用混凝土填料、尾砂胶结充填体、水泥粉煤灰浆液、煤矸石充填，地表沉降对比治理前分别减少34.6%、34.2%、20.8%、27.1%；路面沉降对比治理前分别减少26.4%、25.3%、15.3%、20.0%。混凝土

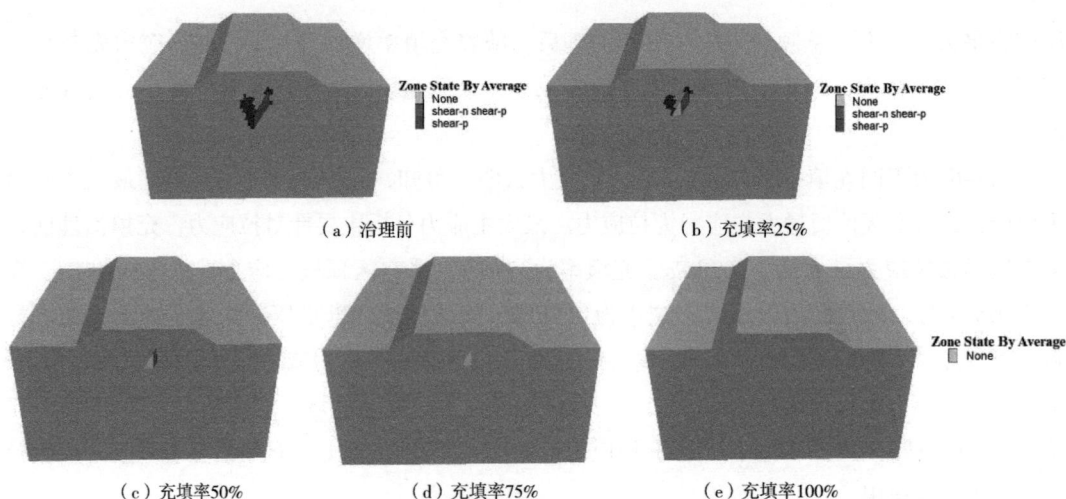

（a）治理前　　　　　　　　　　　　（b）充填率25%

（c）充填率50%　　　　　（d）充填率75%　　　　　（e）充填率100%

图 5-63　不同充填率下采空区路基塑性区分布图

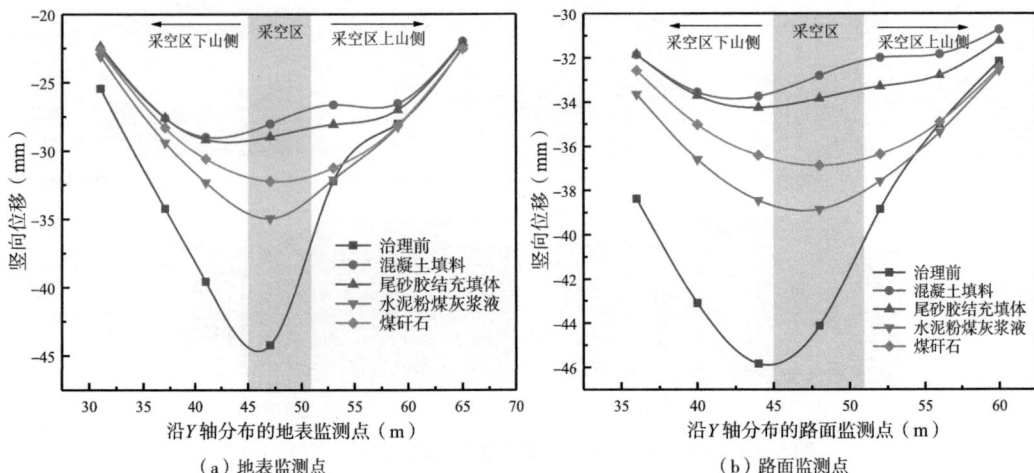

（a）地表监测点　　　　　　　　　　　（b）路面监测点

图 5-64　不同充填材料下地表和路面竖向位移曲线图

填料充填后，地表和路面沉降减小最明显，尾砂胶结充填体次之，其次为煤矸石，水泥粉煤灰浆液对路基沉降改善能力最弱。

2）应力分析

图5-65为不同充填材料下2-2截面最小主应力云图。可知，充填治理后，充填区域顶板最小主应力为压应力。不同充填材料对充填区域顶板压应力影响较小，主要差异在充填区域内部。混凝土充填后，充填区域不同位置压应力值不同，充填区域内部压应力最大值达0.4MPa；尾砂胶结材料充填后，充填区域压应力变化更均匀，其内部压应力最大值为0.3MPa；水泥粉煤灰和煤矸石充填后，充填区域从内部向外部扩展，压应力缓慢增大，两种材料充填后，充填区域内部压应力最小值分别为0.1MPa、0.2MPa。

图5-66为不同充填材料下2-2截面最大主应力云图。可知，充填治理后，充填区域受压应力作用，不同材料充填，其内部压应力大小不同。采用混凝土、尾砂胶结材料、水泥粉煤灰、煤矸石充填后，充填区域内部所受压应力最大值为50kPa、42.5kPa、25.3kPa、29.5kPa。水泥粉煤灰充填对充填区域内部压应力变化影响最小。

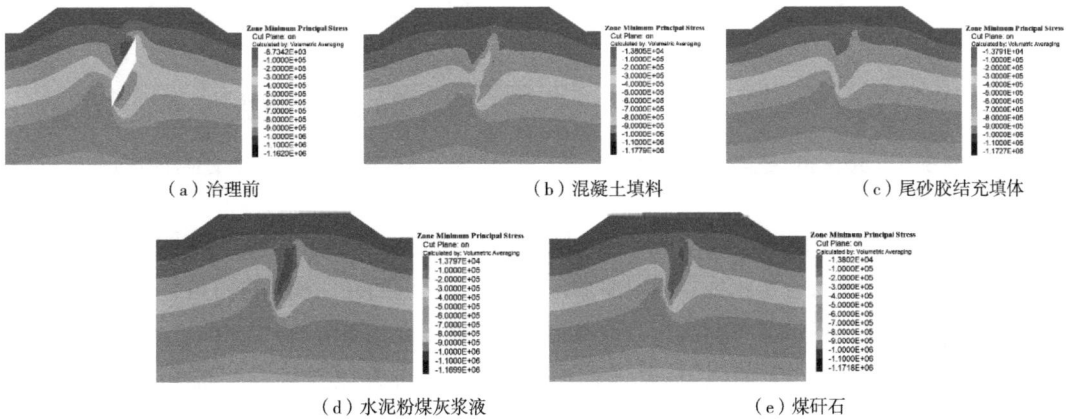

（a）治理前　　　　　　　（b）混凝土填料　　　　　　（c）尾砂胶结充填体

（d）水泥粉煤灰浆液　　　　　　（e）煤矸石

图 5-65　不同充填材料下 2-2 截面最小主应力云图（单位：Pa）

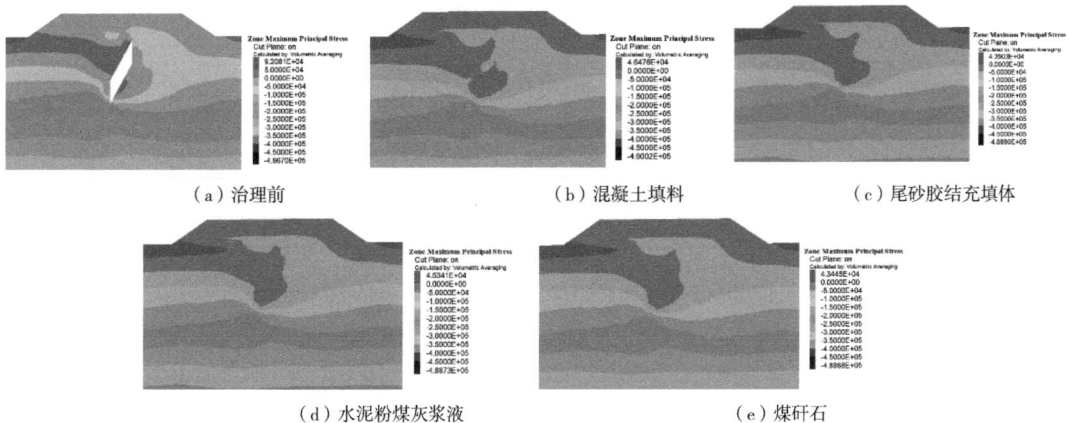

（a）治理前　　　　　　　（b）混凝土填料　　　　　　（c）尾砂胶结充填体

（d）水泥粉煤灰浆液　　　　　　（e）煤矸石

图 5-66　不同充填材料下 2-2 截面最大主应力云图（单位：Pa）

5.3   典型采空区路基治理与效果评价

5.3.1   工程概况

选取龙岩东环高速K5+360处一采空巷道，洞口高约12m，宽约8m，洞口走向10°，图5-67为K5+360处采空区剖面简图。K5+360处地层主要为：碎块状强风化砂岩，呈灰、深灰色，岩芯为碎块状砂土；中风化炭质砂岩，呈灰、深灰色，裂隙发育。

图5-68为FLAC 3D数值模拟K5+360处横断面简图。模型长为200m，宽为150m，高为100m，路基高为5m，路基上表面边长为32m，采空区巷道形状沿X方向较长。

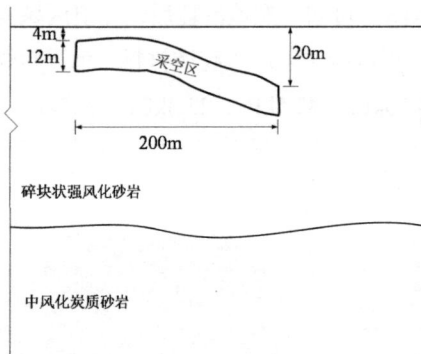

图 5-67   K5+360 处采空区剖面简图

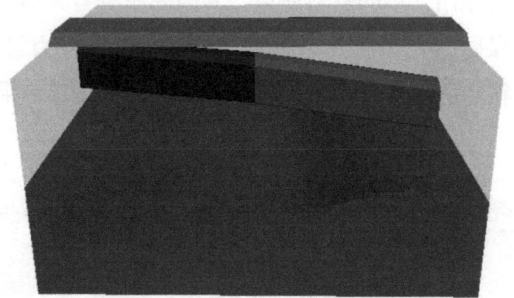

图 5-68   K5+360 处横断面简图

本节从初始地应力平衡开始，进行全过程模拟。其中，采空区形成主要采用model null命令流赋予空模型，为符合实际地层稳定要求，每次模拟后开始新一步均进行位移清零。结合公路修筑后，考虑路面所承受车辆荷载，取经验值，路面所受均布荷载取20kPa。

边界条件为围岩顶板自由，底部及四周限制位移。此外以围岩上表面中线为中心进行路基堆填，高度为5m，路基顶宽32m，坡度为1:1.5。围岩分为强风化砂岩、中风化砂岩两层，采用摩尔—库伦本构。K5+360处监测点布置在采空区地表和路基顶面中心处，沿X轴正向移动，每隔20m布置一个监测点，共布置10个监测点。表5-37为K5+360处各土层物理力学参数。

K5+360处各土层物理力学参数   表5-37

岩性	密度 （kg/m³）	体积模量 （GPa）	剪切模量 （GPa）	黏聚力 （MPa）	内摩擦角 （°）	抗拉强度 （MPa）
强风化砂岩	2000	0.45	0.2	1.5	28.4	0.1
中风化砂岩	2180	0.6	0.38	2.95	30.5	0.96
煤层	1950	0.25	0.12	0.55	23	0.05
混凝土	2100	50	44	—	—	—
路基土	1710	0.05	0.02	0.02	21	—

5.3.2　采空区路基上覆岩层稳定性分析

1．采空区治理前

（1）位移分析

图5-69为治理前K5+360处竖向位移云图。可知，治理前巷道开挖造成的路面沉降主要发生在采空区上方，最大沉降值可达5.0cm。道路表面沉降范围与巷道采空区走向基本一致。巷道在X=120m处，巷道顶板下沉，巷道底板向上隆起，越靠近开挖区域采空区发生沉降越大，最大沉降值为7.0cm。

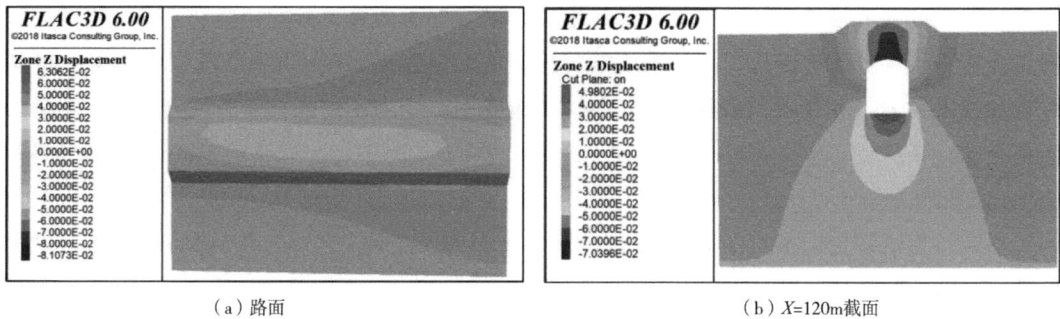

（a）路面　　　　　　　　　　　　　（b）X=120m截面

图5-69　治理前 K5+360 处竖向位移云图（单位：m）

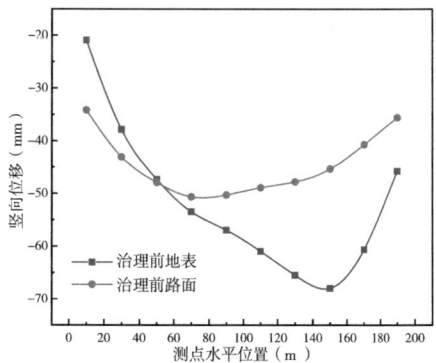

图5-70为治理前K5+360处地表和路面竖向位移曲线图。由图可知，治理前，K5+360处地表监测点沉降与路面沉降变化趋势存在差异。地表沉降最大值为7.0cm，出现在X=150m截面。采空区沿X轴方向较长，可看成巷道采空区，巷道距离地表较近位置对应图中监测点10～90m之间；巷道距离地表较远位置对应图中监测点90～190m之间。由于K5+360处巷道分布形状特异，靠近地表的巷道是沿着Z=0倾斜走向，离地表较远的巷道处主要沿X轴走向，因此，地表沉降曲线呈现不均匀变化，且距离采空区较远处对地表沉降影响更大。治理前路面沉降变形相对地表沉降更均匀，路面最大沉降发生在距离地表较近的X=70m处，路面最大沉降为5.0cm。路面沉降变化受到巷道影响，巷道距离地表越近，路面沉降越大。

图 5-70　治理前 K5+360 处地表和路面竖向位移曲线图

（2）应力分析

图5-71为治理前K5+360处X=120截面应力云图。可知，治理前，围岩所受最小主应力表现为压应力，压应力随围岩深度增大而增大。路基所受最小主应力表现为拉应力，巷道所受最小主应力表现为压应力，压应力范围在0.2～0.8MPa之间。由于巷道底板两边缘受到的最小主应力大于其他位置，巷道开挖后不经治理，在路基荷载和车辆荷载作用下，采空区由底板边缘

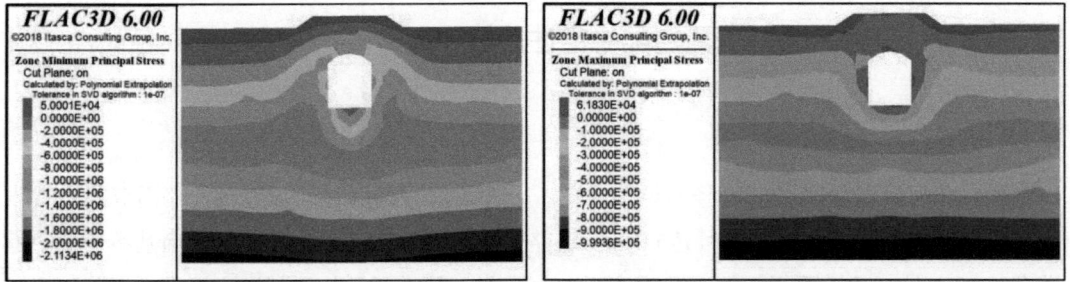

（a）采空区　　　　　　　　　　　　　　　　　（b）路基

图 5-71　治理前 K5+360 处 X=120m 截面应力云图（单位：Pa）

延伸出向上的裂缝形成实际剪切面，造成上覆岩层及地表破坏，影响公路安全。采空区附近所受压应力最大值为0.2MPa，大于围岩的抗拉强度0.1MPa，采空区顶板发生拉伸破坏。巷道开挖后在上覆岩层和车辆荷载作用下，巷道两边缘围岩产生压力区，造成巷道边缘发生剪切破坏。

（3）塑性区分析

图5-72为治理前K5+360处X=120m截面塑性区分布图。由图可知，K5+360处X=120m截面塑性区主要出现在巷道周围，巷道顶板主要发生拉伸破坏，巷道两侧围岩破坏形式复杂，包括拉伸破坏、剪切破坏，其中以剪切破坏为主。路基造成的破坏主要在采空区周围，因此保证公路的稳定主要对采空区进行治理，实现采空区顶板和路基稳定。

根据采空区周围应力变化分析治理前后采空区顶板和路基稳定性。通过抗拉强度、抗压强度分析采空区顶板是否发生拉伸破坏，利用式（5-10）分析采空区两侧是否发生剪切破坏。图5-73为K5+360处采空区周围监测点布置图。

表5-38为治理前采空区顶板监测点应力统计表。由表可知，K5+360处采空区顶板最小主应力和最大主应力，均表现为压应力。监测点中压应力最大值为1.38MPa，采空区所处围岩为强风化砂岩，抗拉强度为0.1MPa。根据抗拉强度与抗压强度的比值范围为1/20～1/10，取两者比值为1/10进行稳定性判断，则采空区所处围岩的抗压强度为1.0MPa，故采空区顶板发生拉伸破坏。

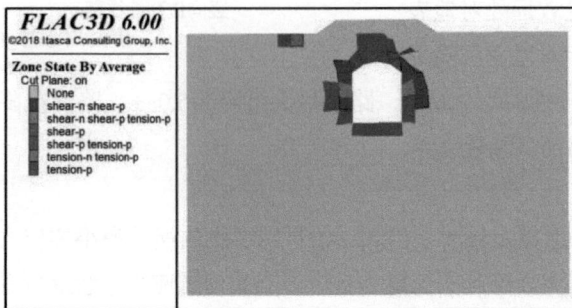

图 5-72　治理前 K5+360 处 X=120m 截面塑性区分布图

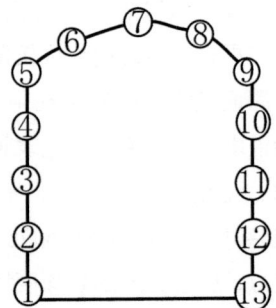

图 5-73　K5+360 处采空区周围监测点布置图

治理前采空区顶板监测点应力统计表（MPa）　　表5-38

监测点	5	6	7	8	9	10
最小主应力	−0.73	−0.57	−1.33	−1.38	−0.63	—
最大主应力	−0.12	−0.06	−0.07	−0.03	−0.08	—

图5-74为治理前K5+360处采空区两侧抗剪安全系数曲线图。由图可知，K5+360处采空区两侧抗剪安全系数均小于1.2，两侧发生剪切破坏，采空区顶板失稳。

（4）改进公式与数值模拟结果对比

图5-75为K5+360处采空区顶板稳定性分析简图。利用表5-13公式计算得出，K5+360处采空区顶板稳定的临界深度为32m。K5+360处采空区距离地表最近的深度为4～20m，采空区最大采深为20m，小于公式计算顶板达到稳定的临界深度32m，K5+360处采空区顶板处于不稳定状态，与数值模拟结果一致。

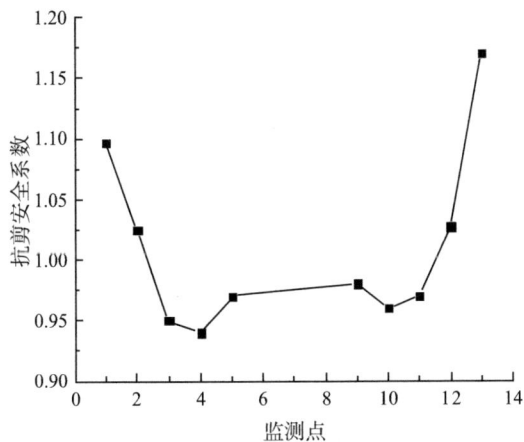

图5-74　治理前K5+360处采空区两侧抗剪安全系数曲线图

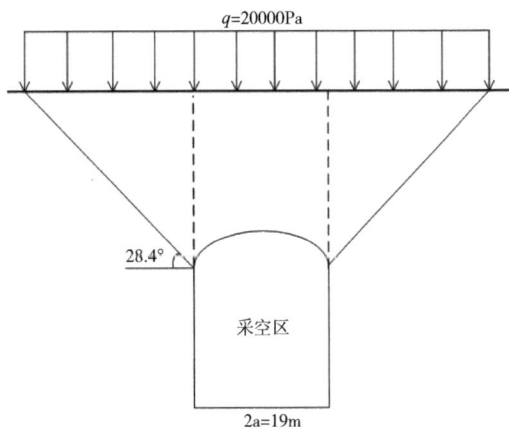

图5-75　K5+360处采空区顶板稳定性分析简图

2. 采空区治理后

根据以上采空区治理技术效果分析，2种治理技术适用的采空区状态不同，如表5-39所示。

治理技术及适用条件　　表5-39

治理技术	适用条件
钢筋混凝土板治理	跨度小、采深较小的采空区
充填治理	埋深较大时，采空区开采范围有限，数量较多。埋深较小时，采空区开采范围较大而造成地表和路基大范围垮落

　　结合工程实际条件，K5+360处采空区截面边长在20m左右，采深为5m，且跨度较大，钢筋混凝土板治理后板中发生的挠度较大，削弱了板的治理效果，因此，结合塑性区分布特点，两处破坏主要发生在采空区周围，对采空区本身进行治理，更有利于公路实现稳定。故选用充填治理能满足工程要求和治理需要，根据现场施工要求，K5+360处采空区采用混凝土进行充填。

　　图5-76为治理后K5+360处竖向位移云图。由图可知，巷道完全充填后，堆填路基并施加车辆荷载，路面最大沉降发生在巷道靠近地表较近位置的上方，且竖向位移沿路基两侧逐渐减小，最大沉降值为2.4cm，相较于未充填路面减小了52%，混凝土充填治理效果较好。在X=120m截面路基表面发生沉降最大，围岩整体沉降更均匀，通过混凝土充填治理后效果明显，采空区及路基的沉降明显减小，符合公路规范要求。

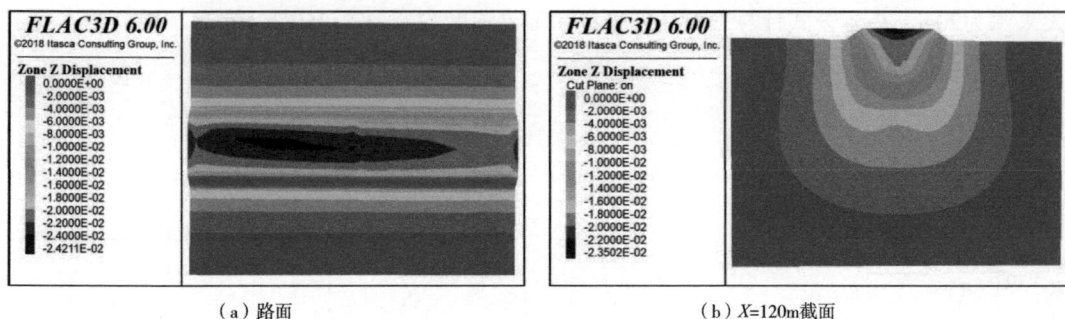

（a）路面　　　　　　　　　　　（b）X=120m截面

图5-76　治理后K5+360处竖向位移云图（单位：m）

　　图5-77为治理后K5+360处路面和地表竖向位移曲线图。由图可知，K5+360处采空区通过混凝土充填治理后，地表和路面的沉降变化曲线呈"U"形。结合该处数值模拟采空区主要分为两处：一处离地表较近，监测点在10～90m之间；一处离地表较远，监测点在90～190m之间。图中地表和路面的最大沉降发生的位置都位于X=70m处，最大沉降值分别为2.4cm、2.1cm。对比治理前，地表和路面沉降减小率分别为66%，58%。最大沉降发生在靠近地表的巷道处，由于混凝土具有一定重力密度，充填后围岩整体性增强，巷道越靠近地表，沉降影响越大。

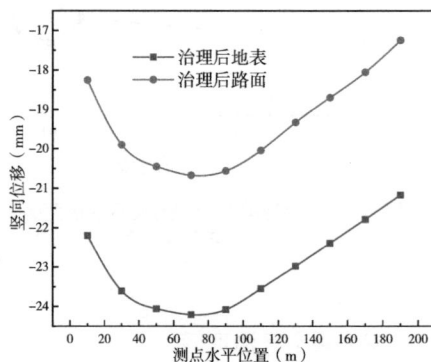

图5-77　治理后K5+360处路面和地表竖向位移曲线图

　　图5-78为治理后K5+360处X=120m截面应力云图。由图可知，巷道采空区充填治理后，围岩所受最小主应力表现为压应力。对比治理前，混凝土充填造成采空区附近应力增大；地下围岩整体性更强，受力更均匀。充填后压应力并未超过围岩最大压应力，不会发生压缩破坏，充填对缓解围岩破坏具有明显效果。原采空区经充填后应力分布较均匀，相较于治理前稳定。

　　图5-79为治理后K5+360处X=120截面塑性区分布图。由图可知，采用混凝土充填后，采空区附近的拉伸破坏和剪切破坏区域消失，图中存在治理前已发生的拉伸破坏，FLAC 3D数值模

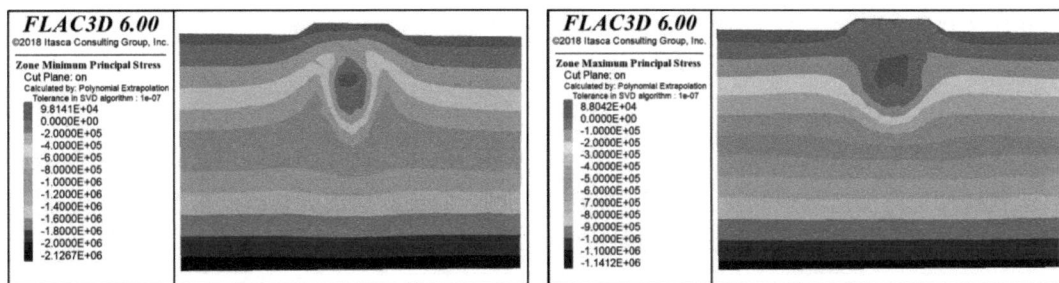

（a）最小主应力　　　　　　　　　　　　（b）最大主应力

图 5-78　治理后 K5+360 处 X=120m 截面应力云图（单位：Pa）

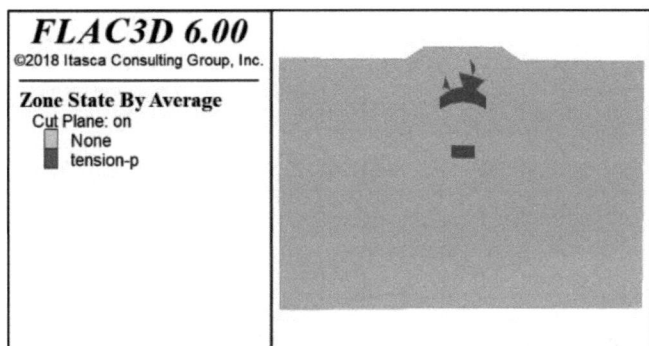

图 5-79　治理后 K5+360 处 X=120m 截面塑性区分布图

拟开挖时造成的塑性区，对混凝土充填治理后采空区顶板的稳定性影响不大，采空区周围未出现新塑性区。对比充填治理前后塑性区，混凝土充填治理效果明显。

表5-40为治理后采空区顶板监测点应力统计表。由表可知，K5+360处采空区在混凝土充填治理前后，顶板压应力减小，且监测点中压应力最大值小于围岩的抗压强度（1.0MPa），充填治理效果好。

治理后采空区顶板监测点应力统计表（MPa）　　　　　　　　　表5-40

监测点	5	6	7	8	9	10
最小主应力	−0.68	−0.72	−0.41	−0.40	−0.56	—
最大主应力	−0.09	−0.02	−0.03	−0.01	−0.07	—

5.3.3　采空区治理后效果评价

1.现场监测方案

（1）地表沉降监测方案

路基顶面沉降采用CXG6070型侧斜管和CX-8000S型活动式测斜仪进行监测，在已经修筑完的路基上开挖一条平行于路基表面的浅坑，用于埋设测斜管，埋设完成后再回填并压实，为防止压实过程破坏测斜管，先在测斜管周围充填细砂，图5-80为现场测斜管埋设图。图5-81为测斜仪测点示意图，沿路基顶面共64个测点。

（2）路面沉降监测方案

路表沉降采用DL-201电子水准仪（图5-82）进行观测，沥青路面修筑完成在沥青层表面打入铁钉作为路面沉降观测点，如图5-83所示。图5-84为路面沉降观测点布置示意图，沿道路表面斜向布置10个测点，监测点布置的方向与采空区走向一致。

图 5-80　现场测斜管埋设图

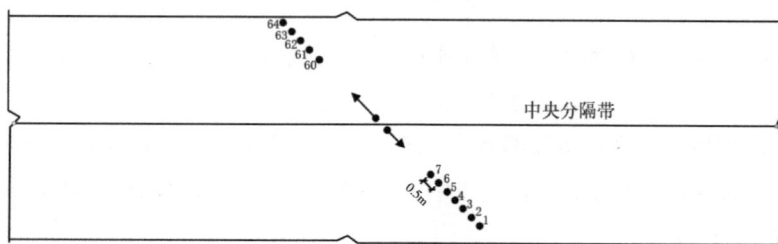

图 5-81　测斜仪测点示意图

图 5-82　DL-201电子水准仪

图 5-83　路面沉降观测点

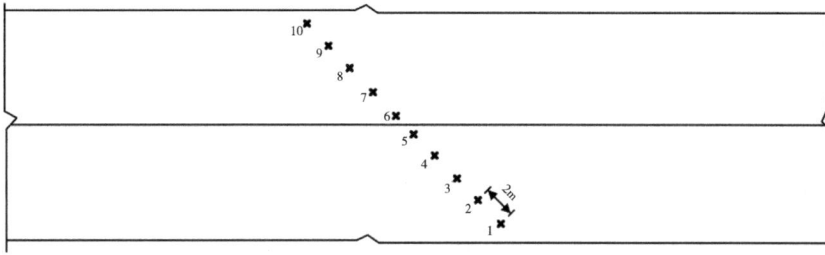

图 5-84 路面沉降观测点布置示意图

2. 监测结果分析

（1）地表沉降

图5-85为监测点地表沉降曲线图，K5+360段地表沉降监测时间为2021年10月至2022年3月，每月1次。随地表监测点变化，地表沉降曲线变化平缓，时间越靠后，地表发生沉降越小。2021年10月地表沉降最大，最大值达到38.9mm，沉降曲线在公路各位置变化比较均匀，由于这个时间地表路基堆填，路基自重应力均匀作用在地表上，监测点沉降受到均匀路基荷载作用。2021年11月地表沉降最大值为28.9mm，地表沉降值减小10mm。2021年12月监测点地表沉降曲线呈"U"形，地表最大沉降位置主要发生在地表

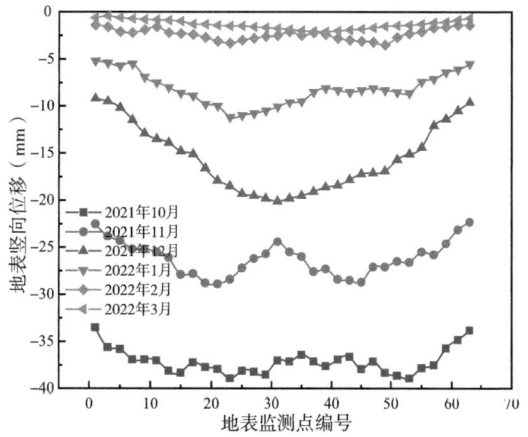

图 5-85 监测点地表沉降曲线图

正中范围内，地表沉降最大值为20.1mm，对比2021年11月沉降减小 8.8mm。2022年开始，地表沉降变化主要受到车辆荷载作用，曲线表现出沉降逐渐减小，逐渐趋于平缓，2022年1月、2022年2月、2022年3月三个月地表发生最大沉降值分别为11.9mm、4.3mm、2.09mm，与前一个月对比，沉降值减小8.2mm、7.6mm、2.2mm。对比各时间段地表沉降减小值，从堆填路基到路面通车运营，地表沉降变化趋势逐渐减小，采空区趋于稳定。

（2）路面沉降

图5-86为路面沉降曲线图。路面沉降监测开始于路面通车，工程于2021年12月左右通车，故从2021年12月开始监测路面沉降变化，共统计6个月。图中曲线变化趋势均较平缓，随着监测时间越往后推移，路面沉降减小。公路开始运营时，路面沉降最大值为21.5mm，对比该时间段的地表沉降发现，路面与地表的沉降相差较小。公路通车，车辆荷载沿着路基向下传递至地表，路基自重应力对地表沉降影响明显平稳，车辆荷载对地表沉降影响更大，故地表和路面沉降相差较小。路面沉降最大值分别为13.7mm、12.3mm、9.8mm、7.1mm、4.7mm。因此，通过运营后路面沉降监测数据得出，路面沉降值远小于规范要求的高速公路最小沉降容许值。

（3）监测数据与数值模拟结果对比

图5-87为K5+360处地表监测点在数值模拟和实际监测下地表沉降对比图。可知，在数值模拟和实际监测情况下，地表沉降曲线呈"V"形，实际监测地表沉降最大值为20.1mm，数值模拟地表沉降最大值为20.72mm。从整体看数值模拟沿监测点变化的沉降曲线要大于实际监测，但两者相差不大，平均沉降差率在8.5%。

图5-88为K5+360处路面监测点在数值模拟和实际监测下路面沉降对比图。可知，在数值模拟和实际监测两种情况下，路面沉降

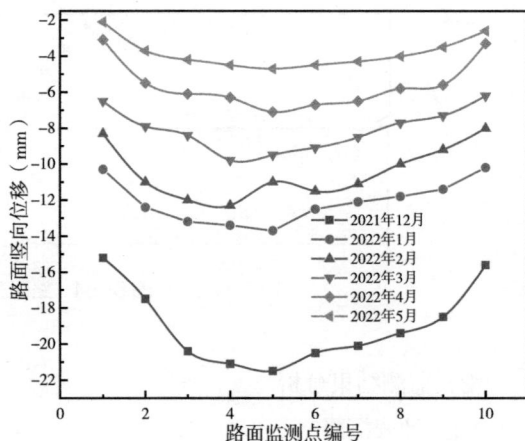

图 5-86　路面沉降曲线图

变化曲线呈"U"形，模拟路面最大沉降值为4.7mm，实际监测路面最大沉降值为4.8mm。两者平均沉降差为5.2%。

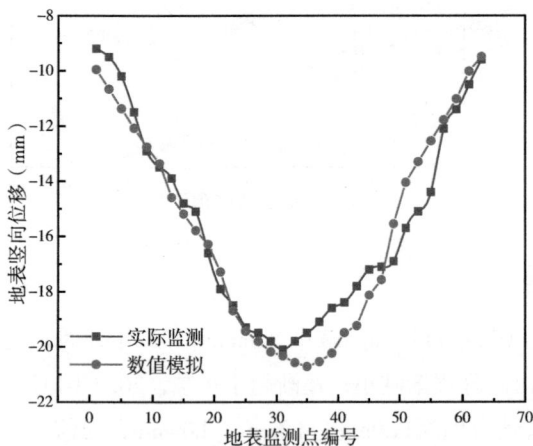

图 5-87　K5+360 处地表监测点在数值模拟与
实际监测下地表沉降对比图

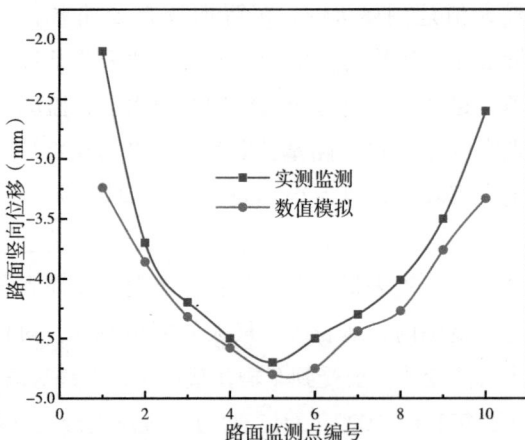

图 5-88　K5+360 处路面监测点在数值模拟与
实际监测下路面沉降对比图

3. 充填效果检测

（1）主要仪器设备

地质雷达（Ground Penetrating Radar）是一种利用高频电磁波技术探测地下物体的电子设备。地质雷达探测是利用超高频电磁波，其探测能力优于例如管线探测仪等使用普通电磁波的探测类仪器，因而广泛应用于勘探溶洞、巷道、采空区等区域。表5-41为地质雷达监测主要仪器设备表。

地质雷达监测主要仪器设备表   表5-41

名称	型号	数量	性能
地质雷达	加拿大 Ultra Pulse EKKO	1	良好
RTK 测量系统	中海达 iRTK2	1	良好
计算机	华硕	2	良好
地质雷达处理软件	EKKO PRO JECT	1	—

（2）现场参数确定及勘探布置

采用250MHz和100MHz频率天线进行组合测试，采样点间隔10cm或20cm。由于本次探测范围为离地面6m厚的地层，根据电磁波在粉质黏土和砂岩地层中传播速度经验参数，采集时间大于150ns可满足探测深度。采用1980西安坐标系（中央子午线为117°0′，投影高为0m），198 国家高程基准，测量参数通过GD06、GD09解算。图5-89为地质雷达探测现场图。

（3）充填效果评价

图5-90为K5+360处巷道采空区混凝土充填后地质雷达探测效果图。由图可知，K5+360段巷道采空区通过混凝土充填，地下围岩的整体振幅较大，处于连续平板状态，充填后未出现明显突变或异常区域，巷道采空区在混凝土充填后，混凝土迅速凝固，发挥强度作用，促进地下围岩连续性的形成。综上，该采空区采用混凝土充填治理效果良好。

图 5-89 地质雷达探测现场图

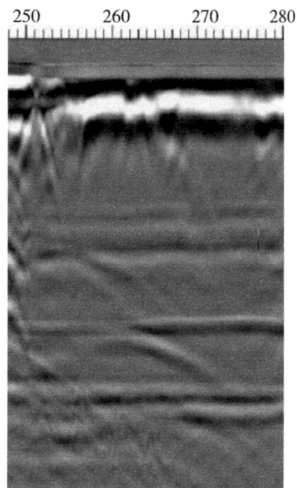

图 5-90 K5+360 处巷道采空区混凝土充填后地质雷达探测效果图

参考文献

［1］黄秀声，翁伯琦，徐国忠，等. 福建丘陵区循环农业发展战略与体系构建［J］. 福建农业学报，2011，26（4）：664-670.

［2］姜静，江晓霞. 广清高速公路煤系土路堑边坡设计［J］. 中外公路，2005，25（5）：29-31.

［3］Timothy D, Arellano W D, Hillman R P, et al. Effect of toe excavation on a deep bedrock landslide［J］. Journal of Performance of Constructed Facilities, 2005, 19(3): 244-255.

［4］Tiwari B, Upadhyaya S. Influence of antecedent rainfall on stability of slopes［C］// Geo-Congress 2014:Geo-characterization and Modeling for Sustainability, 2014: 3243-3251.

［5］Yang Y C, Xing H G, Yang X G, et al. Experimental study on the dynamic response and stability of bedding rock slopes with weak interlayers under heavy rainfall［J］. Environmental Earth Sciences, 2018, 77(12): 433-449.

［6］Yang W J, Hong B N, Zhou B G, et al. Experimental study of improvement properties of rudaceous coal-bearing soil［J］. Rock & Soil Mechanics, 2012, 33(1): 96-102.

［7］Antinoro C, Arnone E, Noto L V. The use of soil water retention curve models in analyzing slope stability in differently structured soils［J］. Catena, 2017, 150: 133-145.

［8］祝磊，洪宝宁. 粉状煤系土的物理力学特性［J］. 岩土力学，2009，30（5）：321-325.

［9］祝磊，洪宝宁. 广东云浮砾状煤系土的物理力学特性［J］. 水文地质工程地质，2009，9（1）：456-461.

［10］张晗秋. 干湿循环下煤系土的崩解及抗剪强度特性研究［D］. 南昌：华东交通大学，2017.

［11］符滨. 边坡开挖条件下煤系地层岩土体工程性质变化规律研究及加固措施［D］. 长沙：中南大学，2014.

［12］颜阳，张可能，刘高鹏. 含水率对郴州煤系土邓肯-张模型参数的影响［J］. 土工基础，2016，30（6）：737-742.

［13］胡昕，洪宝宁，杜强，等. 含水率对煤系土抗剪强度的影响［J］. 岩土力学，2009，30（8）：2291-2294.

［14］胡昕，洪宝宁，王海明，等. 高液限土和煤系土抗剪强度的水敏感性比较研究［J］. 四川大学学报（工程科学版），2010，42（1）：54-59.

［15］李育枢，李天斌. 煤系地层中炭质泥岩滑带土的初步研究［J］. 岩土工程技术，2006，20（2）：998-1004.

［16］Marino G G, P.E., Choi S. Softening effects on bearingcapacity of mine floors［J］. Journal of geotechnical and geoenvironmental engineering, 1999, 125(12): 1078-1089.

［17］Huang G, Zheng M. Effect of dry-wet cycling on the residual strength characteristics of coal measure soil［J］. KSCE Journal of Civil Engineering, 2021, 25(11): 4184-4195.

［18］Zuo C, Liu D, Ding S, et al. Micro-characteristics of strength reduction of tuff residual soil with different moisture［J］. Ksce Journal of Civil Engineering, 2016, 20(2): 639-646.

［19］Yang J, Zheng M. Effects of density and drying-wetting cycle on soil water characteristic curve of coal soil［J］. Journal of East China Jiaotong University, 2018, 35(3): 91-96.

［20］Gallage C, Uchimura T. Effects of wetting and drying on the unsaturated shear strength of a silty sand under low suction［C］// International Conference on Unsaturated Soils. Lisbon: Geotechnical Special Publication, 2006:1247-1258.

［21］Zhang J, Gao Y, Sheng D, et al. Influence of suction history on hydraulic and stress-strain behavior of unsaturated soils［J］. International Journal of Geomechanics, 2016, 16(6): 1-9

［22］Chen S J, Jiang T Q, Wang H Y, et al. Influence of cyclic wetting-drying on the mechanical strength characteristics of coal samples: A laboratory-scale study［J］. Energy Science & Engineering, 2019, 7(6): 3020-3037.

［23］王宇航，洪宝宁. 广梧高速公路块状煤系土的物理力学特性［J］. 河南科学，2014，32（11）：2309-2312.

［24］杨继凯，郑明新. 密度及干湿循环影响下的煤系土土-水特征曲线［J］. 华东交通大学学报，2018，35（3）：91-96.

［25］李辉，刘顺青. 重塑红黏土和粉状煤系土的水敏感性比较研究［J］. 中山大学学报（自然科学版），2015，54（6）：89-93.

［26］王在军. 拱形双排抗滑桩滑坡推力分配计算及其工程应用［D］. 长沙：中南大学，2013.

［27］祝磊，洪宝宁. 煤系土浅层滑坡的影响因素敏感性分析［J］. 长江科学院院报，2017，28（7）：67-71.

［28］易巍. 广东省煤系地层不同坡体结构的病害模式及防治对策［J］. 铁道建筑，2015（9）：94-97.

［29］Liao W, Lin J, Zhang H. Influence of rainfall infiltration on transient volumetric water content of coal measure soil slope［J］. IOP Conference Series: Earth and Environmental Science, 2020, 455(1): 012180.

［30］左文贵，张家林，贺勇. 郴州某二叠系煤系土滑坡变形机理分析［J］. 浙江工业大学学报，2018，46（6）：672-676.

［31］刘顺青，洪宝宁，朱俊杰，等. 粉状和砾状煤系土的水敏感性及边坡稳定性分析［J］. 科学技术与工程，2016，16（8）：143-149.

［32］刘小青. 含水率影响下煤系土边坡稳定性双折减分析［J］. 湖南交通科技，2018，44（2）：134-135+176.

［33］姚运昌. 基于弹塑性接触有限元算法分析煤系土浅层滑坡稳定性［J］. 治淮，2018（6）：19-21.

［34］Wu C, Zhang B, Zhang H. Stability analysis of coal-measure soil slope based on discrete element method［J］. IOP Conference Series: Earth and Environmental Science, 2021, 719（4）: 042059.

［35］尹琼，刘强，何书. 平顶形煤系土边坡长期破坏规律及稳定性分析［J］. 江西理工大学学报，2019，40（1）：68-73.

［36］郑一晨，张可能. 湘南地区煤系地层边坡失稳分析及其治理研究［J］. 城市勘测，2017（6）：155-160.

［37］祝磊，韩尚宇，洪宝宁，等. 降雨入渗条件下考虑裂隙和风化对煤系土堑坡稳定性影响分析［J］. 水利与建筑工程学报，2010，8（4）：86-89.

［38］祝磊，洪宝宁. 降雨作用下煤系土路堑边坡稳定分析［J］. 岩土力学，2009，30（4）：1035-1040.

［39］张毅，韩尚宇，郑军辉. 降雨入渗对含裂隙煤系土边坡稳定性影响分析［J］. 公路工程，2014，39（1）：10-13.

［40］Liu T, Zou D. Experimental research on damping and bonding properties of concrete reinforced with GFRP bars［C］// Earth and Space 2010：Engineering, Science, Construction, and Operations in Challenging Environments, Hawaii: Biennial International Conference on Engineering, 2010: 2793-2805.

［41］Benmokrane B, Eisa M, El-Gamal S, et al. First use of GFRP bars as reinforcement for continuous reinforced concrete pavement［C］// Proceedings of the 4th International Conference on FRP Composites in Civil Engineering, Zurich: Chemical Rubber Company (CRC) Press, 2008: 22-24.

［42］Ahmed E A, Settecasi F, Benmokrane B. Construction and testing of GFRP steel hybrid-reinforced concrete bridge-deck slabs of sainte-catherine overpass bridges［J］. Journal of Bridge Engineering, 2014, 19(6): 213-226.

［43］Nkurunziza G, Debaiky A, Cousin P, et al. Durability of GFRP bars: a critical review of the literature［J］. Progress in Structural Engineering and Materials, 2005, 7(4): 194-209.

［44］Ceroni F, Cosenza E, Gaetano M, et al. Durability issues of FRP rebars in reinforced concrete members［J］. Cement and Concrete Composites, 2006, 28(10): 857-868.

［45］Tannous F E, Saadatmanesh H. Environmental effects on the mechanical properties of E-glass FRP rebars［J］. Aci Materials Journal, 1998, 95(2): 87-100.

［46］Zhang B, Benmokrane B. Pullout bond properties of fiber-reinforced polymer tendons to grout［J］. Journal of Materials in Civil Engineering, 2002, 14(5): 399-408.

［47］Robert M, Benmokrane B. Physical, mechanical, and durability characterization of preloaded GFRP reinforcing bars［J］. Journal of Composites for Construction, 2010, 14(4): 368-375.

［48］Vilanova I, Baena M, Torres L, et al. Experimental study of bond-slip of GFRP bars in concrete under sustained loads［J］. Composites Part B-Engineering, 2015, 74: 42-52.

［49］Inman M, Thorhallsson E R, Azrague K. A mechanical and environmental assessment and comparison of basalt fibre reinforced polymer (BFRP) rebar and steel rebar in concrete beams［J］. Energy Procedia, 2017, 111: 31-40.

［50］闫富友，贾新，袁勇. 砂浆黏结GFRP锚杆试验研究［J］. 工业建筑，2004，34（12）：59-61.

［51］杨振茂，马念杰，孔恒，等. 玻璃钢锚杆的试验研究［J］. 煤炭科学技术，2002，30（2）：42-45.

［52］刘汉东，于新政，李国维. GFRP锚杆拉伸力学性能试验研究［J］. 岩石力学与工程学报，2005（20）：121-125.

［53］刘颖浩，袁勇. 全螺纹GFRP黏结型锚杆锚固性能试验研究［J］. 岩石力学与工程学报，2010，29（2）：394-400.

［54］李国维，黄志怀，张丹，等. 玻璃纤维增强聚合物锚杆承载特征现场试验［J］. 岩石力学与工程学报，2006，25（11）：2240-2246.

［55］李国维，刘朝权，黄志怀，等. 应用玻璃纤维锚杆加固公路边坡现场试验［J］. 岩石力学与工程学报，2010, 29（S2）：4056-4062.

［56］曹晓峰，赵文，谢强，等. BFRP筋材基本力学性能试验研究［J］. 公路工程，2016, 41（5）：215-217+255.

［57］白晓宇，井德胜，王海刚，等. 玄武岩纤维增强聚合物锚杆用于边坡支护工程之研究现状［J］. 科学技术与工程，2020, 20（31）：12702-12710.

［58］王双明，段中会，马丽，等. 西部煤炭绿色开发地质保障技术研究现状与发展趋势［J］. 煤炭科学技术，2019, 47（2）：1-6.

［59］王双明. 对我国煤炭主体能源地位与绿色开采的思考［J］. 中国煤炭，2020, 46（2）：11-16.

［60］中国矿业网. 福建省矿产资源概况［EB/OL］. 2013［2024-03-10］. http://www.chinamining.org.cn/index.php?a=show&c=index&catid=110&id=6016&m=content.

［61］搜狐网. 2015-2020年福建省原煤产量及月均产量对比分析［EB/OL］. 2021［2022-03-10］. https://www.sohu.com/a/464863477_120959312.

［62］李海东，雷伟香，欧阳琰，等. 矸石山环境污染治理的对策建议［J］. 环境保护，2018, 46（11）：62-64.

［63］邱景平，李小庆，孙晓刚，等. 煤矸石资源化利用现状与进展［J］. 有色金属（矿山部分），2014, 66（1）：47-50.

［64］贾鲁涛，吴倩云. 煤矸石特性及其资源化综合利用现状［J］. 煤炭技术，2019, 38（11）：37-40.

［65］刘峰，刘超. 煤矸石综合利用系统的研究与应用［J］. 煤炭技术，2019, 38（12）：144-146.

［66］邱钰，缪林昌，刘松玉. 煤矸石在道路建设中的应用研究现状及实例［J］. 公路交通科技，2002,19（2）：1-5.

［67］郭彦霞，张圆圆，程芳琴. 煤矸石综合利用的产业化及其展望［J］. 化工学报，2014, 65（7）：2443-2453.

［68］冯忠居，张永清. 粗粒土路基的压实试验［J］. 长安大学学报（自然科学版），2004, 24（3）：9-12.

［69］Skarzynska K M. Reuse of coal mining wastes in civil engineering—Part 1：Properties of minestone［J］. Waste Management, 1995, 15(1): 3-42.

［70］Skarzynska K M. Reuse of coal mining wastes in civil engineering—Part 2：Utilization of minestone［J］. Waste Management, 1995, 15(2): 83-126.

［71］冯瑞玲，陶建利，赵占厂，等. 含粗粒的细粒土的压实特性研究［J］. 岩土力学，2010, 31（2）：382-386.

［72］Solesbury F W. Coal waste in civil engineering works: 2case histories from south Africa［J］. Advances in Mining Science and Technology, 1987, 2: 207-218.

［73］Rainbow A K M, Skarzynska K M. Minestone impoundment dams for fluid fly ash storage［J］. Advances in Mining Science and Technology, 1987, 2: 219-238.

［74］姜振泉，赵道辉，隋旺华，等. 煤矸石固结压密性与颗粒级配缺陷关系研究［J］. 中国矿业大学学报，1999, 28（3）：12-16.

［75］姜振泉，季梁军，左如松. 煤矸石的破碎压密作用机制研究［J］. 中国矿业大学学报，2001, 30（2）：31-34.

［76］刘松玉，童立元，邱钰，等. 煤矸石颗粒破碎及其对工程力学特性影响研究［J］. 岩土工程学报，2005, 27（5）：505-510.

［77］王凤江. 颗粒破碎对煤矸石渗透性能的影响［J］. 岩土工程技术，2006, 20（3）：147-150.

［78］贺建清，靳明，阳军生. 掺土煤矸石的路用工程力学特性及其填筑技术研究［J］. 土木工程学报，2008, 27（5）：87-93.

［79］涂强，张修峰，刘鹏亮，等. 不同粒径级配煤矸石散体压缩变形试验研究［J］. 煤炭工程，2009（11）：68-70.

［80］张清峰，王东权，王伟. 强夯加固煤矸石地基破碎密实机理探讨［J］. 建筑科学，2010, 26（7）：13-16+79.

［81］钱自卫，曹丽文，姜振泉，等. 煤矸石侧限加载-浸水-卸载实验研究［J］. 采矿与安全工程学报，2013, 30（4）：578-582.

［82］曹树刚，张遮，李国栋，等. 散体矸石的承载性能试验研究［J］. 地下空间与工程学报，2016, 12（5）：1164-1171.

［83］Hagerty M M, Hite D R, Ullrich C R, et al. One-dimensional high-pressure compression of granular media［J］.

Journal of Geotechnical Engineering, 1993, 119(1): 1-18.

［84］Mcdowell G R, Bolton M D, Robertson D. The fractal crushing of granular materials［J］. 1996, 44(12): 2079-2101.

［85］Mcdowell G R, Amon A. The application of Weibull statistics to the fracture of soil particles［J］. Soils and Foundations, 2000, 40(5): 133-141.

［86］Daouadji A, Hicher P Y, Rahma A. An elastoplastic model for granular materials taking into account grain breakage［J］. European Journal of Mechanics, 2001，20(1): 113-137.

［87］梁军, 刘汉龙, 高玉峰. 堆石蠕变机理分析与颗粒破碎特性研究［J］. 岩土力学, 2003, 24（3）: 479-483.

［88］Xu Y F, Xu J H, Wang J H. Fractal model for size effect on ice failure strength［J］. Cold Regions Science & Technology, 2004, 39(1-2): 135-144.

［89］Xu Y F. Explanation of scaling phenomenon based on fractal fragmentation［J］. Mechanics Research Communications, 2005, 32(2): 209-220.

［90］Indraratna B, Lackenby J, Christie D. Effect of confining pressure on the degradation of ballast under cyclic loading［J］. Géotechnique, 2005, 55(4): 325-328.

［91］Lackenby J, Indraratna B, Mcdowell G, et al. Effect of confining pressure on ballast degradation and deformation under cyclic triaxial loading［J］. Géotechnique, 2007, 57(6): 527-536.

［92］迟世春, 贾宇峰. 土颗粒破碎耗能对罗维剪胀模型的修正［J］. 岩土工程学报, 2005, 127（11）: 31-34.

［93］Yao Y P, Yamamoto H, Wang N D. Constitutive model considering sand crushing［J］. Soils & Foundations, 2008, 48(4): 603-608.

［94］孙海忠, 黄茂松. 考虑颗粒破碎的粗粒土临界状态弹塑性本构模型［J］. 岩土工程学报, 2010, 32（8）: 1284-1290.

［95］陈生水, 韩华强, 傅华. 循环荷载下堆石料应力变形特性研究［J］. 岩土工程学报, 2010, 32（8）: 1151-1157.

［96］刘恩龙, 陈生水, 李国英, 等. 堆石料的临界状态与考虑颗粒破碎的本构模型［J］. 岩土力学, 2011, 32（S2）: 148-154.

［97］刘恩龙, 陈生水, 李国英, 等. 循环荷载作用下考虑颗粒破碎的堆石体本构模型［J］. 岩土力学, 2012, 33（7）: 1972-1978.

［98］Ueng T S, Chen T J. Energy aspects of particle breakage in drained shear of sands［J］. Géotechnique, 2015, 50（1）: 65-72.

［99］赵飞翔, 迟世春, 米晓飞. 基于颗粒破碎特性的堆石材料级配演化模型［J］. 岩土工程学报, 2019, 41（9）: 1707-1714.

［100］Cleary P W. Charge behaviour and power consumption in ball mills: sensitivity to mill operating conditions, liner geometry and charge composition［J］. International Journal of Mineral Processing, 2001, 63(2): 79-114.

［101］Cleary P W. Recent advances in dem modelling of tumbling mill［J］. Minerals Engineering, 2001, 14(10): 1295-1319.

［102］Potyondy D O. Cundall P A. A bonded-particle model for rock［J］. International Journal of Rock Mechanics and Mining Sciences, 2004, 41(8): 1329-1364.

［103］Brosh T, Kalman H, Levy A. Fragments spawning and interaction models for DEM breakage simulation［J］. Granular Matter, 2011, 13(6): 765-776.

［104］Huang J, Xu S, Hu S. Effects of grain size and gradation on the dynamic responses of quartz sands［J］. International Journal of Impact Engineering, 2013, 59(9): 1-10.

［105］Bono J, Mcdowell G R. DEM of triaxial tests on crushable sand［J］. Granular Matter, 2014, 16(4): 551-562.

［106］徐永福, 王益栋, 奚悦, 等. 岩石颗粒破碎的尺寸效应［J］. 工程地质学报, 2014, 22（6）: 1023-1027.

［107］徐永福, 奚悦, 冯兴波, 等. 岩石单颗粒压缩破碎的数值模拟分析［J］. 工程地质学报, 2015, 23（4）: 589-596.

［108］徐永福. 考虑颗粒破碎影响的粗粒土的剪切强度理论［J］. 岩土工程学报, 2018, 40（7）: 1171-1179.

［109］Liu Y M, Liu H B, Mao H J. DEM investigation of the effect of intermediate principle stress on particle breakage of granular materials［J］. Computers and Geotechnics, 2017, 84: 58-67.

［110］李杨, 佘成学, 焦小亮. 堆石料碾压试验的颗粒流模拟新方法［J］. 岩土力学, 2017, 38（10）: 3029-

3038.

[111] 李杨, 佘成学. 堆石料单粒强度尺寸效应的颗粒流模拟方法研究 [J]. 岩土力学, 2018, 39 (8): 2951-2959+2976.

[112] 周梦佳, 温彦锋, 邓刚, 等. 堆石料单颗粒劈裂试验破碎强度随机性与尺寸效应的三维离散元模拟 [J]. 岩土力学, 2019, 40 (S1): 503-510.

[113] 刘洋, 李晓柱, 吴顺川. 多块体形状堆石体碾压颗粒破碎数值模拟 [J]. 岩土力学, 2014, 35 (11): 329-3280.

[114] 张科芬, 张升, 滕继东, 等. 颗粒破碎的三维离散元模拟研究 [J]. 岩土力学, 2017, 38 (7): 2119-2127.

[115] 严颖, 赵春发, 李勇俊, 等. 铁路道砟破碎特性的离散元分析 [J]. 计算力学学报, 2017, 34 (5): 615-622.

[116] 李杨, 佘成学, 朱焕春. 现场堆石体振动碾压的颗粒流模拟及验证 [J]. 岩土力学, 2018, 39 (S2): 432-442.

[117] 徐琨, 周伟, 马刚. 颗粒破碎对堆石料充填特性缩尺效应的影响研究 [J]. 岩土工程学报, 2020, 42 (6): 1013-1022.

[118] 胡炳南, 郭爱国. 矸石充填材料压缩仿真实验研究 [J]. 煤炭学报, 2009, 34 (8): 1076-1080.

[119] 徐斗斗, 郭广礼, 栗帅, 等. 矸石充填体压缩率对充填效果影响的数值模拟 [J]. 金属矿山, 2011 (3): 42-45.

[120] 张清峰, 王东权. 强夯加固煤矸石地基多点单次夯击数值模拟研究 [J]. 路基工程, 2012 (4): 114-117.

[121] 段巍, 张孟喜. 煤矸石推剪试验的颗粒离散元细观模拟 [J]. 上海大学学报 (自然科学版), 2012, 18 (5): 531-538.

[122] 王明立. 煤矸石压缩试验的颗粒流模拟 [J]. 岩石力学与工程学报, 2013, 32 (7): 1350-1357.

[123] 孙锴, 彭立, 杜勇立, 等. 基于FLAC 3D的煤矸石路堤沉降与应力分析与现场测试对比研究 [J]. 公路工程, 2014, 39 (1): 83-87+98.

[124] 李永靖, 乔朋庆, 邢洋, 等. 地震荷载下煤矸石路基变形室内试验与数值模拟分析 [J]. 中国地质灾害与防治学报, 2014, 25 (2): 54-59.

[125] 张清峰, 王东权, 于广云, 等. 煤矸石风化对其物理力学性能影响的研究 [J]. 中国矿业大学学报, 2019, 48 (4): 768-774.

[126] 高明中. 急倾斜煤层开采岩移基本规律的模型试验 [J]. 岩石力学与工程学报, 2004, 23 (3): 441-445.

[127] 戴华阳, 王金庄, 张俊英, 等. 急倾斜煤层开采非连续变形的相似模型实验研究 [J]. 湘潭矿业学院学报, 2000, 18 (3): 1-6.

[128] 赵子锋. 高速公路下伏急倾斜采空区勘察技术及对路基稳定影响研究 [D]. 西安: 长安大学, 2015.

[129] 王创业, 司建锋, 杜小雅, 等. 基于相似模拟实验覆岩移动规律研究 [J]. 煤炭技术, 2017, 36 (1): 61-63.

[130] 解明聪. 采空区物理模型顶板断裂分析 [J]. 采矿技术, 2021, 21 (6): 96-98.

[131] 张维正, 郝哲, 王来贵, 等. 采空区覆岩稳定性模拟试验 [J]. 煤矿安全, 2015, 46 (6): 40-42.

[132] 张杰, 王斌. 浅埋间隔采空区隔离煤柱稳定性及覆岩失稳特征研究 [J]. 采矿与安全工程学报, 2020, 37 (5): 936-942.

[133] 袁本庆, 任启寒, 徐遵玉. 近距离煤层上行开采围岩应力演化特征分析 [J]. 能源与环保, 2018, 40 (1): 167-171.

[134] Zhou Y, Feng S W, Li J W. Study on the failure mechanism of rock mass around a mined-out area above a highway tunnel -Similarity model test and numerical analysis [J]. Tunnelling and Underground Space Technology, 2021, 118:104182.

[135] Ren F Y. Similarity Model Test on the spatiotemporal evolution law of deformation and failure of surrounding rock-induced caving in multi-mined-out areas [J]. Advances in Civil Engineering, 2021, 81(3): 361-375.

[136] N P Kripakov, M C Sun, D A Douato. Andia applied toward simulation of progressive failure in underground mine structure [J]. Computer & Structures, 1995, 56(3): 329-344.

[137] 罗周全, 谭浪浪, 邓俏, 等. 采空区失稳模式数值分析及实测验证 [J]. 矿业研究与开发, 2012, 32 (3): 89-92.

[138] 王家臣, 杨胜利, 李良晖. 急倾斜煤层水平分段综放顶板 "倾倒-滑塌" 破坏模式 [J]. 中国矿业大学学报, 2018, 47 (6): 1175-1184.

［139］赵毅鑫，周金龙，刘文岗. 新街矿区深部开采邻空巷道受载特征及冲击失稳规律分析［J］. 煤炭学报，2020，45（5）：1595-1606.

［140］黄英华，徐必根，唐绍辉. 房柱法开采矿山采空区失稳模式及机理［J］. 矿业研究与开发，2009，29（4）：24-26.

［141］尚振华，唐绍辉，焦文宇，等. 基于FLAC 3D模拟的大规模采空区破坏概率研究［J］. 岩土力学，2014，35（10）：3000-3006.

［142］何国清，杨伦. 矿山开采沉陷学［M］. 徐州：中国矿业大学出版社，1991.

［143］Salamon M D G. Elastic analysis of displacements and stresses induced by the mining of seam or roof deposis［J］. J. S. Afr. Inst. Metall, 1963, 63(3): 423-426.

［144］Wang M C. Settlement behavior of footing above a void［A］. In: Proc. Of Geotechnical and Geo-environmental Engineering［D］. New Orleans 1982, 168-183.

［145］Sargand Shad M, Hazen Glenn A. Highway damage due to subsidence［J］. Effects on Engineered Structures, 1988, 2(23): 18-32.

［146］C P Liao. Fuzzy influence function method for calculating mine subsidence in a horizontal seam［J］. Geotechnical and Geological Engineering, 1993, 35(4): 235-270.

［147］O'connor K M, Mtlrphy E. Wtdr monitoring as a component of subsidence risk assessment［J］. International Journal of Rock Mechanics and Mining Sciences, 1997, 46(7): 619-630.

［148］Sheorey P R, Singh K B. Ground subsidence observations and a modified influence function method for complete subsidence prediction［J］. International Journal of Rock Mechanics and Mining Sciences, 2000, 49(5): 801-818.

［149］Palchik, V. Prediction of hollows in abandoned underground workings at shallow depth［J］. Geotechnical and Geological Engineering, 2000, 18(1): 39-51.

［150］C Gonzalez nicieza, M LAlvarez fernandez, A. Menendez -Diaz. The new three-dimensional subsidence influence function denoted by n-k-g［J］. International Journal of Rock Mechanics and Mining Science, 2005, 42(3): 372-387.

［151］M I Alvarez-fernandez, C Gonzalez-Nicieza, A menendez-diaz. Generalization of the n-k influence function to predict mining subsidence［J］. Engineering Geology, 2005, 80(1-2): 1-36.

［152］刘国探，廖国华. 煤矿地表移动的基本规律［M］. 北京：中国工业出版社，1965.

［153］何国清，马伟民，王金庄. 威布尔分布型影响函数在地表移动计算中的应用——用碎块体理论研究岩移基本规律的探讨［J］. 中国矿业学院学报，1982，28（1）：4-23.

［154］李增琪. 使用富氏积分变换计算开挖引起的地表移动［J］. 煤炭学报，1983，20（2）：18-28.

［155］M. A. 科斯捷弟勒，吴一川. 岩体强度对地表移动和变形的影响［J］. 矿业杂志，1983，30（4）：55-57.

［156］沈惠群，刘宝深. 开采倾斜煤层地表移动与变形值的计算［J］. 煤炭学报，1987，24（4）：44-50.

［157］张玉卓，仲惟林，姚建国. 岩层移动的位错理论解及边界元法计算［J］. 煤炭学报，1987，24（2）：21-31.

［158］钱鸣高. 采场围岩控制理论与实践［J］. 矿山压力与顶板管理，1999，8（Z1）：12-15.

［159］吴立新，王金庄，赵士胜，等. 托板控制下开采沉陷的滞缓与集中现象研究［J］. 中国矿业大学学报，1994，40（4）：10-19.

［160］戴华阳. 地表移动预计的新设想—采空区矢量法［J］. 矿山测量，1995，23（4）：30-33.

［161］邓喀中，马伟民. 开采沉陷中的岩体节理效应［J］. 岩石力学与工程学报，1996，15（4）：42-49.

［162］邓喀中，马伟民，何国清. 开采沉陷中的层面效应研究［J］. 煤炭学报，1995，32（4）：380-384.

［163］胡友健，吴北平，戴华阳，等. 山区地下开采影响下地表移动规律［J］. 焦作工学院学报，1997，18（4）：242-247.

［164］郭增长，王金庄，戴华阳. 极不充分开采地表移动与变形预计方法［J］. 矿山测量，2000，28（3）：35-37.

［165］杨帆，麻凤海，刘书贤，等. 采空区岩层移动的动态过程与可视化研究［J］. 中国地质灾害与防治学报，2005，16（1）：84-88.

［166］郝延锦，吴立新，戴华阳. 用弹性板理论建立地表沉陷预计模型［J］. 岩石力学与工程学报，2006，25（Z1）：2958-2962.

［167］井彦林，郭爱侠，林杜军，等. BP神经网络在地表移动边界角预测中的应用［J］. 2009，29（3）：193-196.

［168］赵金刚，王家鼎，夏蒙，等. 模糊信息优化处理方法在采空区地表移动变形预计中的应用［J］. 地下水，2013，35（2）：139-141.

［169］Xu G Y, Yan C B. Numerical simulation for influence of excavation and blasting vibration on stability of mined-out area［J］. Journal of Central South University, 2006, 13(5): 577-583.

［170］Donnelly L J, Cruz H D L, Asmar I, et al. The monitoring and prediction of mining subsidence in the amaga, angelopolis, venecia and bolombolo regions, antioquia, colombia［J］. Engineering Geology, 2001, 59(1-2): 103-114.

［171］Wood, Larnach Drnmn. Constitutive modeling and finite flenert analesis of ground subsidence due to mining［J］. University of Oklahoma, 1990, 68(7):143-154.

［172］X L Yao and D J Reddish. Nonlinear finite element analysis of surface subsidence arsing from indined sean int［J］. I. ROOK, Mech. Mining Entraction, SCI, 1993.

［173］吕文玉，潘仁飞，李杨，等. 采空区地表沉陷规律的研究［J］. 露天采矿技术，2007（4）：3-5.

［174］Zhang Z Y, Shimada H, Sasaoka T. Stability control of retained goaf-side gateroad under different roof conditions in deep underground type longwall mining［J］. Sustainability, 2017, 9(10): 157-163.

［175］L R Alejano, P Ramirez-Oyanguren, J. Taboada, FDM predictive methodology for subsidence due to flat and inclined coal seam mining［J］. International Journal of Rock Mechanics and Mining Sciences, 1999, 36(4): 475-491.

［176］谢和平，周宏伟，王金安，等. FLAC在煤矿开采沉陷预测中的应用及对比分析［J］. 岩石力学与工程学报，1999，18（4）：29-33.

［177］王生俊，贾学民，韩文峰，等. 高速公路下伏采空区剩余沉降量FLAC 3D计算方法［J］. 岩石力学与工程学报，2005，24（19）：147-152.

［178］刘骏，何松标，徐亭亭，等. 煤矿采空区地面场地稳定性三维数值模拟［J］. 贵州科学，2017，35（1）：44-48.

［179］孙占法. 老采空区埋深对其上方建筑地基稳定性影响的数值模拟研究［D］. 太原：太原理工大学，2005.

［180］贺小庆，凌同华，曹峰. 基于FLAC 3D的采空区稳定性分析及处理研究［J］. 矿业研究与开发，2016，36（9）：34-37.

［181］寇向宇，贾明涛，王李管，等. 基于CMS及DIMINE-FLAC-3D耦合技术的采空区稳定性分析与评价［J］. 矿业工程研究，2010，25（1）：31-35.

［182］岳爱军，郑健龙，吕松涛. 采空区路基路面力学响应分析［J］. 长安大学学报（自然科学版），2014，34（6）：57-63+124.

［183］张志沛，王芝银，刘旭. 高速公路与下伏煤矿采空区的长期稳定性分析［J］. 西安科技大学学报，2005，25（4）：415-419.

［184］孙超. 地下采空区对地表稳定性的影响［D］. 哈尔滨：中国地震局工程力学研究所，2005.

［185］张永吉，陈刚，王琼. 开采引起地表沉陷规律的有限元分析［J］. 有色矿冶，2005，21（3）：12-13+16.

［186］孙光中，高新春，韦志东. 巨厚煤层开采覆岩运动规律模拟［J］. 煤矿安全，2010，41（7）：71-73.

［187］李培现，谭志祥，王磊，等. FLAC在老采空区地基稳定性评价中的应用研究［J］. 煤矿安全，2009，40（10）：11-14.

［188］范玮刚，冯光明，韩晓东，等. 浅埋薄煤层超高水充填开采地表移动规律［J］. 能源技术与管理，2010，35（5）：19-21.

［189］李想，吕玲芝，谢晓斌. FLAC 3D在圈定地表移动带中的应用［J］. 有色金属科学与工程，2011，2（4）：76-80.

［190］计宏，余学义. 基于FLAC计算机数值模拟的采动影响机理研究［J］. 陕西煤炭，2011，30（5）：70-71+74.